Peter Böhm

Spion bei der NATO

Hans-Joachim Bamler,
der erste Resident der HV A in Paris

edition ost

ISBN 978-3-360-01856-4

Umschlaggestaltung: Buchgut, Berlin,
unter Verwendung eines Fotos von Hans-Joachim Bamler, 1966
Fotos: Archiv Bamler S. 14, 16, 19, 39, 41, 44, 49, 57, 63, 75, 81, 87, 91, 130, 145, 147, 160, 171, 186, 193, 195, 203; Peter Böhm S. 35, 102, 112, 135, 140, 143, 144, 150, 153, 159, 164, 175, 179, 184, 188;
Robert Allertz 1, 165, 189
Druck und Bindung: Grafica Veneta, Italien

Das Neue Berlin Verlagsgesellschaft mbH
Neue Grünstr. 18, D-10179 Berlin

Die Bücher der edition ost und des Verlags Das Neue Berlin erscheinen in der Eulenspiegel Verlagsgruppe.

www.edition-ost.de

Das Buch

Hans-Joachim Bamler und seine Frau Marianne wurden zu Beginn der 60er Jahre nach Paris geschickt, als sich dort das Hauptquartier der NATO befand. Dort besaß die Auslandsaufklärung der DDR eine »Quelle«. Zu deren Betreuung wurde eine Residentur gebraucht: Bamlers Auftrag lautete, diese aufzubauen und zu führen. Die französische Spionageabwehr entdeckte sie. Jochen Bamler wurde zu 18, Marianne zu 12 Jahren Haft verurteilt, von denen sie mehr als sieben und er über acht Jahre in verschiedenen Haftanstalten unter widrigsten Verhältnissen absaßen. Erst nach Herstellung der diplomatischen Beziehungen zwischen der DDR und Frankreich kamen sie frei. Erstmals wird hier ihr Einsatz, aber auch ihr schweres Schicksal öffentlich gemacht. Freimütig haben sie dem Autor Auskunft gegeben.

Der Autor

Peter Böhm, Jahrgang 1950, nach dem Philosophiestudium Hochschullehrer, anschließend im Internationalen Pressezentrum der DDR (IPZ) in Berlin tätig. Nach 1990 Pressereferent und freier Journalist.

Inhalt

Was vorab zu sagen ist

Hans-Joachim (Jochen) Bamler war der erste Resident des Auslandsnachrichtendienstes der jungen DDR, der Hauptverwaltung Aufklärung (HV A), in Frankreich. Sein Auftrag bestand darin, gemeinsam mit seiner Frau Marianne in der französischen Hauptstadt Paris, dem Sitz der NATO, eine Residentur aufzubauen und diese dann zu leiten. Das war Neuland für die Lichtenberger Auslandsaufklärer. Und die Bamlers waren sozusagen Pioniere auf einem Gebiet, bei dem es um Leben und persönliche Freiheit ging – das mussten sie schmerzlich erfahren.

Frankreich, das Land, in dem Jochen und Marianne lebten und eingesperrt waren, ist jedermann mehr oder weniger vertraut. Es steht für den Sturm auf die Bastille, die Pariser Kommune und das Savoir-vivre. Marianne und Jochen haben es jedoch ganz anders erlebt.

Erst einmal musste das Vorhaben vorbereitet werden – eine Kärrnerarbeit. In Paris selbst lebten die Bamlers in den 60er Jahren das Leben der einfachen Leute, fernab jeden Glanzes und aller sublimen Genüsse. »Métro-boulot-dodo« – so wird der Tagesablauf der einfachen Pariser beschrieben – war auch ihr Alltag: zur Arbeit fahren, arbeiten und schlafen. Doch sie mussten neben der beruflichen Tätigkeit, die als Legende diente, ihre eigentliche Aufgabe erfüllen: Informationen sammeln, aufarbeiten, verschlüsseln und versenden.

Die Legende der Pariser Residentur war eine alltägliche: Jochen und Marianne waren Deutsche, die in Paris ihr Geld verdienten wie jeder andere auch. Sie lebten den Alltag der normalen Franzosen, die zusehen mussten, wie sie über die Runden kommen. Dazu kamen noch die konspirativen Aufgaben, die die Poren des Arbeitstages stopften, so dass Freizeit eher ein Fremdwort war.

Als Marianne und Jochen Bamler im Mai 1964 ihre Arbeit in Paris aufnahmen, gab es keine diplomatische Vertretung der DDR in Frankreich. Der Kalte Krieg allgemein und die Hallstein-Doktrin ganz besonders taten das ihre. So war die Einsicht des Auslandsnachrichtendienstes der DDR in die Operationsgebiete Westeuropa und USA zumindest beschränkt. Auf das, was in den politischen Hirnen der unmittelbaren Gegner – und die NATO war sozusagen deren Essenz – vor sich ging, hatte die HV A keinen Zugriff. Auch hatte sich ein kleines Land wie die DDR zu beschränken. Weltumspannende Spionage war der HV A nicht möglich. Sie musste sich auf Schwerpunkte konzentrieren. Und die HV A hatte Wege der Informationsbeschaffung ohne diplomatischen Schutz und ohne die Logistik einer Botschaft zu finden – also ohne Netz und doppelten Boden.

Die operative Arbeit konnten Marianne und Jochen zwei Jahre lang ausführen, dann schlug die französische Spionageabwehr D.S.T. zu. Beide wurden verhaftet und menschenunwürdigen Verhören unterzogen.

Dabei wurde zunehmend deutlich, dass das Frankreich jenseits der Touristenrouten ein Staat ist – eine bürgerliche Republik, wie sich die Diktatur des Kapitals schamhaft nennt –, der mit brachialer Gewalt die ökonomischen und politischen Interessen der Herrschenden durchzusetzen und zu schützen weiß. Von Kultur der Grande Nation haben Jochen und Marianne während ihrer Verhöre und ihrer Haft nichts gespürt. Ganz im Gegenteil: Der französische Inlandsgeheimdienst D.S.T. konnte sie ohne Anklage zehn Tage festhalten und ohne Anwalt verhören. Die Beamten kamen zum Teil gerade aus Algerien, das bis 1962 französisches Departement war, ins Mutterland zurück. Die in Nordafrika betriebene »Französische Doktrin« und die damit verbundenen Menschenrechtsverletzungen waren »geübte Praxis«. Vor allem Jochen bekam diese Methoden während seiner Verhöre am eigenen Leibe zu spüren.

Diese Erfahrungen hinterließen bei ihnen ein tiefes Misstrauen, und sie haben seit jener Zeit Paris nicht mehr besucht. Doch immer haben beide betont, dass sie mit ihren französischen Nachbarn gut und freundschaftlich zusammenlebten. Vor allem nachdem sie in der Rue Poulet ihre Bleibe gefunden hatten, fühlten sie sich unter den Parisern wohl.

Marianne wurde zu zwölf Jahren Haft verurteilt, von denen sie sieben in französischen Gefängnissen zubrachte, viele davon als einzige weibliche politische Gefangene. Das war praktisch Einzelhaft. Die offizielle Genehmigung zu ihrer vorzeitigen Freilassung wurde kassiert, und Marianne musste aus unerfindlichen Gründen hinter französischen Gefängnismauern ausharren. Als sie in die DDR zurückkam, sprach sie Deutsch nur noch stockend, fand oft die richtigen Worte nicht und zuckte jedes Mal zusammen, wenn sie das Klingeln einer Straßenbahn hörte.

Jochen, zu 18 Jahren verurteilt, war in den ersten Jahren seiner Haft mit französischen Faschisten und Kollaborateuren zusammengesperrt, für die er nur Abscheu und Verachtung empfand.

Marianne und Jochen betrachten die Jahre hinter französischen Gefängnismauer als verlorene Jahre. Zu ihrer Arbeit als Aufklärer im Auftrag der DDR jedoch stehen sie.

Warum tut ein Mensch sich das an, warum begibt er sich sehenden Auges in Gefahr und opfert wertvolle Jahre seines Leben?

Der Schlüssel ist Jochens Vater Rudolf Bamler, Sohn eines evangelischen Dorfpfarrers, der Abteilungsleiter in der militärischen Abwehr des Admiral Canaris und Generalleutnant der faschistischen Wehrmacht war. 1944 in sowjetische Kriegsgefangenschaft geraten, setzte bei ihm ein intensives Umdenken ein. Rudolf Bamler engagierte sich im Nationalkomitee »Freies Deutschland« und nach seiner Entlassung beim Aufbau der Kasernierten Volkspolizei, dem Vorläufer der Nationalen Volksarmee der DDR. Sein Sohn Jochen, der als junger Leutnant am Zweiten Weltkrieg teilgenommen hatte, nahm eine Erfahrung aus dem Inferno mit: Nie wieder Krieg! Dieser Imperativ prägte sein weiteres Handeln ebenso wie die politischen Überzeugungen und Lehren, die ihm sein Vater vermittelte. So folgte Jochen seinem Vater 1950 in die DDR. Doch seinen eigentlichen Weg musste Jochen Bamler selbst finden; das allerdings war in der DDR der 50er Jahre nicht immer leicht.

Als ich vor mehr als einem Jahr gefragt wurde, ob ich bereit wäre, die Erinnerungen von Hans-Joachim Bamler aufzuschreiben, waren mir Jochen und Marianne längst ein Begriff, denn meine Frau war eine von denen, die Marianne nach ihrer Freilassung 1973 halfen, sich in der DDR, die sie neun Jahre nicht erlebt hatte, wieder zurechtzufinden. Persönlich lernte ich die beiden allerdings erst im Zusammenhang mit dem Buchprojekt kennen.

In intensiven Gesprächen und nach langem Durchblättern von Familienalben konnte ich mir sowohl im eigentlichen als auch im übertragenen Sinn ein Bild von Jochen und Marianne Bamler machen. Ich habe sie in mein Herz geschlossen.

Peter Böhm
Berlin, im Januar 2014

1. Mein Vater, der General

Rudolf Bamler, mein Vater, wurde 1896 in Kossebau, einem Straßendorf in der Altmark, geboren. Er blieb das einzige Kind des evangelischen Landgeistlichen Johannes Bamler. Seine Mutter war die Tochter eines Landarztes. Großvater Johannes hatte die grob-markanten Gesichtszüge eines Nussknackers und sah streng aus, war jedoch ein herzensguter Mensch. Als Mann Gottes erzog er seinen Sohn selbstverständlich zu Glauben und Gottesfurcht – mit äußerst mäßigem Erfolg, wie sich später herausstellen sollte. Wohl auch deswegen, weil er in seinem Herzen Bauer blieb, der sonntags mit tiefem Bass von der Kanzel herab diejenigen Bauern zusammenstauchte, die ihre Felder nicht ordentlich bestellten. Das wirkte, denn Opa Bamler war ein großer, kräftiger Mann und eine Institution im Dorf. Mein Großvater war aber nicht nur Pfarrer und Bauer, sondern auch Lehrer und Rektor in Neuwedell und Osterburg. Die häusliche Erziehung bei Bamlers richtete sich vor allem darauf, dem Jungen eine umfassende humanistische Bildung zu vermitteln.

Nachdem Rudolf zwei Jahre die Dorfschule in Kossebau besucht hatte, nahm ihn sein Vater aus der Schule, um ihn selbst zu unterrichten, denn er wollte sichergehen, dass sein Sohn die Aufnahmeprüfung zum Gymnasium besteht. 1907 schaffte er dies und wurde darauf in das Königliche Gymnasium, wie das Friedrich-Ludwig-Jahn-Gymnasium in Salzwedel damals hieß, aufgenommen.

Im März 1914, also noch vor Ausbruch des Ersten Weltkriegs, absolvierte mein Vater die Abschlussprüfung mit »Gut« und besaß nun die Hochschulreife. Doch er wählte nicht die akademische Laufbahn. Vielmehr entschied er sich für den Offiziersberuf. In seinem Lebenslauf von 1950 begründete er diesen Schritt mit »der klaren Überzeugung, mit ihr meinem Volke am besten dienen zu können«. Dass diese Überzeugung mehr als naiv war, sollte sich bald zeigen. Doch patriotische Gefühle allein waren wohl kaum ausschlaggebend für meines Vaters Berufswahl: Seine Eltern lebten von dem nicht gerade üppigen Pfarrersgehalt. Eine Offizierslaufbahn konnte man, im Gegensatz zu einem Hochschulstudium, kostenlos haben. Der Offiziersanwärter Bamler jun. sparte dem Dorfpfarrer Bamler sen. eine Menge Geld. Wohl auch aus diesem Grunde waren meine Großeltern mit dem Schritt ihres Sohnes einverstanden.

Und so fand er sich noch im März als Offiziersanwärter im Feldartillerieregiment 59 in Köln wieder. Am 2. August 1914 war Schluss mit der preußisch-planmäßigen Offiziersaubildung, denn der Erste Weltkrieg brach aus, und mein Vater wurde als Unteroffizier an die Westfront versetzt. Den Krieg überstand er als Oberleutnant.

Die Niederlage des Kaiserreichs konnte Rudolf Bamler, ein unpolitischer Soldat, zur damaligen Zeit nicht richtig einschätzen. Und so bemühte er sich, wie viele »heimatlose« Frontsoldaten, um neue Verwendung im Militär der jungen Republik. Die erste fand er in Wildeshausen bei Oldenburg: Er leitete die Demobilisierung seines Regiments. Das tat er bis in den April 1919.

Sein alter Batteriechef holte ihn schließlich nach Berlin. Neuer Dienstherr war nun Gustav Noske, der sich »Volksbeauftragter für Heer und Marine« nannte. Der Sozialdemokrat Noske, der für den jungen Offizier ein Repräsentant der neuen Zeit war, erlangte als »Volksbeauftragter« traurige Berühmtheit bei der Niederschlagung des Spartakusaufstandes (»Meinetwegen! Einer muss den Bluthund machen!«) und im Zusammenhang mit der Ermordung von Rosa Luxemburg und Karl Liebknecht. Doch die politischen Ereignisse, die sich in der Hauptstadt abspielten, fanden bei meinem Vater kaum Beachtung, denn er war damals, wie er später bekannte, an Politik wenig interessiert. Das entsprach seinem Berufsbild eines Offiziers: Der hatte zu dienen, nicht zu räsonieren! Diskussionen und Debatten waren für ihn typisch politische, vollkommen unsoldatische Verhaltensweisen. Es musste viel geschehen, bis Rudolf Bamler eines Besseren belehrt wurde – letztlich waren es seine Erfahrungen im Zweiten Weltkrieg und die sowjetische Kriegsgefangenschaft, die ihm die Augen öffneten. Doch davon später.

Im Januar 1921 wurde Rudolf Bamler zum 3. Artillerie-Regiment nach Frankfurt an der Oder versetzt. Und damit beginnt meine Geschichte, denn in Frankfurt lernte er meine Mutter Mary Wehmer kennen. Sie war Arzttochter und ausgebildete Krankenschwester. Mein Vater begegnete ihr auf einem Maskenball. Rudolf, ein junger Oberleutnant, war nicht von Adel. Aber um ihn standesgemäß einzuführen, wurde er als »Oberleutnant von Bamler« vorgestellt – eben ein Maskenball!

1924 heirateten die beiden auf Schloss Wulkow. Besitzer dieses würdigen Ortes war Mutters Cousin Richard Wehmer, hier durchlief meine Mutter eine Hauswirtschaftslehre.

Der Dienst in Kaserne und Stall – damals wurden Kanonen noch von Pferden gezogen – dürfte nicht sehr abwechslungsreich gewesen sein. Die wenigen Höhpunkte waren die Winterabschluss-Besichtigung im Frühjahr, die Jagdritte nach den Manövern im Herbst und das Kasinofest am Tag der Heiligen Barbara, der Schutzpatronin der Artillerie, im Dezember. In Frankfurt machte mein Vater auch die Bekanntschaft Reinhard Gehlens, denn beide

Hochzeit auf Schloss Wulkow 1924: Mary Wehmer und Rudolf Bamler, die Eltern von Jochen Bamler

dienten im selben Regiment. Gehlen sollte später den Nachrichtendienst »Fremde Heere/Ost« leiten und nach dem Krieg sich und sein Wissen dem US-Geheimdienst anbieten. Er setzte auf den Antikommunismus der größten westlichen Siegermacht und täuschte sich nicht. So entstand die »Organisation Gehlen«, aus der 1956 der Bundesnachrichtendienst (BND) werden sollte. Da der Name Gehlen hin und wieder in unserem Elternhaus fiel, weiß ich, dass mein Vater nichts als Verachtung für den »kleinen Herrn Gehlen« empfand. Warum das schon damals so war, kann ich nicht sagen.

Dass ich in Berlin und nicht in Frankfurt geboren wurde, ist der Kommandierung Oberleutnant Bamlers zur Ausbildung im Generalstabsdienst bei der 3. Division in Berlin zu danken. Diese absolvierte er von 1925 bis 1927. Danach war er Hauptmann und hatte den Weg zum General betreten, denn diese Generalstabsausbildung war die dafür erforderliche höhere Weihe, in deren Anschluss er in die militärische Abwehr des Heeres versetzt wurde. Er wurde Referent und später Gruppenleiter in der 3. Abteilung »Fremde Heere« des Reichswehrministeriums. Sein Dienstsitz befand sich am Tirpitz-Ufer im Tiergarten am Rande des Landwehrkanals. Der Gebäudekomplex, der als Bendlerblock bekannt ist, beherbergt heute die Gedenkstätte Deutscher Widerstand.

Diese erste Verwendung im Reichswehrministerium dauerte bis Ende 1932, also gut fünf Jahre. Chef der Abwehr war seinerzeit Ferdinand von Bredow. Im Zuge des sogenannten Röhm-Putsches wurde auch er am 30. Juni 1934 von der SS ermordet. Warum genau, ist nicht belegt. Aber es wird vermutet, dass er als Chef des militärischen Geheimdienstes über kompromittierendes Material verfügte, das einigen Nazi-Größen, etwa Hermann Göring, hätte schaden können.

In den Verantwortungsbereich von Hauptmann Rudolf Bamler fiel die Bearbeitung der französischen und spanischen, später dann auch der britischen und amerikanischen Streitkräfte. Da mein Vater ein sprachbegabter Mensch war, obendrein ein kreativer und disziplinierter Arbeiter, blieben Erfolge nicht aus, und er wurde sowohl von seinem Chef als auch von seinen Kollegen geschätzt. Das weiß ich lediglich »aus zweiter Hand«. Denn gesprochen wurde in unserem Hause über Derartiges überhaupt nicht. Mein Vater trug eine Uniform und ging jeden Morgen zur Arbeit. Wenn er befördert wurde, kriegten wir das nicht mit, denn es wurde nicht besonders gefeiert. Rudolf Bamler strahlte eine ruhige, unauffällige Autorität aus, unaffektiert. Ohne Pose und Gehabe, vielmehr durch sein Können, sein Wissen und seinen respektvollen Umgang beeindruckte er die Mitmenschen – wohl am meisten mich, seinen Sohn.

Dass unser Vater keinem bürgerlichen Beruf, sagen wir als Arzt oder Rechtsanwalt, nachging, merkten wir Kinder natürlich, denn unsere Familie führte das Zirkusleben eines Berufsoffiziers. Meine Mutter hatte durch die Heirat mit einem Offizier viel zu bewältigen: ständige Umzüge, neue Wohnungen, ebenso häufiger Wechsel des Bekanntenkreises, neue Schulen für uns Kinder. Sie hat das alles mit Engagement und guter Laune bewältigt.

Wir sind wirklich viel umgezogen: Berlin, Königsberg, wieder Berlin, Wien, Danzig. Das hat uns nicht geschadet. Im Gegenteil. Wir lernten viele interessante Menschen kennen, ihre Sitten und Gebräuche. Auf der Strecke geblie-

Mutter Mary Bamler mit den Kindern Annemarie und Jochen, Aufnahme Mitte der 30er Jahre

ben allerdings sind Freunde fürs Leben. Bevor wir solche Freundschaften schließen konnten, waren wir wieder weg.

Mein Vater war zwar präsent, aber eigentlich kaum da. Die Familie bildete eine Gemeinschaft, die meine Mutter gestaltete. Schulische Angelegenheiten und mitunter notwendige Strafen – wir Kinder heckten ja immer wieder etwas aus – fielen in den Kompetenzbereich unserer Mutter. Die Erziehung der Kinder – 1928 wurde meine Schwester Annemarie geboren – war ihre Sache. Ich kann mich vor allem an ihren Humor und ihr Verständnis für uns erinnern. Sie musste sich oft beherrschen, um nicht über unsere Streiche zu lachen. »Auf die Idee muss man erst mal kommen!« sagte sie oft verblüfft und nicht ohne Anerkennung. Als ich einer ungeliebten Nachbarin, die sich ständig über meine Schwester und mich beschwerte, den Schminkspiegel mit Matsch aus unserem Buddelkasten bewarf, musste ich den Schaden zwar »mit die Hände« beseitigen. Doch bei der Ansage meiner Mutter merkte ich, wie sie das Lachen unterdrücken musste – sie hätte der stets mokanten Nachbarin wohl auch gerne den Spiegel beschmiert.

Obwohl unser Vater Sohn eines Pfarrers war, vermittelte er seinen Kindern wenig Glaubenseifer. Wir gingen wohl regelmäßig in die Kirche – Vater immer in Zivil. Abends im Bett mussten wir ein Gebetchen sprechen. Konfirmiert wurden wir auch. Weihnachten ging die ganze Familie zur Andacht in die Kirche. Aber was hat das alles gebracht? Einen Atheisten! C'est la vie.

Übrigens waren wir Kinder von diesem weihnachtlichen Ritual nicht sonderlich begeistert, denn die Bescherung musste bis nach dem Kirchgang warten. Und der fand erst um 18 Uhr statt. Dabei hatten meine Eltern alles dafür getan, dass die Nerven von Annemarie und mir aufs Äußerste gespannt waren: Bereits am Vormittag des »Heiligen Abends« wurde das große Esszimmer für uns gesperrt. Mutter stellte den Baum auf und schmückte ihn, die Geschenke wurden darunter gelegt, und dann war fürs Erste Schluss. Wir mussten bis nach der Christmette warten.

Auf Berlin folgte Königsberg, das heutige Kaliningrad. Hier diente mein Vater zwei Jahre als Batteriechef und wurde zum Major im Generalstab befördert. Ich kann mich nur noch daran erinnern, dass Vaters Ordonnanz jeden Morgen mit zwei Pferden vor unserem Gartentor in Maraunenhof erschien. Auf dem einen saß er selbst, ein zweites führte er am Zügel mit sich. Mein Vater stieg auf und ritt zum Dienst. Weit hatte er es wohl nicht zu seiner Batterie, denn Maraunenhof, ein junger Stadtteil Königsbergs, war geprägt von Kasernen.

Nach zwei Jahren in Königsberg ging es wieder zurück nach Berlin: Am 1. Dezember 1934 wurde Major Bamler Gruppenleiter der Spionageabwehr im Reichswehrministerium (RWM). Die Abwehrabteilung wurde seit Juni 1932 von Conrad Patzig geleitet, einem jovialen Kapitän zur See, der im vertrauten Kreis kein Hehl aus seiner Verachtung für die Nazis machte.

Einen Monat später dann, am 2. Januar 1935, um genau zu sein, brach die Ära Wilhelm Canaris an. Damals ebenfalls Kapitän zur See wie Patzig, bot er für meinen Vater jedoch einen eher gewöhnungsbedürftigen Anblick: etwa 1,60 Meter »groß«, weißes Haar, rotes Seemannsgesicht, müder, matter Blick, eher zögerlich und zurückhaltend, leise, leicht lispelnd, war er nicht der Chef, den man sich vorstellte. Und Canaris führte sich mit einer Eloge auf den »Führer« und den Nationalsozialismus bei seinen neuen Mitarbeitern ein.

Kurz nachdem Canaris Abwehrchef geworden war, schlug er vor, die Juden durch einen gelben Davidstern zu kennzeichnen. Er kann also für sich beanspruchen, der Erfinder des Judensterns zu sein. Das hatte natürlich rein »fachliche« Gründe: Canaris fürchtete, dass tausende Juden unerkannt in der Reichshauptstadt Berlin für fremde Mächte spionierten.

Auch stellte sich bald heraus, dass der Neue eine recht eigenwillige Persönlichkeit war: Er floh vor Frau und Kindern – Canaris hatte zwei Töchter – selbst an Feiertagen ins Büro; nicht allerdings ohne seine beiden Rauhhaardackel Seppel und Sabine. Die machten dann im Büro, *was* sie wollten, und zur Freude der Mitarbeiter auch, *wo* sie wollten. Und wehe, jemand war unfreundlich oder herablassend zu den Tieren! Der war beim Chef unten durch. Punkte sammeln konnte man bei Canaris problemlos, wenn man in seinem Beisein Vogelfutter auf das Fensterbrett streute. Seine Tierliebe soll nur von seiner Hypochondrie übertroffen worden sein.

Auch wurde Canaris nachgesagt, dass er Menschen schnell nach ihrem Äußeren beurteilte. Besonders soll er gegenüber großen Menschen, gegenüber den »Langen Kerls«, einen heimlichen Groll gehegt haben. Da hatte

Der Dienstsitz des Amtes Abwehr im Reichsmarineamt in Berlin. Seit 1935 herrschte dort Admiral Wilhelm Canaris

Rudolf Bamler bei ihm einen schweren Stand, denn er war groß und schlank. Und da er obendrein ein intelligenter und kompetenter Offizier war, den seine Kameraden sehr schätzten, beäugte Canaris ihn misstrauisch. Für meinen Vater war Canaris ein schlechthin unmöglicher Abteilungschef und Amtsleiter.

Aber Canaris wäre nicht fast zehn Jahre lang Chef des militärischen Nachrichtendienstes der Wehrmacht geblieben, wenn er nur ein hypochondrischer Zwerg gewesen wäre. Er führte sein Amt mit Energie und Geschick. Natürlich konnte er sich dabei auf die militärischen Pläne der Nazis stützen, mit denen ein stetig wachsender Informationsbedarf einherging. Beim Ausbau seines Amtes kamen ihm zwei Schnittpunkte in seiner Biografie zu Hilfe: Zum einen hatte er sich in Berlin direkt nach dem Ersten Weltkrieg einem Kreis extrem rechter, republikfeindlicher Marineoffiziere angeschlossen, hatte Kontakt zu Waldemar Pabst und Hermann Erhardt und zur Organisation Consul, einer rechtsextremen Terrororganisation, auf deren Konto die Morde an Reichsaußenminister Walther Rathenau und Ex-Finanzminsiter Matthias Erzberger gingen. Aus diesem Reservat bediente sich Canaris und holte viele alte Fahrensleute, ihm skrupellos dienend und ergeben, ins Amt. Zum anderen diente 1923 gemeinsam mit Canaris, der damals Erster Offizier auf dem Kreuzer Berlin war, der Seekadett Reinhard Heydrich. Canaris entwickelte ein Faible für den unbeliebten Matrosen, der unter Kameraden als verstockt und arrogant galt. So verbrachte Heydrich viele Abende in Hause Canaris: Er musizierte mit dessen Frau Erika, und der 17 Jahre ältere Canaris kochte.

1935, also nach zwölf Jahren, trafen sich beide Männer während eines Spaziergangs im Berliner Südend wieder. Beide wohnten hier. Heydrich – inszwischen schon SS-Gruppenführer, also Generalleutnant – ging auf seinen alten Vorgesetzten zu, schlug die Hacken zusammen, salutierte und fragte: »Herr Kapitän hier in Berlin?« Und es zeigte sich, dass der Zufall ein recht kreativer Geselle sein kann. Erstens bekam Heydrich auf diesem Wege mit, dass sein alter Mentor inzwischen die militärische Abwehr der Wehrmacht leitete, zweitens fand Canaris ein persönliches Einfallstor zum Sicherheitsdienst der SS. Denn ohne Absprachen zwischen den beiden Nachrichtendiensten waren Spionage und Gegenspionage kaum möglich. So gab es bereits im Januar 1935 zwischen beiden Institutionen eine regelnde Vereinbarung, die sogenannten »Zehn Gebote«. Die Quintessenz dieser Übereinkunft war, dass der militärische Teil der nachrichtendienstlichen Tätigkeit Canaris' Amt oblag. Der Sicherheitsdienst unter Heydrich behielt sich vor, die Zivilbevölkerung grausam zu terrorisieren. Standen 1933 noch 150 Mann im Dienste der Abwehr, so waren es Mitte 1935, also kurz nach Amtsantritt von Kaleu Canaris, bereits 950.

Die Herren Canaris und Heydrich, fast Nachbarn in Berlins Süden, nahmen das alte Prozedere wieder auf – nun allerdings auf Gegenseitigkeit, denn auch Heydrich war inzwischen verheiratet. Die Familien besuchten einander, man ritt gemeinsam aus und musizierte; jetzt allerdings spielte Heydrich die Erste Geige. Heydrichs Frau Lina, geborene von Osten, soll nach dem Krieg in der Bundesrepublik, also als Heydrichs Witwe, erzählt haben, dass auch mein Vater an solchen Musikabenden teilgenommen habe. Er hätte sogar mit Heydrich vierhändig Klavier gespielt. Wie sie darauf kam, weiß ich nicht. Denn mein Vater hat immer darauf geachtet, die Kontakte zur SS auf dienstlicher Ebene zu belassen. Ob Heydrich neben Geige auch Klavier spielen konnte, weiß ich nicht. Eines jedoch weiß ich ganz sicher: Mein Vater war völlig unmusikalisch. Und Klavier spielen konnte er schon gar nicht. Meine

Schwester Annemarie hatte der Witwe Heydrichs einen Brief geschrieben und gefragt, wie sie zu dieser »Bezichtigung« kommt. Allein, sie erhielt keine Antwort.

Ich gestehe: Ich habe die »persönliche Biografie« von Frau Heydrich, die Manninen hieß, als sie diese schrieb, gelesen. 280 Seiten dummes Zeug, die nur eines belegen: Die Frau war braun bis in die Knochen und hat nach dem Krieg nichts dazugelernt. In ihrem Elaborat machte sie sich Gedanken über die persönliche Befindlichkeit von Heinrich Himmler, berichtete, wie der Amtsnachfolger ihres Mannes, Kaltenbrunner, sie in einem Schlafwagenabteil vernaschen wollte, und wie Familie Heydrich freundschaftlichen Umgang mit den Canaris' pflegte. Doch ein Name kommt bei ihr nicht vor: Rudolf Bamler.

Um die Person Wilhelm Canaris spinnen sich viele Legenden. In der Bundesrepublik gründete sich schon kurz nach dem Zweiten Weltkrieg ein Traditionsverein, dessen Zweck darin bestand, den »Kleinen Admiral« zum Schutzheiligen des militärischen Widerstandes gegen Hitler und den sogenannten Nationalsozialismus[1] zu erheben. Die Tatsache, dass Canaris am 9. April 1945 von den Faschisten umgebracht wurde, ebenso wie seine Mitarbeiter Hans Oster, Dietrich Bonhoeffer und Hans von Dohnanyi, legt das nahe.

Dieser Traditionsverein trug den Namen AGEA. Die Abkürzung steht für »Arbeitsgemeinschaft ehemaliger Abwehrmitarbeiter« und wurde bis in die 70er Jahre vom Bundesnachrichtendienst Reinhard Gehlens gesponsert.[2] Das Vereinsblatt der AGEA nannte sich *Nachhut*. Dr. Gert Buchheit befüllte es mit Texten, deren Bestreben es war, das Amt Abwehr des Admirals zum Widerstandsnest und Reinhard Gehlen zum größten Spion aller Zeiten zu machen. Kein Wunder: »Der BND förderte die Zeitschrift [...] mit der Zahlung einer größeren Summe pro Ausgabe, wofür ihm nicht nur 50 Exemplare jeden Heftes zur Verfügung gestellt, sondern die geplanten Beiträge auch vor der Drucklegung zur Genehmigung vorgelegt wurden.«[3]

Gert Buchheit, noch 1970 von dem damaligen rheinland-pfälzischen Ministerpräsidenten Helmut Kohl mit dem Bundesverdienstkreuz ausgezeichnet, fand in dem französischen Historiker André Brissaud einen kongenialen Partner. In ihren Druckschriften zitierten sie sich gegenseitig als Quelle und Beleg.[4] Heraus kam das Bild eines Admirals Wilhelm Canaris, das vorgaukelte, dieses wichtige Amt des Oberkommandos der Wehrmacht wäre von der faschistischen Ideologie freigeblieben und seine Mitarbeiter hätten sich in diesem mörderischen Krieg ritterlich verhalten. Von den 13.000 Beamten, Offizieren und Angestellten, die zeitweise im Sold von Canaris' Amt standen, zählten allenfalls ungefähr 50 zum Widerstand gegen die Hitler-Himmler-Clique.

Die Bretter zu Canaris' Sarg hobelten im übrigen vor allem zwei Gruppenleiter der von Oster geführten Zentralabteilung: Walter Herzlieb und Johannes Toeppen. Herzlieb leitete die Gruppe Rechtsangelegenheiten. Als Beisitzer des sogenannten »Volksgerichtshofs« unterzeichnete er zwischen 1934 und 1944 mehr als einhundert Todesurteile gegen Wehrmachtangehörige. Toeppen war Chef der Finanzen des Amtes Abwehr und bekannt für seinen Hass gegen von Dohnanyi und Oster wegen deren Nähe zum Chef. Sowohl Herzlieb als auch Toeppen galten als »gläubige Nationalsozialisten«.

Eines jedoch stand für den Admiral zu jeder Zeit fest: Eine besondere »Gattung« der Gegner des Nationalsozialismus hatte bei Canaris keine Chance: Als überzeugter Antikommunist lehnte er die Einstellung von ehemaligen KPD- und SPD-Funktionären oder anderen marxistischen Aktivisten kategorisch ab.[5] So war die tatsächliche Tätigkeit der Abwehr alles andere als antifaschistischer Widerstand: »Die Zuarbeit der Abwehr zu dem mörderischsten Krieg Hitlers (*gemeint ist der Krieg gegen die Sowjetunion – d. Verf.*) lief auf vollen Touren.«[6]

Canaris' Amt Ausland/Abwehr, wie der offizielle Name seit Oktober 1941 lautete, war keinesfalls das Widerstandsnest, in dem der Freigeist eine Heimat hatte und das voller Edelmut dem Faschismus trotzte. Man muss seine Struktur kennen – es war ein gewaltiger Apparat, der über enorme Mittel verfügte und sein Netz über ganz Europa spannte.

Das Amt Ausland/Abwehr bestand aus fünf Abteilungen.

Da war zunächst die Abteilung Ausland. Sie war die Schaltstelle zwischen Oberkommando der Wehrmacht und Auswärtigem Amt. Auch war sie die Anlaufstelle für die deutschen Militärattachés. Geleitet wurde dieser Bereich von Admiral Leopold Bürkner, der 1945 von Dönitz zum Protokollchef seiner Regierung ernannt wurde. In der Bundesrepublik brachte es Bürkner, der 1975 starb, zum Berater des Auswärtigen Amtes.

Die Zentralabteilung war für organisatorische, finanzielle und rechtliche Angelegenheiten zuständig. So lenkte sie das gesamte Personalwesen des Amtes. Die Zentralkartei aller mit der Abwehr zusammenhängenden Personen enthielt rund 400.000 Namen. Bis April 1943 wurde diese Abteilung von Generalmajor Hans Oster geleitet, der gemeinsam mit Canaris erhängt wurde. Der Dresdner Oster galt als entschiedener Gegner der Hitler-Kamarilla und wurde eines ihrer prominentesten Opfer.

Die Abteilung I war mit der Nachrichtenbeschaffung beauftragt. Sie sammelte mit nachrichtendienstlichen Mitteln Informationen über fremde Heere, ausländische Rüstungsindustrien und andere Nachrichten, die für das Oberkommando der Wehrmacht von Bedeutung waren. Ebenso wie Gehlens Fremde Heere Ost konnte auch die Abteilung I kein realistisches Bild der militärischen Stärke der Sowjetunion schaffen, so dass Hitler an seinen Blitzkriegsphantasien gegenüber der Sowjetunion festhielt. Die katastrophalen Folgen sind hinlänglich bekannt. Canaris' Vertrauter Hans Piekenbrock stand dem geheimen Meldedienst bis 1943 vor. Dann wurde er zum Generalmajor befördert und kommandierte die 208. Infanteriedivision. Ihm folgte der Hitlergegner Georg Hansen, der im Zusammenhang mit dem Attentat vom 20. Juli 1944 in Plötzensee erhängt wurde.

Die Abteilung II befasste sich mit Sabotage. Ihre Aufgaben reichten von zersetzender Propaganda im »Feindesland« bis zur Organisation von Guerillakriegen. Besonders in Vorbereitung der Angriffe auf Polen, die Niederlande und Belgien sowie schließlich auf die Sowjetunion kam die 1939 geschaffene Baulehrkompanie z.b.V. 800, aus der schließlich die Division Brandenburg wurde, zum Einsatz. Diese Einheit war eine faschistische Terrortruppe, die den völkerrechtswidrigen Angriffen der Wehrmacht den Weg ebnete und sich in Polen, Kroatien und Italien grausamer Kriegsverbrechen schuldig machte.

Kommandiert wurde diese Terrortruppe zwischen 1939 und 1943 von Erwin von Lahousen. Lahousen war Österreicher und bis zum Einmarsch der Wehrmacht in die Alpenrepublik stellvertretender Leiter der Österreichischen Militärspionage – Evidenz- und Informationsbüro genannt. Diese Funktion verpflichtet Lahousen seit 1936 dazu, nachrichtendienstlich für Deutschland gegen die Tschechoslowakische Republik zu arbeiten. Als Lahousen und sein Chef Generalmajor Max Ronge im März 1938 nach dem Überfall Hitler-Deutschlands auf Österreich die Akten der österreichischen Militärspionage vernichteten, stand unerwartet Canaris vor ihnen – er war mit dem Flugzeug aus Berlin gekommen und beschlagnahmte – ganz Sieger – wichtige Akten. Darunter die Dossiers von Hitler, Göring, Heydrich, Himmler und Konsorten. Als Heydrich eintraf, war der Tresor leer.

Lahousen hat den Krieg überstanden und war Zeuge des Nürnberger Kriegsverbrecherprozesses. Er war der Einzige aus der Führungsriege des Amtes Abwehr, der den Krieg, wenn auch schwer verwundet, überlebt hat. Im August 1943 trat er ein sechsmonatiges Frontkommando an, um zum Generalmajor befördert werden zu können. Ein Jahr später erhielt Lahousens Gefechtsstand einen Volltreffer, er selbst wurde so schwer verwundet, dass er frontuntauglich wurde. In die »Führerreserve« versetzt, wurde er zwar im Januar zum Generalmajor befördert, geriet jedoch nicht in den Fokus der Gestapo. So blieb seine Teilnahme am Widerstand gegen Hitler unentdeckt. Nachdem der General in amerikanische Kriegsgefangenschaft geraten war, überzeugte ihn der Gefängnispsychologe Gustave Gilbert, als Kronzeuge im Nürnberger Kriegsverbrecherprozess auszusagen. Die Aussage von Lahousen war für die Anklage wichtig, denn der Abwehrmann kannte das faschistische Herrschaftssystem von innen und konnte mit seiner Detailkenntnis viel zur Verurteilung der Kriegsverbrecher beitragen. So zum Beispiel widerlegte er die These vom Präventivkrieg gegen die Sowjetunion, auf die sich die Verteidigung berief.

Canaris-Biograph Brissaud hatte »die Ehre«, sich mit ihm einige Jahre später in Innsbruck zu unterhalten. »Das, was er mir bereitwillig über den ›kleinen Admiral‹, den er […] abgöttisch verehrte, berichtet hat, war mir […] von besonderem Wert«.[7]

Über Erwin von Lahousens Aufklärungsarbeit in Nürnberg schweigt der Autor.

Die Abteilung III war die Spionageabwehr, die mein Vater bis Anfang 1939 leitete. In seinem Lebenslauf schrieb er dazu: »Meine Aufgabe war die Organisation und der Aufbau der militärischen Abwehrorganisation für Heer, Marine und Luftwaffe. Da diese Organisation keine eigene Exekutive besaß, war sie auf die Zusammenarbeit mit der Geheimen Staatspolizei (Hauptabteilung III, Spionageabwehr) angewiesen. Diese Zusammenarbeit gestaltete sich im Laufe der Zeit zunehmend schwieriger. Der militärische Einfluß ging auf Grund der politischen Entwicklung immer mehr zurück.« Mein Vater zog die Konsequenz und ließ sich zum Truppendienst versetzen.

Noch eine Anmerkung zur Sabotage-Abteilung II: Deutlich wird einerseits der Auftrag dieser Abteilung im Amt Ausland/Abwehr und andererseits die Widersprüchlichkeit einiger Protagonisten durch die Person des Reserveleutnants Hans-Albrecht Herzner. Er war Mitarbeiter der Abwehrstelle in Breslau und zählte 1938 zu einem Sturmtrupp, den Hans Oster für die Eroberung der Reichskanzlei und die Verhaftung Hitlers vorgesehen hatte.

Ganz anders seine Verwendung im August 1939. Da taucht der Name Hans-Albrecht Herzner in Zusammenhang mit einem Ereignis an der polnisch-slowakischen Grenze wieder auf. In der Nacht vom 25. zum 26. August griff ein Trupp bewaffneter deutscher Agenten der Division Brandenburg in Vorbereitung des deutschen Überfalls auf Polen die Eisenbahnstation von Mosty an. Der Kommandant dieser 24 Mann starken Truppe (einige Quellen sprechen von 70 Kombattanten) war jener Leutnant Herzner, der noch ein Jahr zuvor Hitler verhaften sollte. Die Absicht des Überfalls in Südpolen bestand in der Sicherung des Jablunko-Passes mit seinem Eisenbahntunnel, der Warschau mit Wien verband, um zu verhindern, dass die polnische Armee im Falle eines deutschen Angriffs diesen wichtigen strategischen Punkte sprengt, denn: keine Brücken, keine Pässe – kein Blitzkrieg!

Dieser Angriff wurde von polnischer Gendarmerie zurückgeschlagen. Das Jablunko-Ereignis gilt heute als erstes Kommandounternehmen des Zweiten Weltkriegs.

Hitler hatten zwar befohlen, Polen am 26. August 1939 um 4 Uhr 25 zu überfallen. Doch am 25. August erfuhr der »Führer«, dass Großbritannien ein Beistandsabkommen mit Polen unterzeichnet hatte, welches Polen militärische Unterstützung im Falle eines Überfalls zusicherte. Auch Frankreichs Botschafter Coulondre schwor am selben Abend in Hitlers Arbeitszimmer, dass Frankreich im Falle eines deutschen Überfalls auf Polens Seite stehen würde. Obendrein sagte Mussolini Italiens Teilnahme am Waffengang ab. Die deutsche Aggression wurde sofort gestoppt – letztlich jedoch nur um fünf Tage verschoben, wie sich zeigen sollte.

An Leutnant Herzner ging das jedoch vorüber, da er von seinen Vorgesetzten ohne Funkgerät losgeschickt worden war. So erfuhr er nichts vom Stopp des Angriffs und stürmte mit seinen Leuten befehlsgemäß los. Diese Panne hätte die Aggressoren fast den Kriegsgrund gekostet.

Leonid Ivanow, einst General des sowjetischen KGB, erzählte von einer anderen Panne der Abteilung II, nämlich davon, wie die Rote Armee etlicher Diversanten habhaft wurde, die die Wehrmacht per Fallschirm hinter den sowjetischen Linien abgesetzt hatte. Sie waren bestens ausgebildet, sprachen perfekt Russisch, hatten eine sowjetische Uniform und ein sowjetisches Soldbuch. Mit deutscher Gründlichkeit befestigten die Fälscher der Abwehr II die Passbilder mit vernickelten Ösen in den Dokumenten. Derartige Mühe gab sich die sowjetische Seite mit den Originaldokumenten nicht. Deren Ösen waren schlicht aus Eisen und begannen schnell zu rosten. Das führte zu einem rötlichen Abdruck auf der gegenüberliegenden Seite. Bei Kontrollen fiel dies sofort auf, und die Falle schnappte zu. Spionage ist eben nicht nur das große Karo …

Ich habe etwas ausführlich von der Abteilung II der Auslandsabwehr des OKW berichtet, weil dieser auf Diversion und Aggression ausgerichtete Apparat – personell wohl der größte des gesamten Amtes – häufig übersehen wird, wenn es darum geht, die Rolle von Canaris zu beurteilen. Dieser materielle Teil der faschistischen Kriegsanbahnung stand ebenfalls unter dem Kommando des Admirals.

Auch war Canaris alles andere als ein politischer Schöngeist, der allein von humanistischen Werten geleitet war. Sein »Antibolschewismus« – worunter alles links der Wehrmacht fiel – war sprichwörtlich. Francisco Franco, der spanische Schlächter, war sein enger Freund. Canaris setzte 1938 Himmel und Hölle in Bewegung, um Hitler zum Eingreifen Deutschlands aufseiten der faschistischen Falange in Spanien zu bewegen. Das Ergebnis ist bekannt: Die Legion Condor griff in den Krieg ein, Guernica steht für deren Verbrechen. Franco erklärte seinem Duz-Freund Wilhelm nach dem Sieg des »Movimiento Nacional« über die Spanische Republik, dass er blutige Rache nehmen werde. Canaris war lediglich »empört«.[8] Sein Verhältnis zu Franco blieb freundschaftlich und vertauensvoll.

Die faschistische deutsche Kamarilla räumte alles aus dem Weg, was ihrem Machtanspruch im Wege stand – als erstes Kommunisten, Sozialdemokraten, Gewerkschafter. Canaris hatte hoch gepokert: Der Einsatz war die Nachrichtenhoheit im faschistischen Deutschen Reich. Am Tisch saßen die SS und das Reichssicherheitshauptamt mit Himmler, Kaltenbrunner und Schellenberg auf der einen und die Wehrmacht mit Canaris als Amtsleiter auf der anderen Seite. Das RSHA trug schließlich den Sieg davon. Walter Schellenberg, SS-Brigadeführer und Generalmajor der Polizei, beerbte Canaris bereits 1944, gut neun Monate bevor der Admiral nackt an einer Klaviersaite hängend starb.[9]

Was Spekulationen zur Person meines Vaters wert sind, belegt selbst *Der Spiegel*. In einer Artikelserie von Heinz Höhne über Canaris aus dem Jahre 1976 war mein Vater »der Sohn eines Stettiner Arztes«.[10] Selbst Michael Mueller kolportiert diesen Irrtum in seiner Canaris-Biografie.[11] Das Großartigste aber, was ich in dieser Hinsicht las, war eine Notiz im *Spiegel* von 1952. Darin wird auf den ehemaligen britischen Militärattaché in Moskau, General Richard Hilton, Bezug genommen. »General Hilton berichtete [...], dass der ehemalige deutsche General Bamler [...] nunmehr Leiter einer Spionage-Organisation sei, die direkt der Sowjet-Armee unterstehe, deren Mitglieder jedoch ausschließlich deutsche Offiziere seien.«[12]

Am 1. März 1939 zogen wir nach Wien. Rudolf Bamler verließ die militärische Abwehr, wurde zum Oberst befördert und Kommandeur des Artillerie-Regiments 74.

Über diesen Wechsel ist viel gemutmaßt worden. Spekulationen zufolge hatte Canaris meinen Vater aus dem Amt gedrängt, weil er in dem kompetenten Offizier einen Konkurrenten witterte. Andere besagten, dass Rudolf Bamler ein glühender Nazi gewesen sei, der dem Widerständler Canaris nicht in den Kram passte.

Mein Vater schrieb in seinem Lebenslauf vom 29. September 1950: »Politisch habe ich mich bis dahin[13] bewusst nicht betätigt [...] und zog mich [...] gern auf die unpolitische Linie zurück.« Durch sein Elternhaus, vor allem durch seinen Vater, wurde er, wie er schrieb, »im sozialen Sinne« beeinflusst. Der Sturz der Monarchie war für ihn deshalb eine logische Folge des verlorenen Krieges. Die Weimarer Republik entpuppte sich nach anfänglicher Akzeptanz für meinen Vater als korrupt und interessengesteuert. Wie viele andere war er somit gegenüber den Parolen der Nazi-Propaganda aufgeschlossen. Ob er deshalb Mitglied der NSDAP geworden ist, weiß ich nicht. Ich kann mich nicht daran erinnern, ihn jemals mit dem »Bonbon« gesehen zu haben.

Nach allem, was ich weiß, hat mein Vater alle Avancen Heydrichs, in den SD zu wechseln, abgewiesen. Wäre er der glühende Nazi gewesen, wie einige behaupten, wäre für ihn ein solches Angebot eine Ehre gewesen und er hätte es kaum ausgeschlagen. Mit der Ausbreitung des Faschismus in Deutschland und der Entfaltung dieses menschenverachtenden Systems wuchs sein Abstand zum Nazi-Staat. Und so scheint mir seine Erklärung für den Wechsel zur Truppe in seinem handschriftlichen Lebenslauf von 1950 plausibel: Kompetenzstreitigkeiten und wachsende Einflussnahme des Sicherheitsdienstes und Heydrichs hatten ihm Schwierigkeiten bei seiner Tätigkeit gemacht.

Anmerkungen

1 Ich habe mit diesem Namen, den die Faschisten ihrer politischen Bewegung gaben, ein Problem. Er ist für mich ein demagogischer Missbrauch des Begriffs »Sozialismus« und wird m. E. heute von manchem benutzt, um den Sozialismus zu denunzieren

2 siehe Winfried Meyer, »Nachhut«-Gefechte, in JIPPS 2/2012

3 siehe ebenda, S. 69

4 siehe André Brissaud, Canaris. Legende und Wirklichkeit, Darmstadt 1977

5 Michael Mueller, Canaris. Hitlers Abwehrchef, Berlin 2007, S. 232

6 ebenda, S. 353

7 Brissaud, S. 537

8 siehe André Brissaud, S. 171

9 ebenda, S. 518

10 *Der Spiegel* 34/1976, S. 103

11 ebenda, S. 174

12 *Der Spiegel* vom 20. August 1952, S. 19 (Damals erschien der *Spiegel* noch mittwochs)

13 gemeint ist die Zeit bis 1939

2. Meine unruhigen Jahre

An Berlin selbst erinnert mich wenig. Wir wohnten in der Kurfürstenstraße 4 in Steglitz. Berlinkenner wissen, dass es in Berlin heute drei Kurfürstenstraßen gibt. Ihnen sei jedoch gesagt, dass keine davon die unsere ist, denn diese wurde 1953 in Braillestraße umbenannt. Sie verbindet die Schloss- mit der Rothenburgstraße. Friedrich Ernst von Rothenburg vermachte 1833 der Berliner Blindenanstalt 80.000 Taler – damals eine ungeheure Summe. Dank dieser Spende konnte die Blindenanstalt aus Berlins enger Mitte an den Fichtenberg in Steglitz ziehen, und die dortige Wilhelmstraße wurde zur Rothenburgstraße. Da passt es doch, dass eine der Berliner Kurfürstenstraßen nach dem Erfinder der Blindenschrift in Braillestraße umbenannt wurde. Manchmal machen Straßenumbenennungen auch Sinn.

Mein Schulweg führte mich an einem Schokoladen- und Süßigkeiten-Geschäft vorbei, ungefähr dort, wo das alte Rathaus von Steglitz steht. Der Laden war von beträchtlicher Größe, was sich für uns an den vielen großen Schaufenstern zeigte, die voller leckerer Sachen lagen. An den Scheiben drückten wir uns das eine übers andere Mal die Nase platt. Doch eines Morgens – es war der 10. November 1938 – konnten wir das gar nicht: Die Scheiben waren eingeschlagen, die Fassade beschmiert und viele der Leckereien lagen wild zerstreut auf dem Gehweg. Der Inhaber dieses Geschäfts war Jude, wie sich herausstellte – eine Tatsache, die mich als Kind überhaupt nicht interessierte und die bei uns auch gar keine Rolle spielte. Auf diesem Wege nahm ich als Dreizehnjähriger das antisemitische Pogrom, verharmlosend »Reichskristallnacht« genannt, wahr.

In Steglitz wohnte auch unsere Tante Gustl, eine Schwester meiner Mutter. Tante Gustl war mit dem SS-Gruppenführer Kurt Kaul verheiratet. Onkel Kurt war ein strammer Nazi und schon frühzeitig Mitglied der SS. Bis 1943 war er Höherer SS- und Polizeiführer in Stuttgart. Er fiel Weihnachten 44 in Budapest, degradiert zum SS-Sturmbannführer. Es ist in der Familie nie offen darüber gesprochen worden, warum er degradiert wurde. Kurt Kaul war von Hause aus Rittergutbesitzer und ein äußerst umtriebiger Mensch. Er war wohl mächtigeren Nazis in die Quere gekommen.

Der Onkel war das Schwarze Schaf der Familie. Da mein Vater seiner Frau schlecht den Umgang mit ihrer Schwester verbieten konnte, beschränkten unsere Eltern den Kontakt zu den Kauls auf das Notwendigste. Mein Vater vermied jede politische Diskussion. Anders Opa Bamler: Der stritt sich mit Kurt Kaul bis aufs Messer. Meine Mutter versuchte deshalb ein Zusammentreffen der beiden von vornherein zu vermeiden. Denn der Opa hatte eine tiefe, tragende Kanzelstimme, die man im ganzen Haus hören konnte, und die fatale Rolle, die ein Blockwart spielen konnte, ist selbst heute noch bekannt.

Zum Ende unserer Berliner Zeit wurde ich sehr krank. Was mich da befiel, weiß ich nicht mehr genau. Es betraf meine Lunge und soll lebensbedrohlich gewesen sein. Soweit ich weiß, war es eine beidseitige eitrige Lungen- und Rippenfellentzündung. Ins Krankenhaus eingeliefert wurde ich, weil ich keine Luft mehr bekam und blau anlief. Meine Mutter zog mit mir ins Krankenhaus und teilte mit mir das Zimmer, so groß war ihre Sorge um mich. Gerettet hat mich Prof. Gohrbandt, einer der Gohrbandt-Brüder, die zu dieser Zeit in Berlin praktizierten. Ich glaube, es war Erwin, der ältere der beiden. Er schlug meiner Mutter eine Therapie vor, die so noch nicht bei Menschen angewendet worden war. Wenn sie nicht geholfen hätte, erzählte mir meine Mutter später, wäre ich des Todes gewesen. In ihrer Verzweiflung stimmten meine Eltern der Behandlung zu und hatten gewonnen. Ich überlebte.

Meine lange Erkrankung brachte es mit sich, dass ich die Quarta, die dritte Klasse des Humanistischen Gymnasium, zweimal machen musste, kurz: Ich blieb sitzen, denn ich hatte den Anfang des Griechischunterrichts verpasst und den Anschluss nicht mehr gefunden, so dass ich in diesem Fach eine glatte Sechs erhielt. Das bedeutete eine Strafrunde. Mein Vater tröstete mich, Militär wie er war, mit der Feststellung: »Alles halb so schlimm! Auch Hindenburg ist in der Quarta sitzengeblieben.« Ob mich das wirklich tröstete, kann ich heute nicht mehr sagen. Heute wundert mich eher, dass Hindenburg überhaupt Abitur hatte.

Im März 1939 zog die Familie Bamler nach Wien. Mein Vater wurde zum Obersten befördert und Kommandant des Panzer-Artillerie-Regiments 74. Ich, der ich gerade eine schwere Lungenerkrankung überstanden hatte, wurde allerdings in ein Landschulheim im Luftkurort Aflenz in der Steiermark geschickt. Das war eine schöne Zeit. Ich kann mich noch an gute Lehrer und eine schöne Landschaft erinnern, durch die wir gewandert und gekraxelt sind. Da ich jedoch im Frühjahr dort war, habe ich leider nicht Ski fahren gelernt.

Als das Regiment meines Vaters die Alpenüberquerung übte, kam es mit seiner schweren Technik und Bewaffnung, die zu einem Panzer-Artillerie-Regiment gehören, durch Aflenz. Ein solches Regiment bestand zu jener Zeit aus rund 1.750 Mann. Es war also ein mächtiger Tross, der durch den kleinen Ort zog, der damals nicht einmal halb so viele Einwohner gehabt haben dürfte. Ich war natürlich stolz auf meinen Vater und sein Regiment. Dass viele Österreicher das ganz anders sahen, begriff ich ansatzweise erst in Wien.

In Wien bezogen wir eine schöne Wohnung in der Rustenschacher Allee 42. Das war am Prater, nicht zu verwechseln mit dem Vergnügungspark. Der Rummel mit seinem berühmten Riesenrad war fast anderthalb Kilometer entfernt. Unser Haus stand am grünen Prater, wie wir es nannten, der ein ausgedehnter Stadtpark ist. Der Donaukanal verlief fast hinterm Haus und trennte unser Wohnquartier von Wiens schöner Altstadt. Verbunden mit dem Zentrum war der Prater schon damals durch die Straßenbahn, die noch heute über die Rotundenbrücke fährt.

Wien war wirklich eine schöne Stadt. Doch meine Erinnerungen an diese Zeit sind nicht nur positive.

Knapp ein Jahr bevor wir in Wien ankamen, überrannte die Deutsche Wehrmacht Österreich und holte die Alpenrepublik »heim ins Reich«. Das bedeutete den völligen

Blick über die Dächer von Wien

Verlust der österreichischen Souveränität und Eigenstaatlichkeit. Österreich sollte von der Landkarte verschwinden und wurde zur deutschen »Ostmark«. Dieser Bezeichnung begegnete ich zehn Jahre später in einem anderen Zusammenhang wieder …

Um dem kleinen Land mit großer Geschichte sein Selbstbewusstsein zu nehmen, verhafteten SA und SS in den darauf folgenden Wochen insbesondere in Wien über 70.000 Menschen. Opfer waren vor allem Politiker der Ersten Republik, Intellektuelle und Funktionäre der Alpenrepublik. In besonderem Maße litten die Juden. Ein großer Teil der österreichischen Elite wurde ins KZ Dachau deportiert.

Wenn die faschistische Propaganda diesen »Anschluss« auch immer als eine Art Befreiung Österreich darzustellen suchte, so sahen viele Österreicher das ganz anders und ließen uns das auch spüren. In meiner neuen Schule in der Kleinen Sperlgasse war ich der »Piefke«, der »Marmeladinger«. Regelmäßig bekam ich als unbeliebter »Saupreuße« von meinen Mitschülern Dresche und habe mich mächtig wehren müssen, um schließlich eine Art Burgfrieden herzustellen. Das gelang mir, indem ich mir den Ruf des Klassenstärksten erkämpfte. Das bedeutete heiße Ohren und Veilchen. Doch irgendwann hatte der Stress ein Ende und ich galt als unangreifbar. Meine Schwester Annemarie griff zu subtileren Mitteln: Sie legte sich einen selbst kreierten Dialekt zu, bei dem niemand so recht ausmachen konnte, wo in Deutschland er gesprochen wird. Hauptsache: Er klang nicht nach Berlin. Und sie hatte ihre Ruhe.

Die Propagandaschlachten der Nazis um Hirn und Herz der Österreicher nahmen mitunter skurrile Formen an. Sie waren an Peinlichkeit kaum zu übertreffen. Einmal wurde der Prater mit Lautsprechern verschandelt und verkabelt. Grund war die bevorstehende Rede des Führers der

Reichsarbeitsfront, Robert Ley. Der rheinische Bauernsohn war als besonders theatralischer Redner bekannt, der auch schon mal übers Ziel hinausschoss: Er soll in einer Rede dem begeisterten Auditorium die Eroberung des Mondes durch die Nazis in Aussicht gestellt haben. Ley hatte jedoch ein fatales Problem: Wenn er nüchtern war, stotterte er; wenn er nicht stotterte, war er betrunken. Er hatte deshalb auch den Namen »Reichstrunkenbold« weg. In Wien stotterte er überhaupt nicht: Vielmehr lallte er ins Mikrofon. Bis auf ein paar Claqueure, die wohl von der Wiener NSDAP gestellt worden war, schüttelten die Leute nur den Kopf. Ich empfand diese Geräuschbelästigung als unangenehm.

3. Zoppot – das letzte Heim der Familie Bamler

Mein Vater wurde im September 1939 als Stabschef von Danzig-Westpreußen nach Danzig an die Ostsee versetzt – die Familie blieb vorerst in Wien.

Mit dem völkerrechtswidrigen Angriff der Wehrmacht auf die Westerplatte begann am 1. September 1939 hier der Zweite Weltkrieg. Danzig war mit dem Vertrag von Versailles 1920 Freie Stadt geworden und unterstand der Aufsicht des Völkerbunds. Das hinderte den damaligen »Gauleiter« von Danzig-Westpreußen Albert Forster nicht daran, sich bereits Ende August 1939 zum Staatsoberhaupt von Danzig auszurufen und an jenem 1. September die Stadt Danzig zum Teil des Deutschen Reiches zu erklären. Forster, von Ehrgeiz zerfressen, wollte sein Herrschaftsgebiet so schnell wie möglich »juden- und polenfrei« melden, um Hitler zu imponieren. Es setzte ein Verfolgungs- und Deportationswelle von unglaublicher Gewalt ein. Jüdische und polnische Bürger wurden vor allem ins Konzentrationslager Stutthof deportiert.

Diese Ereignisse blieben meinem Vater nicht verborgen; er erlebte das erste Mal das unmenschliche Wüten der SS unter der Zivilbevölkerung. Darüber sprach er mit seinen Vorgesetzten, beschwerte sich, wollte sie dazu bewegen, diesem Morden Einhalt zu gebieten. Doch er fand nur Schulterzucken oder rechtfertigendes Gestammel. Er war fassungslos und wollte den Dienst quittieren. Doch das geltende Kriegsrecht verbot eine Demissionierung. Und so blieb mein Vater Soldat des »Führers«.

Als die Familie im November 1940 in Zoppot ankam, herrschte hier wieder tiefster Friede. Polen allerdings litt und brannte. Davon jedoch merkten wir gar nichts.

Das Seebad Zoppot, das heute zu Polen gehört und Sopot heißt, ist der erholsame Teil der Dreistadt, zu der die Handels- und Hafenstädte Danzig (poln. Gdansk) und Gdingen (poln. Gdynia) gehörten und auch heute noch gehören.

Die Bädertradition hat Zoppot dem milden Klima und – wie so oft in dieser Gegend – den Napoleonischen Kriegen zu verdanken: 1808 ließ sich ein elsässischer Feldchirurg, der mit der Grande Armee nach Russland zog, in Zoppot nieder und eröffnete das erste Kurhotel.

Als wir Bamlers in der Wilhelmstraße 72 Quartier nahmen, war Klaus Kinski, später einer der bekanntesten Söhne der Stadt, gerade mal 14 Jahre alt, und an seinem Geburtshaus, Kosciuski 10 (damals Mackensenallee), hing folgerichtig noch keine Gedenktafel. Näher als Kinski ist mir Käte Voelkner, die 1906 in Danzig geboren wurde. Die

Vorkriegspostkarte aus Zoppot

Antifaschistin gehörte zur »Roten Kapelle« und wurde 1943 von den Nazis ermordet. Mit ihrem Sohn Hans – Aufklärer der DDR wie ich – saß ich in Frankreich gemeinsam im Gefängnis – dazu jedoch später.

Das Haus, das wir im November 1940 auf Befehl der Wehrmacht bezogen, war riesig und eigentlich viel zu groß für uns. Für mich hatte es zwei große Vorteile: Der Ostseestrand war keine 300 Meter entfernt, und mein Zimmer so groß, dass ich die elektrische Eisenbahn aufbauen und stehenlassen konnte. In der Wilhelmstraße waren wir keine fünf Jahre zuhause. Von hier aus verloren wir einander nach und nach.

Wir Kinder, ich war inzwischen 15 Jahre alt, gingen zur Schule. Die Schule in Zoppot hieß »Horst-Wessel-Oberschule«, war aber trotzdem eine tolle Sache. Wir hatten fast nur junge Lehrer, denn die alten Pauker, zumeist Reserveoffiziere, wurden zu Kriegsbeginn gezogen und glänzten mit ihren pädagogischen Fähigkeiten an der Front. Die jungen Lehrer konnten mit uns umgehen und wussten uns zu nehmen – umgekehrt übrigens auch. Doch ich will meine Zoppoter Schulzeit nicht verklären. Wir wurden intensiv, für uns selbst natürlich unbemerkt, manipuliert: Auf der einen Seite wurde uns eine panische Angst vor dem »Bolschewismus«, den »asiatischen Horden aus den Steppen des Ostens« eingepflanzt, auf der anderen Seite wurden die Verbrechen der Nazis ausgeblendet: Gaskammern, KZ und Pogrome gab es für uns nicht.

1941 dann wurde mein Vater Generalstabschef eines Armeekorps in der 2. Panzerarmee. Er machte viele Panzerschlachten des Jahres 1941 mit. Die Wehrmacht stieß bis nach Tula vor. Es dauerte Monate, bis die überrannte und überraschte Sowjetunion dieser militärischen Gewalt etwas entgegenzusetzen hatte.[14] Diese Wende vollzog die Rote Armee im Winter 1941/42, so dass sich die Aggres-

Deutsche Generale, Rudolf Bamler Dritter von links

soren bis nach Orel zurückziehen mussten. Mein Vater erzählte später, dass diese Rückschläge einen ersten Vertrauensverlust der Offiziere in die Fähigkeiten der militärischen Führung zur Folge hatte. Schien anfangs das Vertrauen des Offizierskorps in den Generalstab und den »GröFaZ«, den »Größten Führer aller Zeiten«, unerschütterlich, so kamen jetzt tiefe Zweifel auf. Ich bin mir sicher: Diese Erlebnisse haben meinen Vater schließlich auf die Zusammenarbeit mit den sowjetischen Militärs nach seiner Gefangennahme vorbereitet.

Mein Vater verließ uns recht schnell. Am 1. April 1942 wurde er zum Generalmajor befördert und im Mai nach Norwegen versetzt. Generaloberst Alfred Jodl, im Oktober 1946 in Nürnberg als Kriegsverbrecher gehenkt, erteilte meinem Vater den Befehl, einen Angriffsplan der Wehrmacht auf das neutrale Schweden zu entwerfen. Er hat diesen Plan ausgearbeitet, obwohl er wusste, dass er ein Kriegsverbrechen plante. Denn er war sich sicher, dass die Rote Armee, inzwischen auf dem Vormarsch, den Nazis nicht die Luft lassen würde, um auch dieses Land zu verwüsten. Nach dem Krieg wurde behauptet, dass das Ganze ein Sandkastenspiel gewesen wäre, ein Muster ohne Wert.[15]

Mein Vater wehrte sich während seiner Kriegsgefangenschaft gegen diese Verharmlosung. In der Zeitung der Roten Armee *Krasnaja Swjesda* (Roter Stern) schrieb er am 26. Juni 1946 einen ganzseitigen Artikel zu diesem Thema. Verwirrung stiftete er allerdings dadurch, dass er diesen Aufmarschplan »Polarfuchs« nannte. Für den Überfall auf Schweden gab es bei der Wehrmacht kein Kode-Wort wie »Walküre« oder »Teutonenschwert«, und »Polarfuchs« war schon weg: damit bezeichneten die deutschen Aggressoren ihren Überfall auf die Halbinsel Kola am 29. Juni 1941, die zur Sowjetunion gehörte.

Anmerkungen

14 Ich möchte hier nicht auf die Stalinschen »Säuberungen« in der sowjetischen Militärführung vor Kriegsbeginn eingehen, die gewiss die anfänglichen militärischen Erfolge der Wehrmacht begünstigten

15 siehe: The German Northern Theater of Operations 1940-1945

4. Der Tod – ein Meister aus Deutschland

Paul Celan möge mir die Anleihe bei seiner »Todesfuge« verzeihen. Doch treffender kann man diesen Krieg nicht beschreiben. Er endete auch für uns, die Bamlers, tragisch, denn wir verloren unsere Mutter, mein Vater seine Frau.

Ich machte 1943 das »Kriegsabitur« und meldete mich sofort freiwillig zum Wehrdienst. Zu diesem Schritt riet mir mein Vater, denn es bestand die akute Gefahr, dass mich die SS schnappen würde. Die SS hatte das Recht, auf die Wehrdienstpflichtigen als Erste Zugriff zu nehmen. Alles was bei ihr durchs Raster fiel, konnte dann von der Wehrmacht gemustert werden. Die Ausnahme waren Freiwillige. Darum also meldete ich mich freiwillig zu den Sturmgeschützen. Dazu später mehr.

Ich habe meinen Vater das letzte Mal vor seiner Kriegsgefangenschaft 1943 gesehen. Meinen ersten Heimaturlaub bekam ich zu Weihnachten.

Am 1. Mai 1944 wurde mein Vater zum Divisionskommandeur der 12. Mecklenburgischen Infanterie-Division an der Ostfront ernannt – acht Wochen später, am 28. Juni, musste er sich der sowjetischen Übermacht ergeben und geriet als Generalleutnant in sowjetische Kriegsgefangenschaft. Die Vernichtung der Heeresgruppe Mitte in Weißrussland, zu der meines Vaters Division gehörte, war eine der größten militärischen Niederlagen der Wehrmacht. Sie führte meinem Vater die militärische Unfähigkeit Hitlers und die Unsinnigkeit seiner Forderungen deutlich vor Augen. Er dachte über wesentliche

Werte seiner Berufsauffassung, wie Ehre, Treue, Eid und Gehorsam, neu nach – so schrieb er 1950. Weiter schrieb er: »So kam ich in sowjetische Gefangenschaft in der festen Absicht, Hitler und sein Regime stürzen zu helfen.«[16]

Vom ersten Tag seiner Gefangenschaft an hat er »durch Flugblätter und literarische Mitarbeit zum Sturze Hitlers

Rudolf Bamler. An der Ostfront kam er als Kommandeur der 12. Mecklenburgischen Infanterie-Division am 28. Juni 1943 in sowjetische Kriegsgefangenschaft und schloss sich dem Nationalkomitee »Freies Deutschland« an

aufgerufen«, wie er in seinem Lebenslauf vom 29. September 1950 schrieb. An seinen Eid fühlte er sich nicht mehr gebunden, denn Hitler hatte sich als der größte Verbrecher der Geschichte erwiesen, dem die Treue zu halten selbst ein Verbrechen gewesen wäre. Außerdem gab es ein Angebot der Sowjetregierung an den Bund Deutscher Offiziere (BDO) und das Nationalkomitee »Freies Deutschland« (NKFD) vom Herbst 1943: Sollte es BDO und NKFD gelingen, die Wehrmachtführung zum Handeln gegen Hitler zu bewegen und den Krieg zu beenden, bevor die Rote Armee deutschen Boden betreten hat, so würde die sowjetische Regierung dafür plädieren, dass das Deutsche Reich in den Grenzen von 1937 ebenso bestehen bleibt wie die Wehrmacht. Vorausgesetzt natürlich, dass dem Sturz Hitlers eine bürgerlich-demokratische Regierung folgen würde. Der Verlauf des Krieges ist über dieses Angebot hinweggegangen.

Mein Vater schloss sich dem Nationalkomitee »Freies Deutschland« (NKFD) an. Dem Bund Deutscher Offiziere (BDO) blieb er fern, denn der wurde von adligen Generalen dominiert, die meinem Vater zwar nicht fremd waren, denn er diente seit fast 30 Jahren unter ihnen. Aber er lehnte ihre elitäre Haltung ab, die er als reaktionär befand. Der Präsident des BDO war General der Artillerie Walther von Seydlitz-Kurzbach, der mit Feldmarschall Paulus in sowjetische Kriegsgefangenschaft geraten war. Seydlitz ereilte ein recht seltenes Schicksal: Er wurde zweimal zum Tode verurteilt und hat beide Urteilssprüche überlebt. 1943 verurteilten die Nazis ihn zum Tode, wegen Hochverrats, da er gemeinsame Sache mit dem Feinde machte. Später verurteilte man ihn in der Sowjetunion wegen Kriegsverbrechen gegen die Zivilbevölkerung und Rotarmisten zum Tode. Da dieses Urteil in 25 Jahre Besserungslager umgewandelt wurde, konnte er 1955 in die

Bundesrepublik entlassen werden. Er hat 1969 in einem internen Gespräch im Militärhistorischen Forschungsamt meinen Vater bezichtigt, von den sowjetischen Stellen auf ihn angesetzt worden zu ein. Man muss dazu wissen, dass mein Vater gemeinsam mit Feldmarschall Paulus und General Seydlitz eine Datsche in Ilinka bei Moskau bewohnte. Diese hochkarätige Wohngemeinschaft beschrieb Seydlitz in seinen Memoiren: »Das weitere Leben in der Datsche mit Paulus und Bamler gestaltete sich eintönig. Das Verhältnis zwischen Bamler und mir blieb auf kühle Distanz eingestellt. In Unterhaltungen und Diskussionen über den Kommunismus konnte er mühelos meine Grundeinstellung zu dieser Ideologie erkennen. Welchen Gebrauch er davon machte, konnte ich aufgrund seines vertrauten Verhältnisses zu den Russen nur ahnen.«[17]

Mit diesen Bemerkungen hat Seydlitz Spekulationen über eine angebliche nachrichtendienstliche Zusammenarbeit meines Vaters mit dem Militärischen Geheimdienst der Roten Armee befeuert. Ich weiß darüber nichts und zitiere an dieser Stelle den Militärhistoriker Rüdiger Wenzke, der zu dem Thema schrieb: »Wenn auch vieles auf eine direkte Zusammenarbeit Bamlers mit dem Sowjetischen Geheimdienst hindeutet, bleibt doch […] festzuhalten, dass ein eindeutiger dokumentarischer Beleg darüber […] nicht erbracht werden konnte.«[18] Seydlitz behauptete in seinen Memoiren auch, dass mein Vater sich unmittelbar nach der Gefangennahme, »ohne jemanden vom BDO gesprochen zu haben, zu den Grundsätzen des BDO«[19] bekannte. Da täuschte sich Seydlitz.

All das erfuhr ich erst später in Gesprächen mit meinem Vater. Denn ich war 1944 Soldat an der Ostfront. Zwar fand ich oft Flugblätter mit dem Bild und der Unterschrift meines Vaters, doch erklären konnte ich mir das Ganze nicht. Trotzdem hatte ich immer ein paar davon in der

Brusttasche meiner Uniform. Ein Kamerad, der das mitbekam, riet mir dringend, die Aufrufe des NKFD wegzuwerfen. Ich wäre sonst des Todes. Da der Name Bamler einerseits in der Wehrmacht bekannt und andererseits recht selten war, stießen auch meine Vorgesetzten schnell auf die Frage, ob ich etwas mit diesem »Vaterlandsverräter« zu tun habe. So wurde ich zum höchsten Gerichtsoffizier unserer Division nach Fürstenwalde befohlen.

Der war, wie sich herausstellte, ein hochdekorierter Major. Seinen Namen habe ich vergessen, aber er hatte den Ruf, dass keiner bei ihm ungeschoren davon kam – und wer die Militärjustiz der Wehrmacht kennt, der weiß, was »ungeschoren« Ende 1944 bedeutete. Doch obwohl ich das auch wusste, bin ich, diszipliniert, wie ich nun mal war, ohne jede Eskorte dorthin. Die Ordonnanz, die mich zum Verhör führte, verabschiedete sich mit »Auf Wiedersehen muss ich zu dir wohl nicht sagen« und schob mich durch die Tür. Auf der anderen Seite angekommen, stand ich vor einem Major, der mit allem behangen war, wonach sich ein ehrgeiziger Wehrmachtsoffizier sehnte.

Er foderte mich auf, die Taschen meiner Uniform auszuräumen, was ich auch brav tat – dabei schoss mir durch den Kopf: »Dich hat jemand verpfiffen!« Nachdem der erwartete Erfolg ausgeblieben war, schaltete der Major um und erklärte mir, dass mein Vater in sowjetischer Kriegsgefangenschaft war und Führer, Volk und Vaterland in den Rücken gefallen sei, er habe sich nicht nur dem Feind ergeben, er würde mit ihm sogar gemeinsame Sache machen, indem er wehrkraftzersetzende Schriften unterzeichne und sogar verfasse.

Das könne gar nicht sein, erwiderte ich, mein Vater sei ein alter Soldat, der einen Eid geschworen habe, der für ihn heilig sei. Wie ich denn handeln würde, wenn mir ein zersetzendes, von meinem Vater unterzeichnetes Flugblatt in die Hände fiele, wollte er wissen. Meine Antwort war klar: Ich würde das nicht glauben und für Feindpropaganda halten. Und schließlich hätte auch ich einen Eid geschworen. Das wirkte, und so blieb mir das Strafbataillon oder die Sippenhaft erspart.

Ähnliches Glück hatte auch meine Schwester Annemarie, die damals 16 Jahre alt war. Sie sollte in »Sippenhaft« genommen werden. Das bedeutete in ihrem Alter, unter neuem Namen ins Heim der NS-Volkswohlfahrt nach Bad Sachsa im Harz zu kommen – mit Wohlfahrt hatte das Ganze freilich nichts zu tun. Doch da griff unsere Tante Gustl, die jüngere Schwester unserer Mutter, ein.

Tante Gustl holte Annemarie zu sich. Da sie als gute Nationalsozialistin galt, gab sie den Nazis ausreichend Gewähr, die Heranwachsende im völkischen Sinne zu erziehen.

Meine Mutter Mary jedoch wurde nach der Kapitulation meines Vaters in Sippenhaft genommen. Dieser perfiden Maßnahme wurden bereits 1933 Verwandte des ehemaligen Reichskanzlers Philipp Scheidemann unterworfen, der in der *New York Times* einen kritischen Artikel zur faschistischen Machtübernahme in Deutschland veröffentlicht hatte. Verwandte des Hitler-Attentäters Georg Elser wurden von den Nazis ebenso verfolgt und eingesperrt wie Angehörige von Mitgliedern der Weißen Rose. Zur gleichen Zeit zielten sie auf die Familien derjenigen Offiziere und Generale in sowjetischer Kriegsgefangenschaft, die sich im Bund Deutscher Offiziere und im Nationalkomitee »Freies Deutschland« engagierten.

Mit besonderer Wucht richtete sich die »Sippenhaft« gegen die Familien des Widerstandes vom 20. Juli 1944. Allein in den Monaten Juli und August 1944 wurden 140 Personen in »Sippenhaft« genommen. Noch im Februar 1945 legte eine Verfügung des Oberkommandos der

Wehrmacht fest: »Für Wehrmachtsangehörige, die in der Kriegsgefangenschaft Landesverrat begehen und deswegen zum Tode verurteilt werden, haftet die Sippe mit Vermögen, Freiheit oder Leben.« Was eine »Sippe« war, legten Einrichtungen wie das Reichssippenamt in Berlin und auf Honorarbasis arbeitende »Forscher« fest – allesamt zusammengeschlossen im »Reichsverband der Sippenforscher und Heraldiker e. V.«.

Meine Mutter wurde in Zoppot verhaftet und ins Gefängnis gesteckt. Sie hätte sich freikaufen können, indem sie sich von ihrem Mann hätte scheiden lassen. Das kam für sie überhaupt nicht in Frage, und damit war ihr Schicksal besiegelt.

Ich sah sie zum letzten Mal auf dem Bahnhof von Danzig. Meine Vorgesetzten hatten mich auf Urlaub geschickt. Ich solle mal zu Hause vorbeischauen, es gäbe wichtige Ereignisse. Welche Ereignisse das waren, verrieten sie mir nicht. Als Grund für meinen Sonderurlaub gaben sie »Hochzeit« an. Ich war wohl der einzige Wehrmachtangehörige, der in Hochzeitsurlaub geschickt wurde, ohne

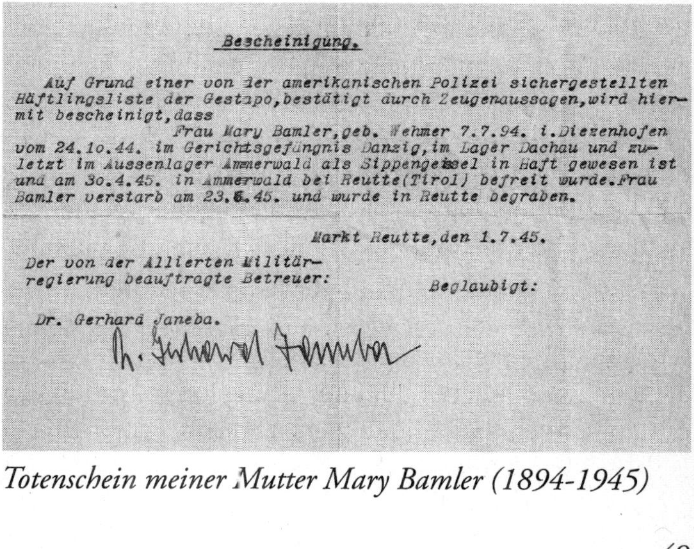
Bescheinigung.

Auf Grund einer von der amerikanischen Polizei sichergestellten Häftlingsliste der Gestapo, bestätigt durch Zeugenaussagen, wird hiermit bescheinigt, dass

Frau Mary Bamler, geb. Wehmer 7.7.94. i. Diezenhofen vom 24.10.44. im Gerichtsgefängnis Danzig, im Lager Dachau und zuletzt im Aussenlager Ammerwald als Sippengeisel in Haft gewesen ist und am 30.4.45. in Ammerwald bei Reutte (Tirol) befreit wurde. Frau Bamler verstarb am 23.6.45. und wurde in Reutte begraben.

Markt Reutte, den 1.7.45.

Der von der Allierten Militärregierung beauftragte Betreuer:

Beglaubigt:

Dr. Gerhard Janeba.

Totenschein meiner Mutter Mary Bamler (1894-1945)

eine Braut zu haben. Als ich auf dem Bahnhof von Danzig ankam, sah ich, wie meine Mutter von zwei weiblichen SS-Schergen in einen Zug gezerrt wurde, der sie ins KZ Dachau bringen sollte. Mutter schrie »Himmler – der Bluthund!«. Über die Lager Schierlingsmühle und Dachau schleppten die Nazis sie nach Reutte-Breitenwang in Tirol. Dort wurde sie im April 1945 von den Amerikanern befreit. Doch sie starb kaum zwei Monate später.

Die genaue Todesursache ist bis heute ungeklärt. Die Auszehrung der »Sippenhaft« und des Todesmarsches werden wohl das ihre getan haben. Geblieben ist ein Zettel, lakonisch »Bescheinigung« überschrieben. Mit seiner Unterschrift bestätigt ein Dr. Gerhard Janeba: »Frau Bamler verstarb am 23.06.45 und wurde in Reutte begraben.«

Anmerkungen

16 Handschriftlicher Lebenslauf vom 7. Mai 1950
17 Walther von Seydlitz: Stalingrad – Konflikt und Konsequenz. Erinnerungen, Oldenburg 1977, S. 359
18 Rüdiger Wenzke: Generalmajor Rudolf Bamler, in: Genosse General, Berlin 2003, S. 40
19 Walther von Seydlitz, Stalingrad … a. a. O., S. 357

5. Der junge Leutnant

In unsere Zoppoter Zeit fiel auch das Interesse der Waffen-SS an mir. Warum? Ich kann es nur vermuten: Ich war in Zoppot bei der Motor-HJ. Lieber wäre ich zur Marine gegangen, doch diese HJ-Abteilung war am anderen Ende der Stadt stationiert. Zur Motor-HJ musste ich nur kurz über einen Hügel und war da. Außerdem konnte ich den Führerschein machen und Motorrad fahren. Wie ich später erfuhr, stand diese HJ-Gliederung unter der Patronage der SS. Und so wird deren Begehrlichkeit entstanden sein. Mein Vater setzte Himmel und Hölle in Bewegung, um mir den Weg in die Wehrmacht zu ermöglichen, denn er wollte seinen Sohn auf gar keinen Fall bei der SS sehen. Ich legte im November 1942, also mit 17, die Prüfung als Offiziersbewerber ab. Und da ich sie bestand, konnte die Waffen-SS nicht mehr über mich verfügen. Die Konsequenz war, dass ich ein »Kriegsabitur« ablegen konnte – eigentlich reine Augenauswischerei, denn nach dem Krieg nutzte es mir wenig: Es wurde von den Universitäten in der Regel nicht anerkannt und beweist nur, dass im Krieg Bildung und Kultur auf der Stecke bleiben.

Damals sah ich das natürlich anders: Ich wollte unbedingt Soldat werden. Zwar war ich kein Nazi. Aber spurlos ging die faschistische Propaganda auch an mir nicht vorüber, und so lautete mein Berufswunsch »Held«. Auch war dafür verantwortlich, dass mein großes Vorbild, mein Vater, Soldat war. Doch Artillerieoffizier wollte ich nicht werden, denn da hätte ich viel rechnen müssen. Mathematik jedoch war meine Sache nicht. Da kam mir eine neue Waffe entgegen: das Sturmgeschütz – eine in den 30er Jahren in Deutschland entwickelte Infanteriebegleitwaffe. Ein junger Offizier meines Vaters, Major Peter Frantz, wurde am 1. Dezember 1942 Kommandeur der Sturmgeschützabteilung »Groß Deutschland« – nicht zu verwechseln mit der SS-Division gleichen Namens. Mein Vater erzählte mir davon und von der neuen Waffe. Das tat natürlich seine Wirkung: Da wollte ich hin – am besten gleich zu Major Frantz. Der Leipziger Sachse, der 2001 im Alter von 83 Jahren in Köln starb, wurde als junger Offizier mit dem Ritterkreuz mit Eichenlaub dekoriert – er war ein Star unter den Artilleristen, zumal er auch so aussah.

Ein Sturmgeschütz, ein gepanzertes Kettenfahrzeug, war flacher als ein herkömmlicher Panzer und hatte auch keinen drehbaren Turm. Die Kanone war fest mit der Wanne verbunden. So konnte das Geschützrohr nur gesenkt oder gehoben werden. Und da Sturmgeschütze mit der Infanterie agierten, war das Zielen wesentlich leichter zu bewerkstelligen als bei der »richtigen« Artillerie, die mehr Zeit hatte und vor allem von einer festen Stellung aus schoss.

Meine Ausbildung absolvierte ich in Guben. An die Stadt habe ich nur gute Erinnerungen. Vor allem das Theater, auf einer Insel in der Neiße gelegen, hatte es mir angetan. Heute ist die Theaterinsel ein gepflegter Park. Das Theater selbst hatte den Krieg glücklich überstanden, fiel aber noch 1945 einem Brand zum Opfer.

Die Ausbildung war die reinste Schleiferei, verbunden mit Schikanen. Ein besonders beliebtes Spiel war die Sturmbahn mit Gasmaske. Die Rekruten fielen um wie die Kegelpuppen. Nur ich machte das Ganze bis zum Schluss mit – scheinbar hatte Prof. Gohrbandt ganze Arbeit geleistet. Auch das bekannte Scheuern des Flures mit der Zahnbürste hatten unsere Ausbilder im Repertoire. Besonderer Beliebtheit erfreute sich der sogenannte »Maskenball«: Die

Stube musste im Ausgehanzug antreten, fünf Minuten später im Turnzeug, weitere fünf Minuten später dann im Feldanzug, und so ging das fröhlich weiter. Als die Übung dann beendet war, wurde kontrolliert, ob die Schränke auch alle in Ordnung waren. Heute denke ich, dass ich dieser Schleiferei vielleicht mein Leben zu verdanken habe, denn ich habe gelernt, mich unter widrigen Bedingungen, an der Front also, zu bewegen.

Die militärische Ausbildung absolvierte ich auf dem Sturmgeschütz III. Die Besatzung bestand aus vier Mann. Da die Motoren mit Benzin betrieben wurden, explodierte solch ein Gefährt wie ein Molotowcocktail, wenn es von panzerbrechenden Waffen getroffen wurde. Das hatte ich in meinem blinden Eifer ebenso wenig bedacht wie die Tatsache, dass ein Sturmgeschütz wie der herkömmliche Panzer ein fahrender Sarg war, allerdings ein wesentlich engerer. Noch heute habe ich nachts Alpträume, wenn ich an die Enge, den Krach und die Hitze in dem Ding denke. Wir mussten zwar als Rekruten ständig üben, wie wir aus der Wanne rauskommen. Dazu gab es im Boden eine Klappe, durch die man sich retten konnte. Doch ich hatte stets Angst, mit dem Stahlhelm oder dem Koppel hängen zu bleiben. Zum Glück ist das nur in meinem Unterbewusstsein hängengeblieben …

Meine Begeisterung für die Sturmgeschütze hat mir später neben dem EK II und dem Sturmabzeichen einen bleibenden Gehörschaden eingebracht. Ich war Ladeschütze und somit dem Geschützrohr am nächsten. In einem Sturmgeschütz herrscht eine Akustik wie in einem Panzerschrank. So höre ich seit dieser Zeit hohe Töne kaum noch – vor allem auf dem linken Ohr, an dem die leeren Geschosshülsen beim Nachladen vorbeipfiffen.

Die Ausbildung, den Stress, die Schikanen und das ganze Drumherum habe ich mit stoischer Ruhe ertragen, denn ich war von dem Ehrgeiz besessen, Soldat, ja Held zu werden. Die Uniform trug ich mit Stolz. Wenn ich nach Hause fuhr, schlug ich ein Rad wie ein Pfau. Aber das verging mir recht schnell. Nach der Offiziersausbildung fand ich mich – wie gewünscht – in der Sturmgeschütz-Brigade »Großdeutschland« wieder. Mein Vater hatte meinen Wunsch unterstützt, und so landete ich dort. 1944 kam ich an die Front und fuhr bis nach Riga. Wir mussten eine Stellung übernehmen, die die Waffen-SS zuvor eingenommen hatte. Sie wurde lange von jungen Sowjetsoldaten, einer Art Komsomol-Brigade, verteidigt. Die SS hatte die Stellung umgangen und hinterrücks angegriffen. Die jungen Sowjetsoldaten wurden abgeschlachtet. Als wir einrückten, fanden wir nur verstümmelte Leichen vor. Uns wurde bei diesem Anblick schlecht, die Rede war schnell von den »Scheißkerlen« von der SS. Aber die Augen öffnete uns dieser schreckliche Anblick immer noch nicht. Zu tief saß die indoktrinierte Angst vor »dem Russen«. Vielleicht ahnten wir auch, dass die Verbrechen, die von Deutschen im Namen Deutschlands mit deutschen Waffen in der Sowjetunion begangen worden waren, jede Angst vor Rache nahelegten.

Am 20. April 1945 – am letzten Geburtstag Hitlers – wurde ich zum Leutnant befördert und mangels Technik nicht auf ein Sturmgeschütz, sondern in eine Offizierskompanie versetzt. Ein Sturmgeschütz, dessen Kommandeur ich hätte werden können, gab es schlicht nicht mehr.

Ich wurde der Heeresgruppe Mitte unterstellt. Deren Oberkommando befand sich am Ende des Krieges in Bad Welchow. Der Ort heißt heute Velichovky und liegt im Norden der Tschechischen Republik, ungefähr 130 Kilometer östlich von Prag. Oberkommandierender der Heeresgruppe Mitte war seit Januar 1945 Generalfeldmarschall Ferdinand Schörner, genannt »Der blutige Ferdinand«.

Schörner war fanatischer Nazi, Träger des Goldenen Parteiabzeichens der NSDAP. Hitler bestimmte ihn in seinem politischen Testament zum Oberbefehlshaber des Heeres. Schörner war dafür bekannt, dass er Soldaten und selbst Volkssturmmänner skrupellos in Himmelfahrtskommandos schickte. Er riss Offizieren und Soldaten, die er der Feigheit vor dem Feind beschuldigte, vor versammelter Mannschaft Schulterstücke und Orden von der Uniform und ließ sie standrechtlich erschießen.

Dieser Schörner sollte die Verteidigung Prags organisieren, denn von Osten rückte die Rote Armee vor, von Westen die US-Army. Ich wurde den Truppen zugeordnet, die sich den Amerikanern in den Weg stellen sollten. Meine Einheit – es waren rund 20 Mann – sollte ein Dorf westlich von Prag (seinen Namen hab ich vergessen) gegen die Amerikaner verteidigen. Also gruben wir uns am Dorfrand ein, bewaffnet mit Pistolen und ein paar Panzerfäusten. Da das Telefon noch funktionierte, konnten wir von der Bürgermeisterei aus in den benachbarten Orten nachfragen, ob die Amerikaner schon da seien. Aber keiner hatte bis zu dieser Zeit auch nur einen einzigen GI gesehen. Als die US-Army dann doch auftauchte, haben sie uns drei Tage mit ihrer Artillerie beschossen. Danach waren wir noch sieben Überlebende. Unser Kommandeur, ein Hauptmann, rannte schließlich zurück zum Einsatzkommando. Das war für uns das Zeichen, uns in einen Wald zu schlagen und in Deckung zu gehen. Wir machten eine amerikanische Kompanie aus, die auf der Straße vorrückte. Da sah ich das erste Mal in meinem Leben Amerikaner aus der Nähe und war bass erstaunt, dass unter den Soldaten Schwarze marschierten, von denen ich nur wusste, dass sie »Fremdrassige« waren. Neben der Angst vor »Bolschewisten« waren Vorurteile gegenüber anderen Menschengruppen eine andere Blüte faschistischer Erziehung.

Schließlich konnten wir Übriggebliebenen uns zu unserer Einheit durchschlagen – besser gesagt zu dem, was noch übrig war. Da erhielten wir unsere Soldbücher und den Befehl, uns durch die Front nach Deutschland durchzuschlagen, um dort als Werwölfe zu kämpfen. Auf diesen Befehl waren wir jedoch nicht eingestellt, zumal wir – was wunder? – todmüde waren. Also legten wir uns in die Scheune eines tschechischen Bauern und schliefen sofort ein. Am nächsten Morgen wurden wir vom Befehl »Hands up!« geweckt. Die GIs, die uns verhafteten, waren mit einem Jeep gekommen. An dem Jeep hing ein Hänger, auf den wurden wir verfrachtet, und ab gings. Für mich war das günstig, denn die Fahrt konnte ich nutzen, um mir den Ärmelstreifen mit dem Namen meiner Einheit »Groß Deutschland« abzureißen. Ich musste befürchten, dass die Amerikaner mich für einen SS-Mann hielten. Und ich hatte recht: Kaum waren wir runter von dem Hänger, schauten sie nach, ob wir unter dem Arm die Blutgruppentätowierung der SS hatten.

Das Ganze spielte sich am 10. Mai ab. Da war der Krieg schon zwei Tage zu Ende – ich Idiot hatte Überstunden gemacht!

Mit Held war Schluss, denn nun war ich Kriegsgefangener der Amerikaner: *prisoner of war*, POW, im Lager Cham/Oberpfalz. Dieses Lager bestand aus einem Areal bewachter Erde. Da war nichts. Am Tag hatten wir Hunger, des Nachts froren wir. Vor allem die älteren Soldaten starben unter diesen Bedingungen wie die Fliegen. Wir Jungen hatten kein Gramm zu viel am Leib und waren trainiert, ohne Schlaf auszukommen, aber ein altgedienter Zahlmeister?

Wer wissen will, wie es in einem amerikanischen Kriegsgefangenenlager zuging, der lese bitte Hans Hellmut Kirsts »Sagten Sie Gerechtigkeit, Captain?«

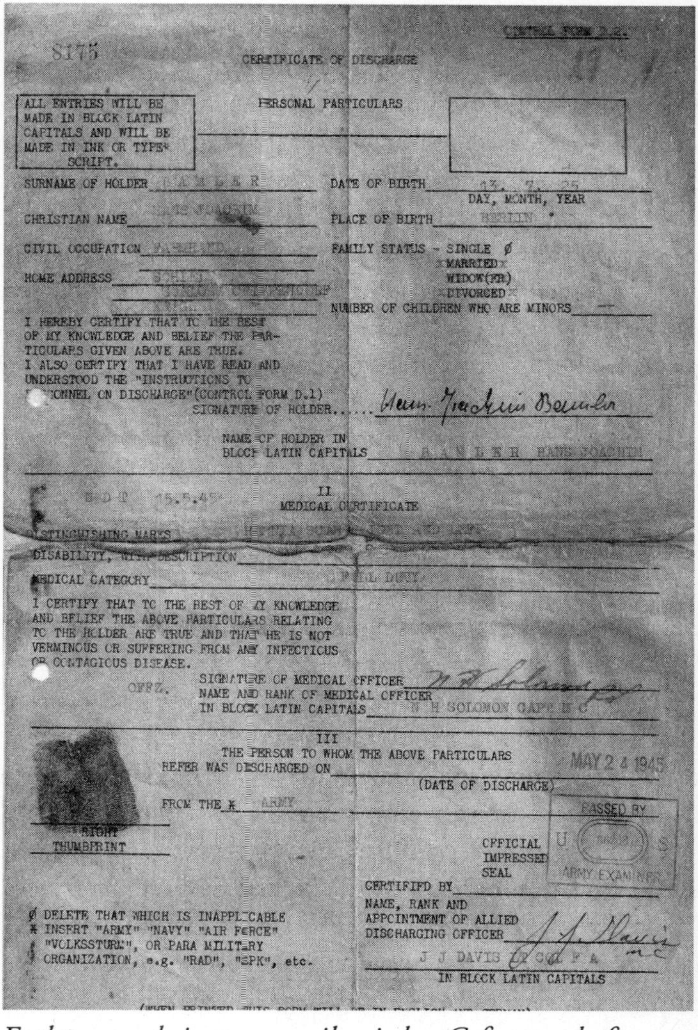
CONTROL FORM D.2.

S175

CERTIFICATE OF DISCHARGE

PERSONAL PARTICULARS

ALL ENTRIES WILL BE MADE IN BLOCK LATIN CAPITALS AND WILL BE MADE IN INK OR TYPESCRIPT.

SURNAME OF HOLDER B A M L E R

DATE OF BIRTH 13. 7. 25
DAY, MONTH, YEAR

CHRISTIAN NAME HANS JOACHIM

PLACE OF BIRTH BERLIN

CIVIL OCCUPATION

FAMILY STATUS - SINGLE ø
MARRIED
WIDOW(ER)
DIVORCED

HOME ADDRESS

NUMBER OF CHILDREN WHO ARE MINORS —

I HEREBY CERTIFY THAT TO THE BEST OF MY KNOWLEDGE AND BELIEF THE PARTICULARS GIVEN ABOVE ARE TRUE.
I ALSO CERTIFY THAT I HAVE READ AND UNDERSTOOD THE "INSTRUCTIONS TO PERSONNEL ON DISCHARGE"(CONTROL FORM D.1)

SIGNATURE OF HOLDER...... Hans Joachim Bamler

NAME OF HOLDER IN BLOCK LATIN CAPITALS B A M L E R HANS JOACHIM

II
MEDICAL CERTIFICATE

DISTINGUISHING MARKS

DISABILITY, WITH DESCRIPTION

MEDICAL CATEGORY FULL DUTY

I CERTIFY THAT TO THE BEST OF MY KNOWLEDGE AND BELIEF THE ABOVE PARTICULARS RELATING TO THE HOLDER ARE TRUE AND THAT HE IS NOT VERMINOUS OR SUFFERING FROM ANY INFECTIOUS OR CONTAGIOUS DISEASE.

SIGNATURE OF MEDICAL OFFICER
NAME AND RANK OF MEDICAL OFFICER IN BLOCK LATIN CAPITALS N H SOLOMON CAPT M C

III
THE PERSON TO WHOM THE ABOVE PARTICULARS REFER WAS DISCHARGED ON MAY 24 1945
(DATE OF DISCHARGE)

FROM THE ✗ ARMY

RIGHT THUMBPRINT

OFFICIAL IMPRESSED SEAL

PASSED BY
U S
ARMY EXAMINER

CERTIFIED BY

NAME, RANK AND APPOINTMENT OF ALLIED DISCHARGING OFFICER

J J DAVIS
IN BLOCK LATIN CAPITALS

ø DELETE THAT WHICH IS INAPPLICABLE
✗ INSERT "ARMY" "NAVY" "AIR FORCE" "VOLKSSTURM", OR PARA MILITARY ORGANIZATION, e.g. "RAD", "SPK", etc.

Entlassungsschein aus amerikanischer Gefangenschaft

Interessant war auch, dass sich die alten Strukturen sofort wieder durchsetzten. Offiziere, Unteroffiziere, Mannschaften: Die alte Hierarchie war sofort wieder da. Es war eine verelendete Wehrmachtsgarnison – bewacht von den Amerikanern.

Glücklicherweise wurde aus dem Kriegsgefangenenlager Cham bald ein Zeltlager, in dem wir überleben konnten. Bereits am 24. Mai wurde ich entlassen. Nach diesem mörderischen Krieg fehlte es an Männern, die die bevorstehende Ernte einbringen konnten, was für das Überleben der Menschen so wichtig war. Darum wurden Landarbeiter mit Vorrang entlassen. So war ich natürlich sofort Landarbeiter – »Farmhand«, wie es auf meinem Entlassungsschein heißt. Als Entlassungsort gab ich Schloss Crispendorf bei Schleiz in Thüringen an.

Ich war 19, hatte den Krieg überlebt und das Leben vor mir!

6. Go west

In Thüringen kannte ich mich ungefähr so gut aus wie auf der Rückseite des Mondes. Ich war dort noch nie gewesen. Crispendorf gab ich bei meiner Entlassung als Ziel an, weil die Gerlachs, die in Zoppot unsere Nachbarn waren, erzählten, sie würden nach dem Krieg nach Crispendorf gehen. Also fiel mir der Name ein, und mit dem »Certificate of discharge«, unterzeichnet von Oberstleutnant J. J. Davis, machte ich mich auf den Weg aus der Oberpfalz nach Thüringen. Allerdings musste ich zuerst den Abtransport aus dem Lager überstehen. Zu diesem Zwecke wurden wir auf US-amerikanische Militär-Lkw verfrachtet – jene Pritschenwagen, auf denen man Bauschutt abfährt. Es war schon nicht einfach, auf der Ladefläche, vollgestopft mit Entlassenen, sicher zu stehen. Artistische Fähigkeiten verlangte dann die Fahrt selbst, denn unsere Chauffeure – zumeist schwarze GI – fuhren wie auf der Flucht. Wer von der Ladefläche fiel, hatte Pech, wer dem vorbeirasenden Lkw zu nahe kam, konnte sich Blessuren einfangen. Ich jedenfalls fiel nicht vom Wagen, stand glücklicherweise irgendwann an einem Bahnhof und war wieder frei.

Auf meinem Entlassungsschein steht »Schloss Crispendorf«. Doch das Schloss sucht man heute vergebens. Das kleine Barockschloss wurde nach dem Krieg geplündert und 1948 schließlich abgerissen; Baumaterial war knapp.

In Crispendorf angekommen, musste ich feststellen, dass weit und breit keine Familie Gerlach zu finden war. Das herauszubekommen war nicht sonderlich schwer, denn in der gesamten Gemeinde lebten keine 500 Leute. Es war auch recht einfach, eine Bleibe zu finden, denn nach dem Krieg herrschte akuter Mangel an Arbeitskräften. So landete ich als Landarbeiter bei einem Bauern und hatte fortan dafür Sorge zu tragen, dass der hofeigene Eber so oft wie möglich und erfolgreich die Sauen bestieg. Das Ergebnis meiner Kuppelei habe ich nicht mehr erlebt. Denn bald verbreitete sich die Nachricht, dass die Amerikaner Thüringen räumen und die Russen nachrücken würden. Das löste bei mir, und nicht nur bei mir, den anerzogenen Fluchtreflex aus, und ich machte mich in Richtung Westen auf und davon. Meine Karriere als »Farmhand« war von kurzer Dauer und fand ein jähes Ende.

Tante Gustl, die Schwester meiner Mutter, war mit meiner Schwester Annemarie nach Beuren bei Nürtingen in Württemberg gezogen. Ihr inzwischen gefallener Ehemann Kurt Kaul, einst SS-Obergruppenführer, hatte für sich und seine Frau im Südwesten Deutschlands einen Rückzugsraum eingerichtet. Dahin ließ er, als sich das Kriegsglück vom Deutschen Reich abwandte, all seine Habe bringen. So stand meine Tante, nachdem sie Ostpreußen fluchtartig verlassen hatte, im Gegensatz zu den meisten Menschen nicht mit leeren Händen da. Allerdings kam sie an das Geld von Kurt Kaul nicht ran. Der galt als vermisst. Da sie aber keine Todesurkunde hatte, die sie jedoch brauchte, um ihren eigenen Mann beerben zu können, war sie gezwungen zu arbeiten. Doch Tante Gustl löste auch dieses Problem: Sie managte das Büro eines Kaufmanns, der in dubiosen Geschäften unterwegs war, und bekam dafür gutes Geld.

Also machte ich mich auf den Weg nach Beuren, immer die Angst vor Augen, wieder verhaftet zu werden. Württemberg gehörte zur Französischen Besatzungszone. Ich fürchtete, dass die Franzosen meinen amerikanischen Entlassungsschein ignorieren und mich von der Landstraße weg in ein Bergwerk stecken würden – das wollte ich auf keinen Fall. Aber ich hatte Glück und kam nach strapaziösen Fußmärschen – es fuhr ja nichts – am 7. Juni 1945 in Beuren an. Das Einzige, was ich hatte, war mein Leben – immerhin – und eine verschlissene Uniform. Ich hatte keine friedenstaugliche Ausbildung und keinen festen Wohnsitz, war also durch den Krieg zu einem unqualifizierten Nomaden geworden. Nur eines wusste ich genau: Nie wieder Krieg!

In Beuren waren wir Bamler-Kinder wieder zusammen. Der Vater, das wussten wir, war in sowjetischer Kriegsgefangenschaft. Was aber war mit unserer Mutter? Das letzte, was wir wussten, war, dass sie ins KZ Dachau gebracht worden war. Wir begannen nachzuforschen und stießen auf den bereits erwähnten Dr. Janeba, der uns mitteilte: Wenn Sie etwas über Ihre Mutter wissen wollen, kommen Sie zu mir nach Bad Aibling. Annemarie und ich machten uns auf den Weg. Wir waren noch gar nicht richtig im Haus der Janebas, da schleuderte er uns entgegen: »Sie wissen ja, dass Ihre Mutter tot ist!« Das wussten wir nicht, der Schock saß tief. Später sind Annemarie und ich dann nach Reutte gefahren. Hier war unsere Mutter gestorben. Das heißt, Annemarie fuhr dorthin, um den Todesort unserer Mutter zu besuchen. Ich wartete an der österreichischen Grenze auf sie, denn ich hatte Angst vor dem Grenzübertritt. Aber was Annemarie auch unternahm – sie konnte keine Gewissheit über die Todesumstände unserer Mutter finden.

Ich hatte das Bedürfnis, mit meinem Vater in Verbindung zu treten. Aber wie? Da kam mir die Idee: Er sitzt bei den Kommunisten, also geh doch mal zu denen. Und so ging ich ins Büro der KPD in Kassel und fragte die Genossen, die damals noch nicht meine Genossen waren, ob sie eine Verbindung zu meinem Vater herstellen könnten. Konnten sie. Ergebnis: Die sowjetischen Partner meines

Vaters – das erzählte er mir später – hatten ihm vorgeschlagen, mich in die Sowjetunion zu holen. Aber er war der Meinung, dass ein Bamler in sowjetischer Kriegsgefangenschaft genug ist, und hat das Angebot dankend abgelehnt. So blieb bis zu seiner Entlassung Tante Gustl die einzige Verbindung zu ihm. Sie schrieben sich regelmäßig Postkarten. Damit war mein Vater immer auf dem Laufenden.

Wie auch immer: Ich musste eine Arbeit finden, um zu überleben. Die fand ich im Saatzuchtbetrieb Hans Häge. Hier war ich Schrotmeister – Meister! Das hatte jedoch nicht viel zu sagen. Ich schlief über dem Kuhstall. Das war zwar immer schön warm. Aber Kühe verströmen nicht nur Wärme … Hans Häge war ein Knauser. Er zahlte wenig Lohn und den auch noch unregelmäßig. Also habe ich mich selbst bedient, um mein mageres Salair aufzubessern. Auf dem Schwarzmarkt bekam man Lebensmittel zu dieser Zeit reißend los. Aber Häge kriegte das mit: Ich flog raus und hatte keinen Job mehr.

In einer Ziegelei fand ich einen Job als Ofenarbeiter – das war Schinderei und Strafe zugleich. Auch hier wurden wir beschissen: Uns stand die Schwerstarbeiterkarte zu. Aber unser Chef kassierte die ein und gab uns weniger gehaltvolle Bezugsscheine. Im Jahre 1945 standen einem »Normalverbraucher« Lebensmittel mit 1.550 Kilokalorien zu – würden wir das heute noch essen, wäre Deutschland schlank wie das Indien Gandhis.

Also rief ich meine Kollegen auf zu streiken. Wir versammelten uns vor unseren Maschinen und taten nichts. Das war sehr wirkungsvoll: Der Chef verteilte fortan die Schwerstarbeiterkarte und schmiss mich raus.

Nun stand ich wieder mit leeren Händen da. Jetzt wollte ich einen Beruf lernen. Für mich als ehemaligen Frontsoldaten gab es die Möglichkeit, die Lehre schon nach zwei Jahren abzuschließen. Ich zog nach Stuttgart. Warum? Stuttgart war Großstadt. Da rechnete ich mir bessere Chancen aus als in Nürtingen. Außerdem bestand zwischen Nürtingen und Stuttgart eine schnelle, gute Zugverbindung.

Und tasächlich fand ich eine Lehrstelle als Färber und Filmdrucker bei der Firma Müller & Schulten.

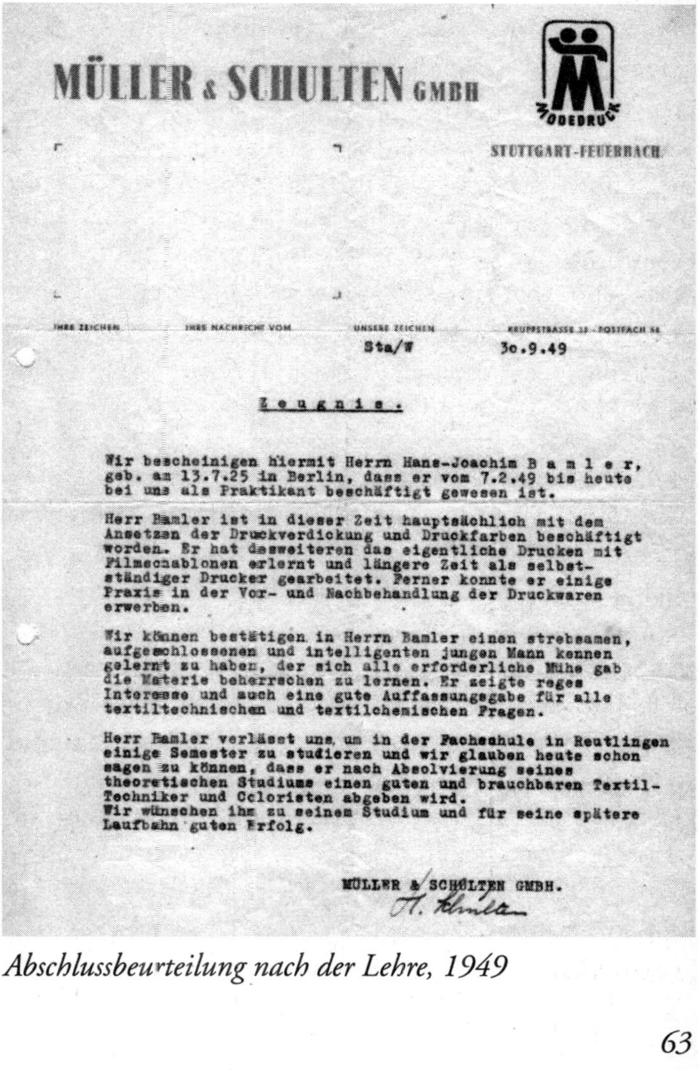

MÜLLER & SCHULTEN GMBH

MODEDRUCK

STUTTGART-FEUERBACH

IHRE ZEICHEN | IHRE NACHRICHT VOM | UNSERE ZEICHEN Sta/W | KRUPPSTRASSE 35 · POSTFACH 56 30.9.49

Z e u g n i s .

Wir bescheinigen hiermit Herrn Hans-Joachim B a m l e r, geb. am 13.7.25 in Berlin, dass er vom 7.2.49 bis heute bei uns als Praktikant beschäftigt gewesen ist.

Herr Bamler ist in dieser Zeit hauptsächlich mit dem Ansetzen der Druckverdickung und Druckfarben beschäftigt worden. Er hat desweiteren das eigentliche Drucken mit Filmschablonen erlernt und längere Zeit als selbstständiger Drucker gearbeitet. Ferner konnte er einige Praxis in der Vor- und Nachbehandlung der Druckwaren erwerben.

Wir können bestätigen in Herrn Bamler einen strebsamen, aufgeschlossenen und intelligenten jungen Mann kennen gelernt zu haben, der sich alle erforderliche Mühe gab die Materie beherrschen zu lernen. Er zeigte reges Interesse und auch eine gute Auffassungsgabe für alle textiltechnischen und textilchemischen Fragen.

Herr Bamler verlässt uns, um in der Fachschule in Reutlingen einige Semester zu studieren und wir glauben heute schon sagen zu können, dass er nach Absolvierung seines theoretischen Studiums einen guten und brauchbaren Textil-Techniker und Coloristen abgeben wird.
Wir wünschen ihm zu seinem Studium und für seine spätere Laufbahn guten Erfolg.

MÜLLER & SCHULTEN GMBH.

Abschlussbeurteilung nach der Lehre, 1949

Filmdruck war ein Verfahren, das besonders bei Meterwaren zum Einsatz kommt. Man bedruckt also keine T-Shirts oder Leinenbeutel, sondern Stoffballen. Dabei werden Schablonen auf einen Rahmen gespannt. Die Farbe wird dann durch die Schablone gedrückt und hinterlässt auf dem Stoff, der auf einem Tisch liegt, ein Muster. Ich wurde also mehr Industriearbeiter als Handwerker. Auf alle Fälle hatte meine Ausbildung viel mit Technik und Chemie zu tun. Und das interessierte mich.

Färber und Filmdrucker war zwar nicht mein Traumberuf – ich hatte gerade zwei Jahre »Traumberuf« hinter mir und die Schnauze gehörig voll –, aber ich fand die Sache interessant. Und so war es kein Zufall mehr, dass ich mich nach Abschluss des Praktikums bei Müller & Schulten um ein Studium der Textilveredelungschemie bewarb. Dieser Studiengang war an der Hochschule in Reutlingen im Jahr 1903 eingerichtet worden. Hier wurden dringend benötigte Spezialisten ausgebildet, die den komplizierten Färbe- und Veredlungsprozess beherrschten. Meine Chancen auf einen Studienplatz waren mehr als schlecht. Denn man brauchte Geld und Beziehungen, um da ranzukommen. Diese Schule war die Domäne der Textilindustriellen, die ihre Söhne dorthin schickten, damit diese titelbehangen das Erbe im Unternehmen antreten konnten.

Doch hier sprang Tante Gustl wieder einmal in die Bresche: Das Geldproblem erledigte sie, indem sie mir das Studium finanzierte. Das Problem mit den fehlenden Beziehungen bestand für meine Tante auch nicht. Ihr Mann, Kurt Kaul, war bis 1943 Höherer SS- und Polizeiführer Südwest mit Dienstsitz Stuttgart. In dieser Funktion war er natürlich bestens vernetzt. Tante Gustl kannte aus dieser Zeit den Verleger eines Schulbuchverlages, er gab auch Lehrbücher für Textilchemie heraus. Und der wiederum kannte die Chefs der Schule in Reutlingen.

Auch stellte mir mein Prinzipal Hans Schulten ein gutes Arbeitszeugnis aus. Er schrieb: »Herr Bamler verlässt uns, um in der Fachschule in Reutlingen einige Semester zu studieren, und wir glauben heute schon sagen zu können, dass er nach Absolvierung seines theoretischen Studiums einen guten und brauchbaren Textil-Techniker oder Coloristen abgeben wird.«

So kam ich 1949 doch noch zu einem Studienplatz.

Aber meine Wertschätzung für die Bemühungen der Tante und den Optimismus des Herrn Schulten stieß schon nach einem Jahr an Grenzen: Am 22. April 1950 wurde mein Vater gemeinsam mit 22 weiteren gefangenen Generalen der Wehrmacht aus sowjetischer Kriegsgefangenschaft entlassen. Er gehörte damit keinesfalls zu den »Erstentlassenen«. Andere Mitstreiter aus dem Bund Deutscher Offiziere und dem Nationalkomitee »Freies Deutschland«, beispielsweise die Generale Korfes, von Lenski, Vincenz Müller oder Lattmann, kamen bereits 1948/49 frei.

Mein Vater gehörte zu den acht im April 1950 Entlassenen, die in der ein halbes Jahr zuvor gegründeten DDR blieben; er war, wie es seinerzeit hieß, repatriiert worden. Aus Überzeugung und mit Konsequenz trat er sofort der SED bei – anders als z. B. Vincenz Müller oder Arno von Lenski, die sich der NDPD anschlossen.

Tante Maggie, die älteste Schwester meiner Mutter, arbeitete inzwischen als medizinisch-technische Assistentin im Lazarett der Roten Armee in Beelitz bei Potsdam. Mein Vater, durch Krieg und Gefangenschaft völlig mittellos, kam bei ihr unter. Inzwischen war auch Tante Gustl, die eigentlich Auguste hieß, aus dem Westen dorthin gezogen. Im Dezember 1950 heirateten die beiden, und meine Tante Gustl verwandelte sich in meine Stiefmutter – so blieb alles in der Familie.

Mit Wirkung vom 1. Mai 1950 wurde mein Vater im Ministerium des Innern der DDR angestellt, genauer in der Hauptverwaltung Ausbildung (HVA), dem Nukleus der künftigen bewaffneten Streitkräfte der DDR. Er leitete die sogenannte »B-Schule«, die Schule der Artillerie in Eggesin im Nordosten der DDR. Zuerst im Range eines Inspekteurs (Oberst) und seit dem 1. Januar 1951 als Chefinspekteur (Generalmajor). Ich schreibe das so pingelig auf, weil die abstrusesten Gerüchte über die Verwendung des Rudolf Bamler kursierten: So war mein Vater angeblich als Minister für Staatssicherheit vorgesehen.[20]

Von all dem wusste ich natürlich seinerzeit nichts. Ich wusste allerdings eines ganz sicher: Da, wo mein Vater ist, will auch ich sein. Und damit war Reutlingen passé. Die Textilchemie allerdings noch nicht. Als erstes reiste ich zu meinem Vater nach Eggesin. Schließlich musste ich ihn nach sieben Jahren in den Arm nehmen. Und dann ging es mit dem glücklichen Wissen, wieder den Vater zu haben, nach Cottbus. Dort wollte ich mein Studium fortsetzen. Es gab da nur ein Problem, und das hieß Aufnahmeprüfung: Ich sollte erzählen, was ich von Lenin und Pieck wusste. Ich wusste gar nichts, ich wusste nicht mal, wen die Prüfer meinten. Vielleicht galt ich an dieser Stelle noch als erziehbar. Doch als es zur Mathematik kam, war ich total am Boden – man erinnere sich: Ich war im Krieg zu den Sturmgeschützen gegangen, weil ich bei der eigentlichen Artillerie zu viel rechnen musste!

Also fuhr ich zurück nach Eggesin und sagte: »Vati, das war nix.«

Der fragte natürlich: »Was willste nun machen, Junge?«

»Zur Polizei gehen wie du«, antwortete ich.

Darauf er: »Kommt gar nicht in Frage!«

Ich muss ihm tüchtig zugesetzt haben, denn schließlich erklärte er sich bereit, »mit dem Hoffmann« darüber zu reden. Heinz Hoffmann war zu jenem Zeitpunkt Leiter der Hauptverwaltung Ausbildung des Ministeriums des Innern. Mein Vater kannte ihn aus der sowjetischen Kriegsgefangenschaft. Hoffmann, 1910 geboren, war 1933 über die Schweiz in die Sowjetunion gegangen und dort Offizier in der Roten Armee geworden. Als Interbrigadist hatte er in Spanien im Hans-Beimler-Bataillon gekämpft. 1944, als mein Vater in Kriegsgefangenschaft geriet, unterrichtete Hoffmann als Lehrer an der Antifa-Schule in Krasnogorsk. 1961 sollte der Mannheimer Minister für Nationale Verteidigung der DDR werden und es bis zu seinem Tod 1985 bleiben.

Wir machten uns auf den Weg zu Generalinspekteur Hoffmann, der seinen Dienstsitz in Berlin-Adlershof hatte. Mein Vater stellte mich vor, und der HVA-Chef wollte mich sofort als Leutnant einstellen. Mein Vater legte sein Veto ein: Ich solle von der Pike auf dienen und nicht gleich ein eigenes Kommando bekommen.

So wurde ich am 1. Oktober 1950 als Meister der Volkspolizei eingestellt. Der Meister war weder Fisch noch Fleisch. Er war kein Feldwebel mehr und noch kein Leutnant. Als 1952 die Kasernierte Volkspolizei gegründet wurde, wurde aus dem Meister der Unterleutnant. Dieser Dienstgrad war in Deutschland nach 1871 ungebräuchlich. Vielleicht weil er im Frankreich des 17. Jahrhunderts eingeführt worden war. Die DDR führte diesen Dienstgrad in Anlehnung an die Rangordnung der Roten Armee wieder ein.

Anmerkung

20 Siehe: Jens Gieseke, Die hauptamtlichen Mitarbeiter der Staatssicherheit, Berlin 2000, S. 63 (Fußnote)

7. Der Anfang im Osten – die Volkspolizei

Die Bereitschaften der Volkspolizei, die im Oktober 1948 auf Befehl der Sowjetischen Militäradministration gebildet wurden, waren anfangs recht eigentümliche Gebilde. Und doch wuchsen aus ihnen in einem komplizierten Prozess die bewaffneten Streitkräfte der am 7. Oktober 1949 gegründeten DDR. Längst hatte sich der Eiserne Vorhang gesenkt und Europa in zwei Machtblöcke geteilt, zwischen denen bereits ein Konflikt tobte: der Kalte Krieg. Damit lag auf der Hand, dass der neue deutsche Staat eine Armee benötigte, zumal die DDR seit der 2. Parteikonferenz der SED 1952 offiziell auf dem Weg zum Sozialismus war.

Aber es fehlten Spezialisten, vor allem Kommandeure und Offiziere, die erforderlich waren, um einen militärischen Apparat aufzubauen und zu führen. Walter Ulbricht erklärte bereits im April 1948 vor den Innenministern der Länder der Sowjetischen Besatzungszone in Werder/Havel: »Wir brauchen Leute, die Fronterfahrungen, Leute, die Spanienerfahrungen oder sich auch sonst im Kampf bewährt haben. Ein Mann, der am Ebro gekämpft und (sich) bewährt hat, ist für uns nicht zu ersetzen, er gehört in eine leitende Stelle in der Polizei.«

Ehemalige Spanienkämpfer wie Heinz Hoffmann, Heinrich Dollwetzel oder Friedrich Dickel waren jedoch eine sehr kleine Reserve, denn sie hatten in den zwölf Jahren Faschismus einen hohen Blutzoll gezahlt. Ein großes Reservoir bildeten hingegen die deutschen Kriegsgefangenen in der Sowjetunion: Sie besaßen bereits eine militärische Ausbildung und wurden in Antifa-Schulen vor Ort politisch ausgerichtet – vom Gefreiten bis zum General. Doch der Weg in die polizeilichen und militärischen Strukturen der Sowjetischen Besatzungszone war nach den Bestimmungen der Entnazifizierungskommissionen gerade diesen so bitter benötigten Spezialisten »wegen ihrer Betätigung im Sinne des Nationalsozialismus und Militarismus« vorerst verwehrt. Auch erschwerte der Befehl Nr. 2 des Präsidenten der Deutschen Verwaltung des Innern (DVdI) vom Januar 1949 den Eintritt in den ostdeutschen Polizeidienst, denn er verfügte sogar die Entlassung jener, die Angehörige ersten Grades in den westlichen Besatzungszonen hatten, in westlicher Kriegsgefangenschaft gewesen waren oder aus anderen Gründen politisch-moralisch ungeeignet schienen. Man wollte damit vor allem der steigenden Zahl von Desertionen entgegenwirken.

Doch der Weg in den Polizeidienst war schon 1949 wieder frei, nachdem die Provisorische Volkskammer der DDR das »Gesetz über den Erlass von Sühnemaßnahmen« verabschiedet hatte. Die Sowjetunion ihrerseits ließ Ende der 40er Jahre Soldaten, Offiziere und Generale, die sich zum Polizeidienst im Osten Deutschlands verpflichtet hatten, in die junge DDR ziehen. Viele jedoch, die mit diesem Ticket reisten, blieben nicht im Polizeidienst. Sie wurden entlassen, weil sie den politischen Anforderungen nicht genügten, oder sie nutzten die Gelegenheit und setzten sich über die offene Grenze in die Westzonen ab.

Kurzum: Es standen der ehemalige Spanienkämpfer Heinz Hoffmann und der entlassene Wehrmachtsgeneral Vincenz Müller seit 1948 Seite an Seite beim Aufbau der neuen Streitkräfte – Menschen, die einander zehn Jahre zuvor wohl an die Gurgel gegangen wären.

Mein Vater wurde, ich erwähnte es bereits, am 1. Mai 1950 in der Hauptverwaltung Ausbildung des Ministeriums des Innern (HVA) eingestellt, eine Woche nach seiner Entlassung aus der Kriegsgefangenschaft am 22. April. Ob diese aus Anlass des 80. Geburtstags von Lenin erfolgte, kann ich heute nicht mehr sagen.

Vermuten jedoch muss ich, dass die Behauptung, mein Vater habe zu Beginn seiner DDR-Karriere für den Nachrichtendienst der DDR gearbeitet, schlicht auf einer Verwechslung beruht. Die Aufklärung des MfS hieß nämlich ebenfalls HV A – Hauptverwaltung Aufklärung. Sie allerdings gab es 1950 weder in dieser Form noch unter diesem Namen.

Mein Vater diente in der Hauptverwaltung Ausbildung, die vom 1. Juli 1952 an Kasernierte Volkspolizei (KVP) hieß, mit Unterbrechungen bis zum 31. Dezember 1953. Danach war er noch lange als Publizist und Militärhistoriker tätig.

Der Eintritt meines Vaters in die bewaffneten Organe der neu gegründeten DDR war für mich ein klares Zeichen. Auch ich wollte in dieser Armee dienen, denn ich wollte Soldat sein wie er.

Für meinen Vater lag es auf der Hand, in die DDR zu gehen und hier seine Erfahrungen, sein Wissen und Können einzubringen. Es war die Konsequenz seiner Entwicklung in der Kriegsgefangenschaft. Der Weg in die Bundesrepublik war ihm – wenn auch nicht formal – verwehrt, denn er hatte sich im NKFD engagiert und von seinem »Führereid« losgesagt. Außerdem hatte er den »Aufruf der 17 Generale« mit verfasst und unterschrieben. Leute wie er galten in der Bundesrepublik als Verräter. Mein Vater wurde mit Dreck beworfen, denunziert, beschimpft. Er wurde zu einem »idealen Verleumdungsobjekt bundesdeutscher Vergangenheitsbewältigung«.[21]

Ganz hypothetisch: Wäre mein Vater in die Bundesrepublik gezogen, um sich am Aufbau der Bundeswehr zu beteiligen, so wäre ich ziemlich sicher auf der anderen Seite der Barrikade gelandet. Aber so zog ich in die andere Richtung – vom Westen in den Osten. Und von nun an hatte ich einen klaren Kurs, den ich bis heute gehalten habe.

Die jungen VP-Bereitschaften bereiteten ihren Gründervätern einige Sorgen. Die Mannschaften und Teile der Unteroffiziersdienstgrade waren recht rohe Burschen. Was Wunder! Waren sie doch in Zeiten des Faschismus in Deutschland, also mit Krieg, Tod, Hunger, Rassenwahn und Antikommunismus groß geworden. Anfangs machten sich Rituale, Gewohnheiten und der Militärjargon der Wehrmacht breit. Diejenigen, die sich aus politischer Motivation heraus zu der neuen Freiwilligenarmee meldeten, wurden oft enttäuscht. Inspektionsberichte aus den späten 40er Jahren zeichnen mitunter ein alarmierendes Bild: Es wurde von Bereitschaften berichtet, bei denen Soldaten wochenlang ihren Einheiten fern blieben und nur am Zahltag auftauchten.

Die materiellen Verhältnisse in den neuen Streitkräften der DDR waren häufig äußerst dürftig. Da es oft an Waffen fehlte, musste mit Attrappen geübt werden. Wenn Funkgeräte nicht bereit standen, wurden sie durch Melder, Signalflaggen und Signalpfiffe ersetzt – das war oft mehr ein Geländespiel denn effektive militärische Ausbildung.

Besondere Berühmtheit erlangte der Standort Eggesin. Als im Sommer 1952 die ersten Einheiten dorthin abkommandiert wurden, standen sie buchstäblich im Wald. Die Soldaten mussten bis zu zwölf Stunden täglich auf Baustellen schuften, um auch nur die Grundlage einer militärischen Infrastruktur zu schaffen. Auch hier konnte von planmäßiger Ausbildung keine Rede sein. Noch Ende 1953 lebten die meisten Soldaten in Zelten.

Zu desertieren war seinerzeit keine Kunst. Das konnte man in Berlin per S-Bahn. Zwischen 1950 und 1953 machten sich fast 4.000 Soldaten und Offiziere auf den Weg in Richtung Westen und begingen damit Fahnenflucht. Die soziale Besserstellung der Angehörigen der Streitkräfte hielt also nicht alle. Ein Leutnant verdiente etwa das Dreifache eines Industriearbeiters und hatte statt zwölf mindesten 18 Tage Urlaub im Jahr.

Meine Karriere in der Hauptverwaltung Ausbildung begann in Pinnow bei Angermünde. Ich wog bei meinen 1,83 Körpergröße zur Musterung gerade mal 64 Kilogramm. Am 9. Oktober 1950 wurde ich als VP-Meister eingestellt. Doch in Pinnow blieb ich nicht lange, denn der Standort wurde, kaum war ich da, auch schon wieder aufgelöst, die Besatzung über die gesamte DDR verteilt. Allerdings hatten sie fünf Mann nebst Wachmannschaft vergessen – darunter war ich. Also fragten wir im nächsten Stab nach, was denn mit uns Bäckerdutzend geschehen soll. Als besondere Auszeichnung für unsere Initiative wurden wir nach Prora auf Rügen versetzt. Das war mehr als der Arsch der Welt, das war architektonischer Schwachsinn entlang der Ostseeküste. Viereinhalb Kilometer Hotelklötze am Sandstrand. Die Nazis hatten das verbrochen. Hier sollten 20.000 »Volksgenossen« auf einmal Ostseeurlaub machen können – ein Albtraum. Da nutzte es auch nichts, dass das Modell des »Seebades« auf der Pariser Weltausstellung 1937 mit einem Grand Prix ausgezeichnet worden war.

In Prora erlebte ich am eigenen Leib ein Grundproblem der KVP: »Alte Hasen«, Frontsoldaten aus dem Zweiten Weltkrieg, wurden befehligt von jungen Leutnants, die völlig überfordert waren. Die konnten nicht mal einen Wehrmachtskarabiner 98K, mit dem auch wir ausgerüstet waren, normgerecht auseinandernehmen. Kam solch ein soldatischer Milchbart in die Stube, so blieben die Mannschaften sitzen oder liegen, wo sie gerade waren – eine

Form der Meuterei. Ich habe mich über diese Zustände beschwert. Das konnten sie in Prora nicht gebrauchen. Und schwupp – schon war ich wieder weg! Diesmal kam ich nach Primerwald bei Güstrow. Der Ort war grausig: Bis 1945 befand sich dort die Heeresmunitionsanstalt. Danach sprengte die Rote Armee in diesem Wald alte Munitionsbestände. Noch heute ist das mehrere Quadratkilometer große Waldgebiet östlich von Güstrow gesperrt. Zu meiner Zeit befand sich hier eine Offiziersschmiede der HVA/KVP. Ich wurde Ausbilder und hatte sofort das alte Problem: Die jungen Genossen, die ich auszubilden hatte, besaßen alle das Abzeichen für gutes Wissen in Gold. Sie kannten Stalins »Kratkij Kurs« und das »Kommunistische Manifest« aus dem Effeff. Das war ja im Prinzip in Ordnung und allemal besser, als »Mein Kampf« zu lesen. Aber eine Kompanie konnte man damit nicht führen. Oft habe ich mit meinem Vater darüber gesprochen. Doch er verwies mich an mich selbst: »Du hast es so gewollt, und nun sieh zu, wie du da durchkommst.« Weil diese Offiziersschmiede nicht meine Sache war, habe ich mich versetzen lassen und landete wieder in Prora.

Diesmal allerdings als Kommandeur eines Panzerbataillons. Wir waren voll ausgerüstet. Dementsprechend war der Ausbildungsstand meiner Soldaten. Die militärtechnischen Kenntnisse gingen einher mit eiserner Disziplin – mehrmals gewann mein Bataillon das Stalinbanner. Doch das Größte war mein neuer Divisionskommandeur: Oberst Werner Pilz. Von Hause aus war der großgewachsene Sachse Bäcker. Er war acht Jahre älter als ich. Seit 1938 diente er in der Wehrmacht und nahm am Überfall auf die Sowjetunion teil. Als er erfuhr, dass sein Vater, Häftling im KZ Buchenwald, ermordet worden war, lief Feldwebel Pilz zur Roten Armee über. Er wurde Mitglied des NKFD. Im Kampf um Breslau kommandierte er den ersten Zug deutscher NKFD-Mitglieder. Zu dieser Kompanie gehörte auch der spätere Stellvertreter des Ministers für Staatssicherheit Bruno Beater.

Ende 1950 übernahm Pilz das KdF-Objekt in Prora. Sein sprichwörtliches Organisationstalent mied mitunter offizielle Wege. Er war damit sehr erfolgreich. Von Gegnern wurde er als Diktator beschimpft, von Freunden als »König von Rügen« verehrt. Den 17. Juni 1953 erlebte ich in Prora. Aufstände, Streiks und Unruhen fanden auf der Insel nicht statt. Pilz ließ Zu- und Abfahrt zur Insel sperren. Alle wichtigen Punkte wurden gesichert – es herrschte Ruhe.

Zwischen 1957 und 1959 besuchte Werner Pilz die Generalstabsakademie in Moskau. Vielleicht wollte man den ungestümen Offizier an dieser Bildungsstätte disziplinieren. Scheinbar war das wenig erfolgreich, denn bereits 1960 wurde Pilz mit 43 Jahren in die Reserve versetzt. Warum? Ich weiß es nicht. Nachdem er mehrere Unternehmen in Dresden leitete, nahm er sich 1969 das Leben. Auch da kenne ich den Grund nicht.

Anders als mir erging es meinem Vater am 17. Juni. Am 1. Oktober 1952 war er Leiter der Selbstfahrlafettenschule (SFL-Schule) in Erfurt geworden und als Generalmajor zugleich Standortältester. Als in Berlin die Bauarbeiter auf die Straße gingen, befand er sich im Urlaub. Von den Ereignissen erfuhr er erst am folgenden Tag. Jedoch nicht von seinem Stab, sondern von der Haushälterin. Da er seine Dienststelle telefonisch nicht erreichen konnte, kehrte Vater zur SFL-Schule zurück. Dort traf er auf seinen sowjetischen Chefberater. Der riet ihm, wieder nach Hause zu fahren, denn in Erfurt sei alles ruhig und unter Kontrolle. Diesen Rat befolgte mein Vater, nicht ahnend, dass ihm von sowjetischer Seite eine Falle gestellt worden war. Sowohl sein disziplinarischer Vorgesetzter, General-

Hans-Joachim Bamler, Leutnant der KVP

leutnant Heinz Hoffmann, als auch die Politische Verwaltung der KVP, also seine Parteiorganisation, leiteten anschließend Untersuchungen zum Verhalten des Genossen Generalmajor Bamler im Juni 1953 ein.

Sein sowjetischer Chefberater warf ihm im Rahmen dieser Untersuchungen fachliche und politische Unfähigkeit vor und legte der Kontrollkommission der KVP nahe, ihn zu pensionieren. Diesem Vorschlag wurde gefolgt.

Am 31. Dezember 1953 schied mein Vater aus dem aktiven Dienst aus und wurde Pensionär.

Ich habe viele gekannt, die nach einer solchen Maßregelung der DDR verärgert den Rücken kehrten und sich in den Westen absetzten. Generalleutnant a. D. Rudolf Bamler wäre als »Spätbekehrter« vielleicht mit offenen Armen empfangen worden. Er jedoch blieb auch nach dem »Fall Bamler« in der jungen Republik und arbeitete bis zu seinem Tod im März 1972 als Publizist und Militärhistoriker.

Es ist seinerzeit viel über die Motive des Wehrmachtgenerals Bamler, aus denen er sich zum Kommunismus bekannte, diskutiert worden. Aus seinem Verhalten kann ich nur schließen: Er war von der Richtigkeit dieses Weges überzeugt.

Im September 1953 wurden Oberst Pilz nach Dresden und ich nach Spremberg versetzt. Von August bis September 1953 stationierte die KVP im Spreewald Panzer. Was ich dort vorfand, widersprach nach meinem Empfinden jeder militärischen Subordination. Offiziere wurden von ihren Vorgesetzten vor versammelter Mannschaft runtergemacht, so dass sie keine Autorität mehr hatten. Darüber habe ich mich zweimal beschwert: zum einen beim Beauftragten des MfS – soweit ich mich erinnern kann, war das mein erster Kontakt zu diesem Ministerium – und zum anderen bei General Arno von Lenski, der zur Inspektion in Spremberg erschien. Er kannte den Namen Bamler und ich den seinen.

Arno von Lenski, der »kleine General« genannt, war von Hause aus Kavallerist. Wie fast jeder Kavallerist wurde er im Laufe der Zeit Panzeroffizier – folgend der technischen Entwicklung. Er geriet mit Paulus Anfang 1943 in Stalingrad in sowjetische Gefangenschaft und schloss sich dem NKFD und dem BDO an. Das brachte ihm in Abwesenheit das Todesurteil eines Kriegsgerichts in Torgau ein. Lenski gehörte zu den sieben ehemaligen Wehrmachtsgeneralen, die am Aufbau der Streitkräfte der DDR beteiligt waren. Nachdem er 1957 pensioniert wurde, konnte er sich wieder intensiv dem Pferdesport widmen, was er sowohl in der GST[22] als auch im Deutschen Pferdesportverband der DDR tat. Das Ergebnis unserer damaligen Begegnung war erfreulich: Ich landete wieder bei Oberst Pilz. Diesmal in der Mechanisierten Bereitschaft Dresden, die später die 7. Panzerdivision der NVA wurde.

Im April 1955 musste ich nach Bad Saarow, aus welchem Grunde auch immer. In Bad Saarow befand sich das Zentralkrankenhaus der KVP. Ich wurde untersucht und für dienstuntauglich erklärt. Damit fand die militärische Tradition der Familie Bamler ein unerwartetes Ende.

Anmerkungen

21 Heinz Höhne: Canaris, Patriot im Zwielicht, München 1976, S. 184
22 Gesellschaft für Sport und Technik

8. Kunst und Kultur

1955 also wurde ich aus gesundheitlichen Gründen aus dem aktiven Dienst entlassen. Damit war ich obdachlos. Denn bis dato hatte ich fünf Jahre lang in einer Kaserne gelebt. Eine eigene Wohnung hatte ich nicht. Mein Vater lebte in Erfurt – da wollte ich aber nicht hin. Ich wollte nach Berlin! Eine Zuzugsgenehmigung, die brauchte man seinerzeit, bekam ich als ehemaliger VP-Offizier problemlos. Aber Arbeit? Ich wusste ja nicht mal, was ich eigentlich wollte.

Und wieder kam mir mein Vater zur Hilfe. Er kannte Josef Stauder, der seit 1953 Intendant des Theaters der Freundschaft war. Stauder, ein in der Wolle gefärbter Theatermann, betreute seit 1950 ein Kabarett der Deutschen Volkspolizei. Ob mein Vater ihn daher oder aus der Kriegsgefangenschaft kannte, weiß ich nicht mehr. Jedenfalls bekam ich die Stelle als Werbeleiter des Maxim Gorki Theaters in Berlin. Wenn die oft zitierte Metapher »wie die Jungfrau zum Kind« zutrifft, dann hier. Vom Militär also gings zum Theater – so groß sei der Unterschied gar nicht, meinten Spötter: Bei beiden sei die Kantine der Mittelpunkt. Mag sein, doch der Ton ist ein ganz anderer.

Das Maxim Gorki Theater am Kastanienwäldchen in Berlin-Mitte war nicht irgendein Haus. In unmittelbarer Nähe zum historischen Boulevard Unter den Linden gelegen, hatte es als kulturelles Glanzlicht eine lange Tradition. Das Anfang des 19. Jahrhunderts nach Entwürfen von Schinkel errichtete Gebäude war bis zu seiner Zerstörung im Zweiten Weltkrieg Konzerthaus der Berliner Sing-Akademie. Es wurde 1952 als Theater wiedereröffnet und erhielt den Auftrag, sich der russischen und sowjetischen Theaterkunst zu widmen. Aber das war gar nicht so einfach, wie sich schon vor der Eröffnung herausstellte. Der Gründungsintendant Maxim Vallentin, ein Stanislawski-Schüler, wollte mit Gorkis »Nachtasyl« eröffnen. Die zuständige Kulturkommission sagte jedoch »Nein!«. So spielte man am 30. Oktober 1952 »Für die auf See« von Boris Lawrenjow. Den 1959 verstorbenen Dramatiker, dessen Stücke der Revolutionären Romantik zugeschrieben werden, kennt heute niemand mehr.

Als Werbeleiter war mein Auftrag recht einfach: Ich hatte das Theater bekannt zu machen und dafür zu sorgen, dass es möglichst immer ausverkauft war. Die Sache hatte nur einen Haken: Das Theater bot schwere Kost, große Kunst ohne Zweifel, tolle Inszenierungen, großartige Schauspieler – nur sehen wollte das keiner. Nach Krieg und Entbehrungen wollten die Leute vor allem lachen. Schließlich haben wir – laut Nietzsche – die Kunst, um nicht an der Wahrheit zugrunde zu gehen. Die leichte Muse war angesagt, und ich hatte ein schweres Brot.

Hoch angerechnet habe ich mir immer, den Slogan »Das kleine Theater Unter den Linden« für das Gorki-Theater gefunden zu haben. Er war wie maßgeschneidert: Das Theater lag in unmittelbarer Nähe zu den »Linden«, und mit seinen 440 Plätzen war es auch klein – man bedenke: Die Volksbühne am Rosa-Luxemburg-Platz war für 2.000 Zuschauer gebaut worden! »Das kleine Theater Unter den Linden« war über viele Jahre ein Synonym für das Maxim Gorki Theater. Es vermittelte Exklusivität, denn die »Linden« waren schon immer der Prachtboulevard Berlins, hier flanierte man, hier zeigte man sich im Sonntagsstaat. Außerdem machte es jedem klar, wo das Theater lag. Und das Theater war klein, kein »Schuppen« für Krethi und Plethi, es hatte was Intimes, Besonderes.

Was ich damals allerdings nicht wusste: Max Reinhardts Bühne »Schall und Rauch« zog 1901 von der Bellevuestraße in den Saal des Hotel Victoria Unter den Linden Ecke Friedrichstraße, da, wo heute die »Upper Eastside Berlin« steht, und nannte sich »Das kleine Theater Unter den Linden«. Macht nichts: Ich bin trotzdem stolz auf meinen Einfall, zumal er in einer guten Theater-Tradition steht. Für den Fall, dass besonders eifrige Urheberrechtler eine »Bamlerplag«-Plattform ins Netz stellen wollen: Ich habe für diesen Einfall keine müde Mark gesehen!

Jedoch begriff ich nicht, welche Perspektive mir diese Arbeit eröffnete. Gerhard Wolfram, zu meiner Zeit Chefdramaturg des Theaters, baute mir goldene Brücken zur eigentlichen Theaterarbeit. Doch ich hab's nicht gerafft. Und so bin ich 1957 zur Bezirksleitung der FDJ gewechselt – welcher Affe mich da geritten hat, weiß ich nicht mehr. Ich folgte einem Aufruf der Berliner Bezirksleitung der FDJ. Die suchte einen Leiter für den Klub Junger Künstler, der im Haus der Jungen Talente in der Klosterstraße etabliert werden sollte und unter meiner Mithilfe auch etabliert wurde.

Die Konzeption bestand darin, jungen Künstlern, ob Malern, Schauspielern oder Literaten, die Möglichkeit zu geben, ihre Arbeiten zur Diskussion zu stellen. Darum gab es eine Bühne und – ganz wichtig – eine Bar. Wenn ich das heute so durchdenke, war dieser Klub eine Leimrute, die das MfS ausgelegt hatte, um inoffizielle Mitarbeiter zu rekrutieren, jene nach der »Wende« in Bausch und Bogen stigmatisierten IM. Es sollten natürlich auch die Kunsteleven aus Westberlin kommen. Aus dem alkoholisierten Gemisch wollten die Genossen dann operative Vorgänge keltern.

Inwieweit das gelang, kann ich nicht sagen. Ich habe hier wohl meinen zweiten direkten Kontakt mit dem MfS gehabt – jedoch auch diesmal ohne persönliche Konsequenzen. Persönliche Konsequenzen hatte für mich aber ein Bilderstreit. Wir hatten im Klub Bilder eines jungen Malers präsentiert, die auch für mein Empfinden fürchterlich waren, weil die dargestellten Personen aussahen wie Wasserleichen. Nun gut, das war meine Meinung. Wir wollten ja diskutieren.

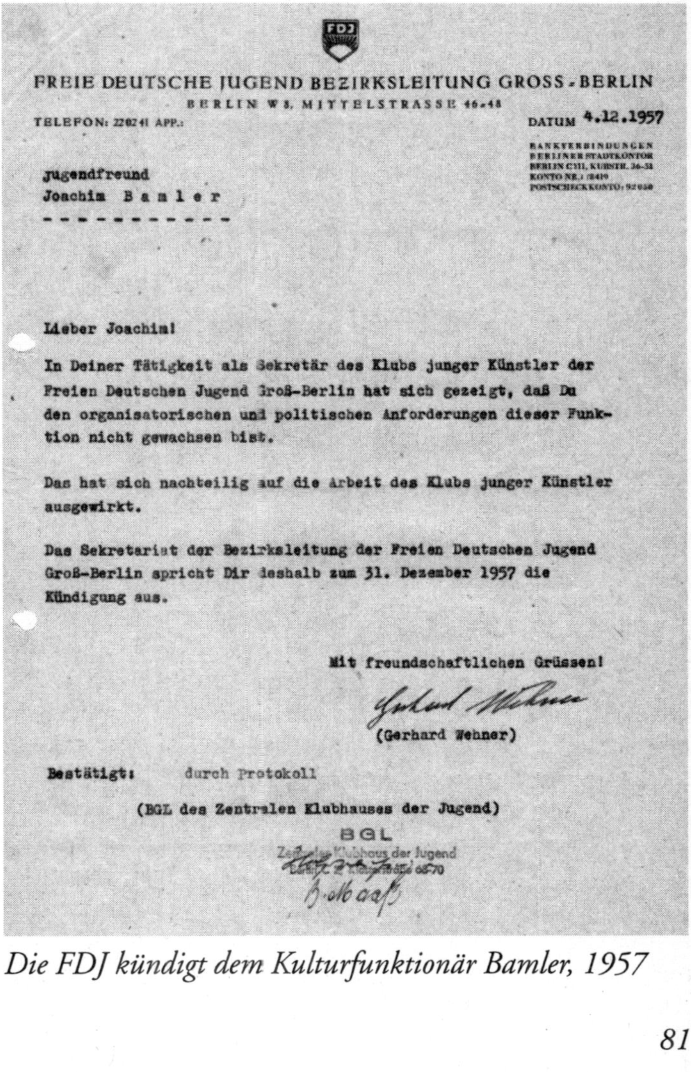

FDJ

FREIE DEUTSCHE JUGEND BEZIRKSLEITUNG GROSS-BERLIN

BERLIN W 8, MITTELSTRASSE 46-48

TELEFON: 220241 APP.:

DATUM 4.12.1957

BANKVERBINDUNGEN
BERLINER STADTKONTOR
BERLIN C 111, KURSTR. 36-31
KONTO NR.: 8419
POSTSCHECKKONTO: 92050

Jugendfreund
Joachim B a m l e r
- - - - - - - - - - -

Lieber Joachim!

In Deiner Tätigkeit als Sekretär des Klubs junger Künstler der Freien Deutschen Jugend Groß-Berlin hat sich gezeigt, daß Du den organisatorischen und politischen Anforderungen dieser Funktion nicht gewachsen bist.

Das hat sich nachteilig auf die Arbeit des Klubs junger Künstler ausgewirkt.

Das Sekretariat der Bezirksleitung der Freien Deutschen Jugend Groß-Berlin spricht Dir deshalb zum 31. Dezember 1957 die Kündigung aus.

Mit freundschaftlichen Grüssen!

Gerhard Wehner

(Gerhard Wehner)

Bestätigt: durch Protokoll

(BGL des Zentralen Klubhauses der Jugend)

BGL
Zentrales Klubhaus der Jugend

Die FDJ kündigt dem Kulturfunktionär Bamler, 1957

Die FDJ-Bezirksleitung war anderer Ansicht. Die Bilder sollen abgehängt werden, hieß die Anweisung. Ich hielt dagegen und berief mich auf die Konzeption des Klubs. Doch hatte ich noch nicht verinnerlicht, dass die Konzeption die Gerade war, um die die Parteilinie mäanderte. Kein Wunder, brauchte ich doch vier Jahre Kandidatenzeit, um erst 1956 als Mitglied in die Partei aufgenommen zu werden. Ich zog erneut den Kürzeren und wurde abberufen, was arbeitsrechtlich schlicht meine Entlassung bedeutete.

Die Begründung seitens der FDJ-Bezirksleitung war niederschmetternd. Jugendfreund Gerhard Wehner, Mitglied des Sekretariats der FDJ-Bezirksleitung, unterschrieb die Abberufung.

Die wenigsten Beulen am Helm eines Revolutionärs stammen vom Klassenfeind, heißt es wohl zu Recht.

Zwei Monate suchte ich nach einer neuen Tätigkeit. Schließlich bekam ich ein Angebot vom einzigen privaten Theater der DDR, der Gastspielbühne Berlin. Der Name sagt es schon: Dieses Theater hatte kein eigenes Haus. Es gastierte, bot also fix und fertige Stücke an, die dann in anderen Häusern, zumeist in der Provinz, gespielt wurden. Mir oblag die Aufgabe, übers Land zu fahren und die Kunst zu verkaufen. Das gelang mir recht gut, denn, wie bereits gesagt, Unterhaltung war gefragt. Nur war Theater in der DDR nur möglich, weil die Karten für das Publikum erschwinglich waren. Es kam über den Kartenverkauf also nicht sehr viel Geld rein. Auf der anderen Seite aber entlohnte Heinz Gies, der Intendant, seine Leute für damalige Zeiten fürstlich. Heinz Gies, der eigentlich Heinrich Gies hieß, war Schauspieler am Theater der Freundschaft und an der Volksbühne. Mit seiner Aufgabe als Prinzipal der Gastspielbühne hatte er sich wohl finanziell übernommen. Schließlich konnte er die Sozialbeiträge für seine

Angestellten nicht mehr bezahlen. Das ging in der DDR nicht lange gut. Als man ihn zur Rechenschaft ziehen wollte, machte er das Schwere, das so einfach zu machen war: Er nahm die S-Bahn nach Gesundbrunnen, ließ seine Leute im Stich und beschiss die Sozialversicherung der DDR. Das Theater war pleite.

Ich stand wieder auf der Straße.

Im selben Jahr 1958 setzte ich meine kulturpolitische Karriere fort: Am 1. Oktober wurde ich bei der Konzert- und Gastspieldirektion Berlin angestellt. Diese Agentur war per offiziellem Auftrag »eine Einrichtung zur Entwicklung und Förderung der Unterhaltungskunst und des Konzertwesens«. Ich war Vorreisender – eine in dieser Branche durchaus übliche Berufsbezeichnung – und tingelte durch Berlin, besuchte Betriebe, Kulturhäuser und Bühnen aller Art, versuchte, ihnen unsere Programme zu vermitteln. Dafür bekam ich 600 Mark plus Erfolgsprämie, für damalige Verhältnisse ein recht auskömmliches Einkommen. Das war mitunter einfach verdient, denn schon recht früh setzte sich in der jungen DDR der Trend durch, besondere Feier-, Kampf- und Ehrentage mit kultureller Umrahmung zu begehen.

Man kann heute darüber spotten. Eins jedoch ist sicher: Wir haben uns bemüht, Kunst und Kultur zu den Menschen zu bringen. Dorthin, wo sie einen wichtigen Teil ihres Lebens verbrachten, wichtige Beziehungen knüpften und Probleme wälzten: an den Arbeitsplatz.

Hans Bugenhagen, Direktor der Konzert- und Gastspieldirektion Berlin, mein Chef dort, legte regelmäßig vor der Presse Rechenschaft ab über das, was wir taten und was wir vorhatten. Ich zitiere aus dem *Neuen Deutschland* vom 22. Februar 1967: »Nach der Konzert- und Gastspieldirektion (KGD) Neubrandenburg und dem FDGB-Bezirksvorstand Leipzig bereitet nun auch die KGD Berlin ökonomisch-kulturelle Leistungsvergleiche nach dem Karl-Marx-Städter Beispiel vor. Direktor Hans Bugenhagen teilte dem *ND* mit, dass der Spielmeister Peter Bosse für eine solche Veranstaltungsreihe mit dem VEB Elektrokohle Lichtenberg gewonnen wurde.« Das war kurz nach meiner Zeit, illustriert jedoch, was ich meine.

Hans Bugenhagen war ein Kind armer Leute, eines von zwölfen. Ungefähr so alt wie ich, flog er schon mit 13 Jahren aus dem Elternhaus, um Geld zu verdienen. 1953 war er in der Bundesrepublik als »Einflussagent« des »Instituts für Wirtschaftswissenschaftliche Forschungen« (IWF) verurteilt worden. Das Institut war die Legendierung für den ebenfalls 1951 gegründeten Außenpolitischen Nachrichtendienst, aus dem schon bald die Hauptverwaltung Aufklärung des MfS hervorgehen sollte.

Dieser Hans Bugenhagen unterschrieb im Dezember 1962 meine Kündigung bei der KGD Berlin, nicht ohne zu bemerken, dass das Arbeitsverhältnis im »gegenseitigen Einvernehmen« aufgehoben würde, »da Koll. Bamler per 1.1.1963 seinen Dienst bei der Nationalen Volksarmee aufnimmt«. Deutlicher hätte er nicht darauf aufmerksam machen können, dass ich als hauptamtlicher Mitarbeiter ins MfS wechselte, zumal ich zu jenem Zeitpunkt bereits 37 Jahre alt war und mein Wehrdienst lange hinter mir lag.

Die KGD – nicht zu verwechseln mit dem KGB – organisierte auch aufwändige Programme für den Friedrichstadtpalst, der neben dem Berliner Ensemble stand, und die Dynamosporthalle in Hohenschönhausen – die steht heute noch dort, wo sie damals stand. Ich kann mich an Vico Torriani und Caterina Valente erinnern.

Da meine Zusammenarbeit mit dem Ministerium für Staatssicherheit von gewisser Bedeutung für meinen Lebensweg war, sage ich gleich: Aus jener Zeit als Kulturschaffender stammen meine bewussten Beziehungen zum

MfS, die über unmittelbare Arbeitskontakte hinausgingen. Wie, wann und wo sie so konkret wurden, dass man mich Anfang der 60er fragte, ob ich als Resident nach Paris gehen würde, weiß ich nicht zu sagen. Völlig unklar war für mich zudem, worin der Unterschied zwischen »Aufklärung« und »Abwehr« bestand. Insider wissen, dass es hier eigentlich um Glaubensfragen ging. Ich hatte davon keine Ahnung und mich darum auch nicht gekümmert. Wichtiger für mich war, dass ich über die Kultur meine Frau Marianne kennenlernte. Das MfS sollte mich 1989/90 verlassen – Marianne ist zum Glück noch immer an meiner Seite.

In Leipzig befand sich das Zentralhaus für Kulturarbeit (ZfK). Hierhin musste irgendwann jeder Kulturfunktionär zur Runderneuerung. Das ZfK war eine staatliche Einrichtung des Ministeriums für Kultur. Es verfügte neben einer zentralen Volkskunstschule auch über den Verlag »Zentralhaus-Publikation«. Der gab u. a. *Zauberkunst – eine Zeitschrift für Amateurmagier* heraus. Die habe ich zwar nie in der Hand gehabt, aber allein der Titel verbreitete einen Zauber, der Marianne und mich zueinander führte. Zauber war auch nötig, denn Marianne war mir anfangs nicht sonderlich gewogen. Später eröffnete sie mir, sie habe mich als zu dominant und zu laut wahrgenommen. Aber als sie merkte, dass ich nicht nur schwätzte, sondern zu meiner Meinung auch stand, schaute sie genauer hin und fand diesen Schlacks ihrer Aufmerksamkeit wert.

Mariannes Weg zur Kultur war ein DDR-typischer. Im Jahr 1935 in Reideburg, Saalkreis, östlich von Halle, geboren, war ihr ein kulturpolitisches Engagement nicht vorgegeben. Marianne ist die Tochter eines Bäckermeisters, dessen Familie neben der Bäckerei auch einen kleinen Lebensmittelladen betrieb, einen Dorfladen, wie es ihn heute nicht mehr gibt. Wer den Beruf eines Bäckers kennt, der weiß, dass er Fleiß, Disziplin, Kreativität und Ausdauer verlangt. Ein Bäcker muss früh in der Backstube stehen, körperlich schwer arbeiten und obendrein noch sorgsam sein, denn Teig ist ein recht sensibler, anspruchsvoller Geselle. Marianne musste als Kind im Haushalt mithelfen, letztlich alles machen, was anfiel, denn ihre Mutter kümmerte sich um den Laden. Marianne kocht und bäckt noch heute wie ein Profi!

Die Schule verließ Marianne 1952. Ihre Eltern waren keine Freunde der Republik. Ihr Vater war Kirchenvorstand in Naundorf. Er hielt nicht viel von den Kommunisten, weil im Ort einige Krawall-Linke lebten, die selbst nicht viel zustande brachten. Jedenfalls hatte für meinen zukünftigen Schwiegervater Kommunismus mit Kompetenz, Kultur und Bildung nichts zu tun.

Nach der Schule trat Marianne eine Lehre zur Großhandelskauffrau an und konnte endlich ihrer Leidenschaft frönen: dem Tanzen. Nach dem Ausbildungstag fuhr sie mit dem Zug ins benachbarte Buna. Hier gab es ein großes Chemie-Kombinat. Das unterhielt für seine Mitarbeiter und Interessierte ein Arbeiter-und-Bauern-Ballett. Marianne probte und trainierte zwei Tage in der Woche. Dabei wuchs ihr Wunsch, in Berlin in der Kultur zu arbeiten. Da hörte sie von einer Ausschreibung aus Lübben. Der Rat des Kreises suchte eine/n Mitarbeiter/in für die Betreuung von Dorfklubs. Sie bewarb sich und wurde genommen.

Nun stand sie hinter den Kulissen und sollte die Bauern zum Tanzen, Singen und Springen bringen. Aber Marianne war jung, vielfach interessiert und ungebunden. So war sie erste Wahl, als es darum ging, jemanden nach Leipzig zu schicken, um sich am Zentralhaus für Kulturarbeit zu qualifizieren.

Zum ersten Mal sah ich Marianne in einem Schreibwarenladen. Denn die Lehrgangsteilnehmer waren gehalten, sich mit Büromaterial auszustatten. Da kam sie rein mit ihrer Zimmergenossin. Marianne fiel mir sofort auf, und so sprach ich sie an. Was ich gesagt habe, weiß ich heute nicht mehr. Nur an die Wirkung meiner Anmache

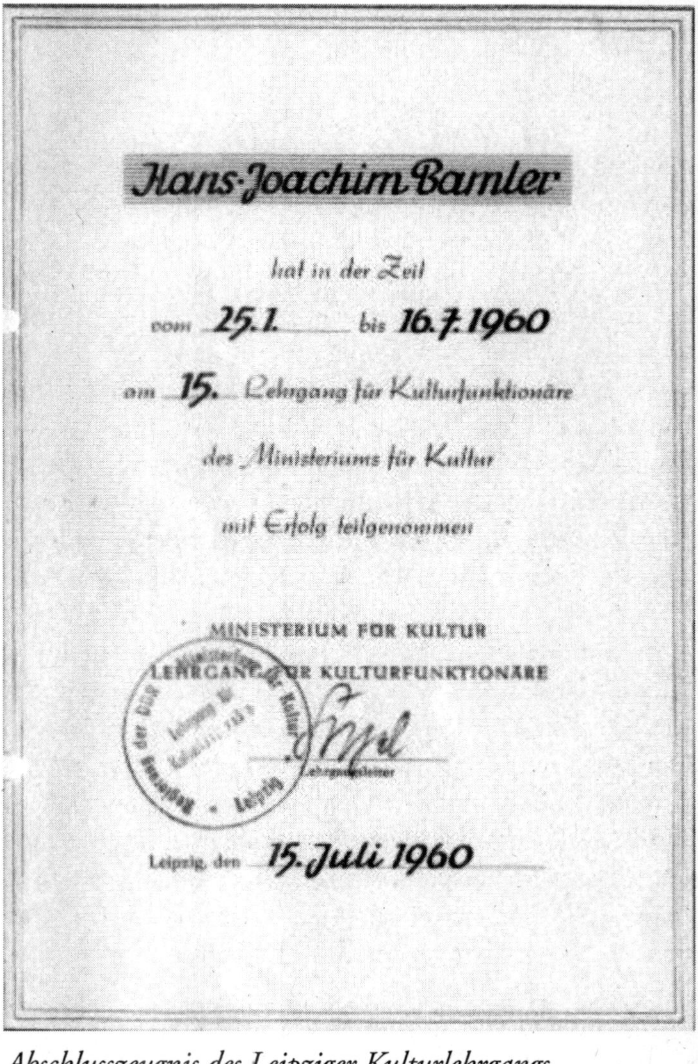

Hans-Joachim Bamler

hat in der Zeit

vom 25.1. bis 16.7.1960

am 15. Lehrgang für Kulturfunktionäre

des Ministeriums für Kultur

mit Erfolg teilgenommen

MINISTERIUM FÜR KULTUR

LEHRGANG FÜR KULTURFUNKTIONÄRE

Lehrgangsleiter

Leipzig, den 15. Juli 1960

Abschlusszeugnis des Leipziger Kulturlehrgangs

kann ich mich noch gut erinnern: Die jungen Frauen verließen den Laden fluchtartig und unverrichteter Dinge.

Der Beginn unserer Bekanntschaft war also alles andere als optimal. Ich hatte allerdings Glück: Da wir im gleichen Lehrgang studierten, konnte Marianne mir nicht entkommen. Wir sahen uns bei den Vorlesungen und saßen gemeinsam an den Nachmittagen im Klubraum beim organisierten Selbststudium. Eines Tages bin ich bei einer solchen Gelegenheit zu Marianne und habe sie gefragt: »Kannst du mir mal helfen?«

Diesen Satz kann ich für derartige Gelegenheiten nur empfehlen. Denn wir wurden ein Paar und sind es noch heute.

Nach Beendigung des Lehrgangs hieß es erst einmal Abschied nehmen, denn wir beide hatten bindende Arbeitsverträge. So ging ich zurück nach Berlin und suchte für uns eine Wohnung, und für Marianne, die in Lübben eine dreimonatige Kündigungsfrist an den Rat des Kreises band, einen Job im Bereich Kultur.

Die Zeit nutzten wir auch, um uns mit der Familie das anderen bekannt zu machen. Im Falle meines Vaters war das nicht schwer. Er freute sich über die junge, charmante Frau, die ich ihm vorstellte.

Bei Mariannes Eltern war ich ein wenig unsicher: Wie würden sie darauf reagieren, dass ihre Tochter mit einem Genossen auftaucht?

Marianne war sich wohl bewusst, dass die Sache gut gehen würde. Wie sah denn die Alternative aus, hätte ihr Vater gesagt: »So einer kommt mir nicht ins Haus!« Hätte Marianne die Fahne wieder eingerollt und gesagt: »Mach's gut, Jochen!« oder zu ihren Eltern »Dann seht ihr mich eben nicht wieder!«?

Doch Marianne kannte ihre Eltern, und so verflogen meine Bedenken im Handumdrehen. Zu ihrer Mutter fand ich sofort ein herzliches Verhältnis, das Verhältnis zu ihrem Vater war gut. Gestritten, vor allem über politische Fragen, haben wir uns nie. Mariannes Eltern haben die Entscheidung ihrer Tochter respektiert.

Schließlich fanden wir für Marianne eine Aufgabe in der Berliner Kultur. Sie wurde Sektorleiterin für Dorf- und Betriebsakademien im Berliner Haus für Kulturarbeit in der Wallstraße. Im Zusammenhang mit Berlin von Dorfakademien zu sprechen scheint etwas abwegig. Doch Berlin wurde 1920 aus sieben Städten, 59 Dörfern und 27 Gutsbezirken zusammengeschlossen. Und so gab es in Wartenberg eine Dorfakademie, die sie fortan mit zu betreuen hatte.

Unsere erste gemeinsame Wohnung fanden wir in der Greifswalder Straße.

9. Die erste Hochzeit der Bamlers

Am 30. Dezember 1960 heiratete die Tochter des Kirchenvorstandes von Dölbau Marianne Mühle den Enkel des evangelischen Dorfpfarrers von Kossebau Hans-Joachim Bamler. Die Zeremonie war feierlich, die Gäste erlesen und das Fest rauschend – genau so, wie es in der DDR der frühen 60er Jahre bei einer sozialistischen Eheschließung üblich war.

Die sozialistische Eheschließung war eine Art Jugendweihe für Erwachsene, hatte jedoch im Gegensatz zu dieser rechtliche Konsequenzen: Man wurde nicht ins Leben entlassen, sondern in die Ehe. Diese Veranstaltung bestand aus drei aufeinanderfolgenden Teilen: der standesamtlichen Trauung, dem Festakt mit Rede, Buchsbaum und Geige und schließlich dem Festbankett. Organisiert wurde das Ganze von den Betrieben der Brautleute, in unserem Fall also von der Konzert-und Gastspieldirektion und vom Rat des Kreises Lübben, die auch die Zeche bezahlten.

Da der Rat des Kreises und die Konzert- und Gastspieldirektion die Ausrichter unserer Hochzeit waren, fand die Veranstaltung an erlesenem Ort statt: im Künstlerklub »Die Möwe« in der Berliner Luisenstraße, wo bereits Hans Albers, Gustav Gründgens, Erich Kästner, Carl Zuckmayer und Bertolt Brecht zu Gast waren. Er bot einen würdigen Rahmen für unsere Hochzeit.

Das Gebäude in der Luisenstraße 18 war 1827/28 als repräsentatives bürgerliches Wohnhaus errichtet worden. Im Laufe der Zeit wurde das Haus sowohl von der König-

Sozialistische Hochzeit in der »Möwe« mit Jungen Pionieren

lichen Universität als auch von der Berliner Meierei Bolle genutzt. Nach dem letzten Krieg wurde es von der Sowjetischen Militäradministration den Berliner Künstlern und Kulturschaffenden übergeben und am 15. Juni 1945 als Künstlerklub eröffnet. Seinen Namen bekam das Etablissement von Tschechows Theaterstück. Neben einer kleinen Bühne verfügte »Die Möwe« über ein Restaurant und zwei Bars. Für eine sozialistische Eheschließung war sie also bestens geeignet.

Es versammelten sich neben der Familie Vertreter unserer Betriebe, die Standesbeamte und Junge Pioniere – sie sollten dem Ganzen wohl eine optimistische, zukunftsweisende Note geben. Nach einem guten Essen ließen Marianne und ich die Festgesellschaft in der »Möwe« zurück – wir wussten sie dort in guten Händen – und setzten unsere ganz private Feier in unserer Einzimmerwohnung in der Greifswalder Straße fort. Die Hochzeitsreise führte uns am nächsten Tag nach Prag.

10. Dreiangel

Das Berlin der späten 50er Jahre war ein Schmelztiegel, in dem sich alles mischte. Wann, wo und vor allem warum wer irgendwo war, konnte kein Mensch überprüfen. Kein Wunder, dass besonders Geheimdienste Gefallen an der viergeteilten Stadt fanden.

Westberlin war nicht nur ein Einfallstor der westlichen Dienste, einschließlich der neuen Geheimdienste der Bundesrepublik, in die DDR. Diese DDR war als politischer und militärischer Vorposten der Sowjetunion besonders interessant. Andererseits war Westberlin auch eine unerschöpfliche Quelle des jungen Auslandsnachrichtendienstes der DDR. Hier hatten sich die westlichen Alliierten, die längst zu Gegnern geworden waren, bequem eingerichtet. Wichtig waren Quellen, die man anzapfen konnte, und Kuriere, die die Informationen übermittelten. So kam es fast zwangsläufig dazu, dass mir ein guter Bekannter aus meinem Arbeitsumfeld irgendwann mal vertrauensvoll die Hand auf die Schulter legte und fragte: »Sag mal Jochen, kannst du uns da nicht helfen?«

Na klar konnte ich. Für mich gab es keine Bedenkzeit, kein Zaudern, keine Skrupel. Meine Motivation für die Zusammenarbeit mit dem Ministerium für Staatssicherheit resultierte aus der Überzeugung, dass die DDR ein schützenswerter Staat war. Zu dieser Überzeugung bin ich nicht nur durch meine berufliche Entwicklung gekommen, sondern auch durch viele Gespräche mit meinem Vater, der sich während seiner sowjetischen Kriegsgefangenschaft mit dem Marxismus beschäftigt hat. Auch kannte er die Sowjetunion und ihre Menschen. Mir wurde durch diese Gespräche klar, dass ich in meinen jungen Jahren blind den falschen Leuten nachgelaufen war und Dinge geglaubt hatte, für die ich mich heute noch schäme. Da war zum Beispiel meine panische Angst vor »den Russen«. Auf die menschenverachtende Propaganda der Nazis bin ich hereingefallen. Meine ersten Erfahrungen mit »den Russen« und die Berichte meines Vaters jedoch zeigten mir, wie falsch ich lag. Ich hatte etwas gutzumachen, und Derartiges sollte mir nicht noch einmal passieren. Außerdem waren die Kader, die das Ministerium aufbauten, Antifaschisten, die trotz Verfolgung durch die Faschisten ihrer Überzeugung treu geblieben waren, und Junge wie ich, die ein besseres Deutschland erstrebten. Auf der anderen Seite krochen die alten Nazis wieder aus ihren Löchern.

In der Bundesrepublik entstand unter der Federführung von Hans Maria Globke der neue Auslandsnachrichtendienst. Globke zog als Chef des Bundeskanzleramts die Fäden in der rheinischen Republik Konrad Adenauers. Allein die Tatsache, dass ein Mann wie Globke auf der anderen Seite der Barrikade wieder eine entscheidende politische Position einnahm, war Grund genug, gewarnt zu sein. Als Verwaltungsjurist beteiligte er sich schon in der Weimarer Republik und erst recht nach 1933 aktiv daran, per Reichsbürgergesetz und Personenstandsgesetz die Voraussetzung dafür zu schaffen, dass jüdische Deutsche amtlich registriert wurden. Er hatte auch dafür gesorgt, dass in die Pässe jüdischer Bürger ein »J« eingeprägt wurde. Ohne diese bürokratischen Maßnahmen hätte der Völkermord an den Juden Europas nicht in der bekannten Form begangen werden können.

Der Bundesnachrichtendienst (BND) war seit April 1956 der Auslandsnachrichtendienst der Bundesrepublik. Seine Entstehungsgeschichte kennzeichnete und diskreditierte diesen Verein von vornherein. Der ehemalige Generalmajor der Wehrmacht Reinhard Gehlen, Leiter der Abteilung Fremde Heere Ost des Generalstabs, vergrub Anfang 1945 gemeinsam mit Getreuen in den Bayerischen Wäldern 50 Stahlkisten mit dem Archiv seines Dienstes. Diese Akten enthielten vor allem Erkenntnisse über die sowjetischen Streitkräfte. Gehlens Kalkül war, sich selbst, seine Leute und deren Wissen den Amerikanern anzudienen. Gehlen war davon überzeugt, dass die einstigen Waffengefährten zu politischen und militärischen Gegnern werden würden.

Sein Kalkül ging auf. Die US-Besatzungsmacht übernahm Mann, Mannschaft und Material als »Operation Rusty« – vielleicht waren die Kisten schon ein wenig angegriffen. Unterkunft erhielt die »Organisation Gehlen« (OG), wie die Firma fortan genannt wurde, in der »Rudolf-Heß-Siedlung« in Pullach.

Gehlen bediente sich alter Nazis, die weiterhin ihre antisowjetischen und antikommunistischen Feindbilder pflegten: Klaus Barbie, der als »Schlächter von Lyon« berüchtigte Gestapo-Chef, stand ebenso auf Gehlens Gehaltsliste wie Wilhelm Krichbaum, Leiter der Geheimen Feldpolizei, Franz Rademacher, der Leiter des »Judenreferats« im Auswärtigen Amt, Teilnehmer der berüchtigten Wannseekonferenz, und Walther Rauff, der »Erfinder« der mobilen Gaswagen. Welche weitere Begründung brauchte ich, um mich mit denen zu verbünden, die jenen NS-Getreuen den Kampf angesagt hatten? Ich verfügte nicht nur über eine politische, aus eigenem Erleben gespeiste Motivation – ich verfügte auch über ein klares Feindbild.

Meine Arbeit begann Anfang 1960, also noch vor dem Bau der Mauer. Mit der S-Bahn fuhr ich zwischen den beiden Stadthälften, die inzwischen zu verschiedenen Welten gehörten, hin und her, traf einen Mann von der »Hilfsgemeinschaft auf Gegenseitigkeit der ehemaligen Angehörigen der Waffen-SS e.V.« (HIAG) und erzählte meinen Genossen, was der wusste. Die 1951 gegründete Organisation war ein in der Bundesrepublik bestens vernetztes Verbrecherkartell. Irgendwann auf meinen Reisen zwischen den Sektoren begegnete ich in der S-Bahn einem Kollegen von der Konzert- und Gastspieldirektion, der sich sichtlich wunderte, dass der Genosse Bamler im Westteil unterwegs war, was uns doch offiziell untersagt war. Er hielt mich entweder für einen Judas, oder er ahnte, warum ich in der S-Bahn in Richtung Gesundbrunnen saß. Beides war einer nachrichtendienstlichen Karriere abträglich. Also beschlossen meine Betreuer, salopp »Vorturner« genannt, dass ich fortan die grüne Grenze zu passieren hätte. Das war anfänglich kein Problem. Ich musste mich eben durch Laubenpiepersiedlungen schlagen. Die S-Bahn war ohnehin zu jener Zeit wegen des Boykotts kein komfortables Verkehrsmittel mehr. Der Aufruf zum Boykott ging vom DGB aus, der seit 1951 dazu aufforderte, die S-Bahn, betrieben von der Deutschen Reichsbahn der DDR, zu meiden. Parallel zu den S-Bahn-Strecken wurden in den Westsektoren Bus-Linien der BVG eingerichtet. Provokateure versperrten die Zugänge zu den S-Bahnhöfen und riefen: »Keine Mark dem Ulbricht-Regime.« Das führte zu sinkenden Umsätzen und schließlich zum Niedergang des Netzes.

Eines Tages kam mein Betreuer – heute weiß jedes Kind, dass dies mein Führungsoffizier war – zu mir und erklärte, dass sein Vorgesetzter mich kennenlernen möchte. Also traf ich den Genossen Klaus Rösler, zuständig für die Aufklärung der NATO und Westeuropas, in einer konspirativen Wohnung (KW) in der Karl-Marx-Allee. Über meinen Eindruck von Klaus Rösler und über meine Erfahrungen mit ihm werde ich mich nicht auslassen – de mortuis nihil nisi bene.

Der Auftrag, den ich erhielt, klang anspruchsvoll: In der Französischen Militäradministration in Westberlin gebe es einen Mitarbeiter, der bereit sei, uns über interne Vorgänge bei den westlichen Alliierten zu informieren. Ich sollte als Kurier arbeiten und zugleich die Quelle instruieren. Nennen wir den Mann »Tristan«.

»Tristan« war fünf Jahre jünger als ich. Nach dem Krieg schlug er sich in einer Fleischerei und einem Sägewerk als Hilfsarbeiter durch. Seine Eltern ließen sich scheiden, und die Mutter zog in den Osten Berlins, da sie dort einige Häuser besaß.

»Tristan« ging zur französischen Fremdenlegion, zur »Légion Etrangère«. Diese Truppe existierte bereits seit 1831. Im Gegensatz zur gängigen Meinung waren die Mitglieder der Legion keine Söldner, sondern im Sinne des Völkerrechts französische Soldaten. Sie unterstanden dem französischen Staatsoberhaupt und hatten die Aufgabe, das französische Kolonialreich zu erweitern und zu sichern. So waren die Soldaten vornehmlich auf anderen Kontinenten im Einsatz. »Tristan« kämpfte in Indochina und nahm an der Schlacht von Dien Bien Phu in Vietnam teil. Dort erlitt die Fremdenlegion die schwerste Niederlage ihrer Geschichte. »Tristan« überlebte den Krieg schwer verletzt, wurde hochdekoriert und als Unteroffizier aus der Legion entlassen. Er bezog eine kleine Rente. Da er gut französisch sprach, bekam er einen Job als Archivar beim Pressedienst im Quartier Napoléon in Berlin. Das Quartier Napoléon befand sich von 1945 bis 1994 in der Berliner Jungfernheide, im Nordwesten Berlins. In jener Zeit beherbergt es das Hauptquartier der »Forces Françaises à Berlin«. Heute heißt das in den 30er Jahren bebaute Gelände Julius-Leber-Kaserne und wird von der Bundeswehr genutzt.

Das Hauptquartier der »Forces Françaises à Berlin« war natürlich ein interessantes Ziel für die NATO-Aufklärung des MfS. Da »Tristan« im Rahmen seiner Tätigkeit an viele interessante Informationen herankam, wuchs natürlich sein Wert für das MfS. Wie »Tristan« überhaupt in Beziehung zum Ministerium kam, weiß ich nicht. Ich kann nur auf eine Version verweisen, die eine Radiosendung des öffentlich-rechtlichen Rundfunksenders *France inter* bot[23]: »Tristan« sei im Juni 1955, als er mit einem Motorrad durch Berlin brauste, von einem Auto in einen Verkehrsunfall verwickelt worden. Dieser Unfall sei angeblich von einem Team des MfS provoziert worden. Die Wagenbesatzung, so wurde weiter behauptet, sammelte den verwirrten »Tristan« von der Straße auf und chauffierte ihn in den Osten der Stadt. Dort wurde er von Mitarbeitern der Berliner Verwaltung des MfS psychologisch geschickt bearbeitet: Sie redeten ihm ein, dass die Franzosen ihm trotz seines mutigen Einsatzes in Indochina nur einen untergeordneten Posten gegeben hätten, weil sie ihn verachteten, denn als Deutscher habe er sich einer Besatzungsmacht angedient. Die ostdeutschen Geheimdienstler boten ihm an, zu besseren Konditionen für Deutschland zu arbeiten. Er könne einen wichtigen Beitrag für die Einheit des deutschen Volkes leisten. Außerdem, so deutete man an, würde seine Mutter als Hausbesitzerin von der Zusammenarbeit ihres Sohnes profitieren. »Tristan«, so der französische Sender, wäre den Verlockungen erlegen.

Ich kann mich für diese Geschichte nicht verbürgen, finde sie auch nicht plausibel, weil unterstellt wurde, dass sich das MfS gezielt auf die Jagd nach »Tristan« gemacht und ihn entführt habe. Später hörte ich eine andere Version. Dazu weiter unten.

Die Besuche bei seiner Mutter lieferten die Legende für seine regelmäßigen Besuche in Ostberlin. Dort erlernte er die gängigen nachrichtendienstlichen Techniken jener Zeit: etwa das Herstellen von Mikraten oder das Schreiben mit weißem Kohlepapier. Irgendwann, es muss 1960 gewesen sein, wurden seine häufigen Besuche in der DDR-Hauptstadt zu gefährlich. Ob es eine reine Vorsichtsmaßnahme war oder ob es daran lag, dass die Legende mit der Mutter nicht mehr funktionierte, entzieht sich meiner Kenntnis. Ich weiß nur: ich kam als Kurier und Instrukteur ins Spiel.

Dabei ergab sich eine Situation, die irgendwie kennzeichnend ist für die mitunter hemdsärmelige Art der Geheimdienstarbeit. »Tristan« erzählte mir während eines Treffs, dass er mit der Medaille für treue Dienste ausgezeichnet worden sei. Ich solle ihm erklären, wie hoch die zu bewerten sei. Meine Kenntnis der Auszeichnungen und Ehrenzeichen, die die DDR bis dahin kreiert hatte, hielt sich in Grenzen. Also wand ich mich in Gemeinplätzen, die den Eindruck erwecken mussten, ihm sei einer der höchsten Orden des Landes angeheftet worden.

In dem Feature von *France inter* wurde auch behauptet, »Tristan« hätte unter dem Besprechungstisch der politischen Abteilung der »Forces Françaises à Berlin« ein Mikrofon versteckt und dank dieser Vorrichtung Information erlangt, denen zufolge die westlichen Alliierten gegen eine mögliche Abriegelung Westberlins durch die DDR nichts unternehmen würden. Das klingt jetzt ein wenig nach Billy Wilder und seinem Film »Eins, zwei, drei«. Aber eines stimmt: Durch diese Information konnten wir unsere Leute in der NATO-Abteilung darüber in Kenntnis setzen, dass die West-Alliierten im Falle einer Grenzschließung still halten würden.

Bass erstaunt war ich jedoch, als ich bei Markus Wolf las: »Auf die Gefahr, meinen Nimbus als einer der bestinformierten Männer der DDR zu verlieren, muss ich gestehen, dass die Schließung der Grenzen der DDR am 13. August 1961 auch für mich unerwartet kam; wie die meisten erfuhr ich von den Straßensperren und Abriegelungen, aus denen die Berliner Mauer entstand, durch die Radionachrichten.«[24]

Vor dem Hintergrund des ökonomischen Ausblutens der DDR musste es wohl jedem klar sein, dass die DDR und ihre Verbündeten das sogenannte Loch im Eisernen Vorhang irgendwie und irgendwann schließen mussten. Und außerdem drohte auch tatsächlich Krieg, weil die beiden Großmächte sich wechselseitig provozierten. Später wurden aberwitzige Szenarien bekannt, die bis zur Festlegung von Orten in der DDR reichten, auf die Atombomben abgeworfen werden sollten.[25]

Somit waren die von uns gelieferten Informationen wichtig für die gesamte Unternehmung, und ich kann mir wirklich nicht erklären, warum ausgerechnet sie gerade an Wolf vorbeigegangen sein sollten. Rösler, dem sich die Brisanz dieser Nachricht sofort erschloss, hätte seine Karriere aufs Spiel gesetzt, wenn er die Informationen dem Spionagechef verschwiegen hätte.

Nachdem die »Maßnahmen zum Schutze des Friedens und der Deutschen Demokratischen Republik«[26] in Kraft getreten waren, musste ich auf anderen Wegen hin- und herpendeln. Da meine Arbeit bei der Konzert- und Gastspieldirektion oft Termine am Abend einschloss, änderte sich an meinem bisherigen Tagesablauf nichts. Meine Frau Marianne wusste von meiner Zusatzaufgabe nichts.

Um zu meinen Treffs zu gelangen, musste ich buchstäblich über Stock und Stein. Im Grenzstreifen gab es Infrarotschranken. Durch die konnte ich zu festgelegten Zeiten die Grenze passieren. Diese Abschnitte wurden von Mitarbeitern des MfS bewacht, die Grenzgänger avisiert. Schlug der Infrarotmelder an, wurde geprüft, ob die Passage angemeldet war.

Während einer solchen Wanderung zwischen den Welten riss ich mir einen Dreiangel ins Hosenbein. Bemerkt hatte ich den nicht – im Gegensatz zu Marianne, die das Vorkommnis still zur Kenntnis nahm und den Riss kunstvoll beseitigte.

Später gestand sie mir, dass sie deshalb keinen Argwohn entwickelt habe. Unsere Liebe war zu frisch und ihr Vertrauen in mich ungebrochen.

Anmerkungen

23 *France inter*: Les réseaux d'espionnage est-allemands en France: Le réseau des poupées, gesendet am 14. Januar 2012, 14.30-15.00 Uhr

24 Markus Wolf: Spionagechef im geheimen Krieg, Düsseldorf und München 1997, S. 128f.

25 siehe Franz Josef Strauß: Die Erinnerungen, Berlin 1989, S. 380ff.

26 *Neues Deutschland* vom 14. August 1961, S. 1

11. Richtung NATO

Die Maßnahmen am 13. August 1961 hatten weitreichende Folgen für unsere Arbeit: Die Politische Abteilung der Französischen Militäradministration zog sich aus Berlin zurück. Damit flossen die Informationen spärlich. Wir benötigten also eine neue Konzeption. Und die entwickelte sich.

Die wichtigste Weichenstellung war bereits 1958 erfolgt. Noch bevor ich »Tristan« kennenlernte, hatte er sich in Westberlin in eine junge Frau verknallt, für die er seine Angetraute nebst Kind sitzen ließ. Sie stammte aus einer jüdischen französischen Familie und arbeitete als Stenotypistin im Quartier Napoléon. 1960 verlor sie ihre Anstellung bei der französischen Militäradministration, fand jedoch sofort ein neue bei der bundesdeutschen Botschaft in Paris. »Isolde«, wie ich sie hier nenne, machte sich also auf den Weg an die Seine.

Das Ergebnis dieser Liaison »Tristans« bestand erst einmal darin, dass er, so oft er konnte, zwischen Westberlin und Paris pendelte – was mit subventionierten Air-France-Flügen auch zu jener Zeit nicht teuer war. Unserer Arbeit jedoch war diese Fernbeziehung nicht zuträglich. »Tristan« lebte mit Kopf und Herz in Paris – in Berlin hatte er nur noch seine (ohnehin kriegsversehrten) Beine.

Die Genossen in der HV A schlugen darum vor, dass er nach Paris ziehen sollte – die Kosten für den Umzug gingen aufs Haus. Auch die ausstehende Scheidung von seiner Ehefrau wollte das Ministerium bezahlen. Er, »Tristan«, überzeugte seinerseits die schöne Jüdin davon, sich bei der NATO, die in Paris an der Porte Dauphine und in Fontainbleau residierte, um einen Job zu bewerben. Doch »Isolde« fragte, logischerweise, warum sie das tun solle, und »Tristan« schenkte ihr reinen Wein ein: Er arbeite für den Auslandsnachrichtendienst der DDR, der jungen antifaschistischen deutschen Republik, und möchte sie mit ins Boot holen, denn so könnten beide etwas gegen den braunen Filz in Bonn tun.

Das überzeugte »Isolde«, deren Familie vom faschistischen Deutschland verfolgt worden war. Die Bundesrepublik stand für sie im Gegensatz zum Osten Deutschlands in dieser düsteren Tradition. Sie sagte »Ja« und ging in die Spur, traf also im Gegensatz zu »Tristan« seinerzeit eine bewusste politische Entscheidung!

Im November 1955 war die Bundeswehr gegründet worden. Eine Überraschung war das nicht, hatte sie doch mit dem »Amt Blank« einen Vorläufer, dessen Aufgabe klar in der Wiederbewaffnung bestand. Damit verstieß die Aufgabensetzung des Amtes gegen die alliierte Auflage, gemäß derer Deutschland langfristig entmilitarisiert bleiben sollte. Doch die West-Alliierten sahen dem Bonner Streben nach

Palais de Chaliot in Paris: Dort wurde die BRD 1955 in die NATO aufgenommen

einer eigenen militärischen Streitmacht nicht nur tatenlos zu; sie duldeten und förderten die Rüstungspolitik der Regierung Konrad Adenauers. Schließlich sollte die Bonner Republik als Bollwerk gegen den Kommunismus aufgebaut werden. In der US-Strategie der »Eindämmung« (»containment«) nahm Westdeutschland eine Schlüsselstellung ein.

Am 9. Mai 1955 war die Bundesrepublik im Pariser Palais de Chaillot in die NATO aufgenommen worden. Die Gründung der Bundeswehr und die Integration der BRD in den Nordatlantikpakt ließen jene politischen Kräfte in der Bundesrepublik Hoffnung schöpfen, die eine Revision der Ergebnisse des Zweiten Weltkriegs in Europa anstrebten. Dementsprechend war auch das Personal der westdeutschen Armee ausgesucht: Von den 38 Generälen kamen 31 aus dem Generalstab der Wehrmacht, in dem auch fast die Hälfte der Bundeswehr-Obristen als hohe Offiziere gedient hatten. Nachdem sie noch zehn Jahre zuvor, auf den »Führer« vereidigt, halb Europa in Schutt und Asche gelegt hatten, standen sie nun, angeblich, für eine demokratische Streitmacht, die sich einzig dem Frieden verpflichtet fühlte.

Viele dieser Herren waren mir aus meiner eigenen Vergangenheit bekannt. Mein Vater kannte etliche persönlich. Deshalb setzte er sich nach seinem Ausscheiden aus dem aktiven Dienst publizistisch mit ihnen und mit der Entwicklung im Westen Deutschlands auseinander.

1957 war Bundeswehrgeneral Dr. Hans Speidel zum Oberbefehlshaber der Alliierten Landstreitkräfte in Mitteleuropa ernannt worden. Sein Dienstsitz befand sich in Schloss Fontainebleau. Dort residierte er schon einmal: von 1940 bis 1942 als Chef des Kommandostabes beim Militärbefehlshaber der Wehrmacht in Frankreich. 1944 geriet Speidel in den Verdacht, in Beziehung zum Widerstandskreis vom 20. Juli zu stehen. Er fiel in die Hände der Gestapo. Doch im Gegensatz zum Gros der Verschwörer, die mit ihrem Leben bezahlten, überlebte Speidel die Untersuchung. Viele fragten sich: Wie war das möglich?

In dem Film »Unternehmen Teutonenschwert« von Annelie und Andrew Thorndike, 1959 produziert, versuchte man darauf zu antworten. Speidel sei Agent der militärischen Abwehr des Heeres gewesen und habe 1944 Feldmarschall Erwin Rommel bei der Gestapo bezichtigt, mit den Verschwörern des 20. Juli in Verbindung zu stehen, die ihn als Reichspräsident vorgesehen hätten. Das bestätigte Rommels Sohn Manfred am 27. April 1945 an Eides statt: »In meiner Unterredung mit meinem Vater (*kurz vor dessen durch Hitler erzwungenem Selbstmord – d. A.*) teilte er mir folgendes mit: Er sei der Mitbeteiligung am 20. Juli verdächtigt worden. Sein früherer Generalstabschef, Generalleutnant Speidel, der wenige Wochen vorher verhaftet worden war, hätte ausgesagt, dass mein Vater führend am 20. Juli 1944 beteiligt gewesen wäre und nur durch seine Verwundung an der direkten Teilnahme verhindert wurde.«

Von dieser eidesstattlichen Erklärung wollte Manfred Rommel später nichts mehr wissen. 1978, inzwischen CDU-Oberbürgermeister von Stuttgart, relativierte er diese Erklärung. Damals schrieb er, dass sowohl er als auch seine Mutter nie an der Loyalität von Speidel gegenüber Generalfeldmarschall Rommel gezweifelt hätten.

Warum? Inzwischen waren Militärs »made in Germany« im Kalten Krieg wieder gefragt. Es gab in Europa ohnehin genug Widerstand gegen einen ehemaligen Besatzer Frankreichs – und dann noch Denunziant …? Friedrich Ruge, seinerzeit als Vizeadmiral Marineberater im Stab von Speidel, schrieb später: »Speidel ist jetzt der Hauptrepräsentant der früheren deutschen Wehrmacht in Fragen des deutschen Verteidigungsbeitrages. Wenn er dauernd [...] unter der Anklage stünde, in einer Schlacht Sabotage getrieben zu haben, [...] würde sein Einfluss und seine Nützlichkeit erheblich leiden.«

Mein Vater kam in dem Film »Unternehmen Teutonenschwert«, den die Thorndikes 1958 drehten, ebenfalls zu Wort. Er hatte am 20. Februar jenes Jahres vor dem Staatlichen Notariat Erfurt seinerseits eine eidesstattliche Erklärung abgegeben. Dabei ging es um die nachrichtendienstliche Tätigkeit von Speidel.

Mein Vater berichtete in seiner Erklärung von einer als »Kolonne« bezeichneten Besprechung von Canaris mit seinen Abteilungsleitern, die täglich erfolgten. »Bei einer solchen [...] Kolonne – es muss nach meiner Erinnerung Ende 1934 oder Anfang 1935 gewesen sein«, so erklärte mein Vater in dem Film, »fragte der Vertreter der Spionageabteilung, Major Grimmeiß, den Admiral Canaris, ob es nicht möglich wäre, den Gehilfen des deutschen Militärattachés in Paris, den damaligen Hauptmann Speidel, von der damals gültigen Kavaliersregelung auszunehmen, die besagte, dass Militärattachés von der Arbeit im aktiven Spionagedienst auszunehmen seien. [...] Canaris fragte: ›Warum denn gerade Speidel?‹, und erhielt dem Sinn nach die Antwort: ›Wir haben natürlich schon unter der Hand mit dem Mann gearbeitet, und er hatte so blendende Erfolge, dass wir nunmehr auch die offizielle Zustimmung von Ihnen, Herr Admiral, haben möchten.‹«

Canaris soll darauf geantwortet haben: »Wenn ihr solchen Wert auf Speidel legt, dann behaltet ihn meinetwegen in eurem Apparat.«

Mit seiner Aussage demontierte Ex-Wehrmachtgeneral Bamler den höchsten Soldaten der NATO in Westeuropa, was aber – er war ja abtrünnig und bei den Kommunisten – folgenlos geblieben wäre, hätte Speidel nicht auch im französischen Präsidenten einen Gegner gehabt. Auch General Charles de Gaulle, der gegen die Nazi-Streitkräfte gekämpft und Paris befreit hatte, lehnte Speidel ab.

Bei den französischen Präsidentschaftswahlen im Dezember 1965 wurde Präsident Charles de Gaulle in seinem Amt bestätigt. Er begann, die Verteidigungspolitik der Fünften Republik neu auszurichten. Frankreich hatte am 13. Februar 1960 in Algerien seine erste Atombombe gezündet und war damit in den Kreis der Nuklearmächte eingetreten. Die »Force de frappe«, Frankreichs Atomstreitmacht, wurde aufgebaut. Das ohnehin starke Selbstbewusstsein der Grande Nation wuchs dadurch, Frankreich hatte nun mit den USA, Großbritannien und der Sowjetunion gleichgezogen. De Gaulle, der eine dauernde Dominanz der USA in der NATO ablehnte, verlangte nun die Unterstellung der in Frankreich stationierten amerikanischen und kanadischen Einheiten unter das französische Kommando. Nachdem die USA ihre Zustimmung erwartungsgemäß verweigerten, forderte der französische Präsident im Februar 1966 den Abzug der alliierten Truppen und der NATO-Hauptquartiere. Frankreich wolle fortan, so die Begründung, seine volle staatliche Souveränität ausüben.

Im Juli 1966 – also kurz nach unserer Verhaftung – zogen sich die Vertreter Frankreichs aus den militärischen Organen des Bündnisses zurück. 30.000 auswärtige Soldaten der NATO mussten Frankreich verlassen, und das Militärhauptquartier SHAPE wurde aus Rocquencourt nach Mons in Belgien verlegt. EUCOM, das Europa-Kommando der US-Streitkräfte, zog von Saint-Germain-en-Laye nach Stuttgart-Vaihingen und das oberste NATO-Kommando Europa AFCENT von Fontainebleau nach Brunssum in den Niederlanden. Am 16. Oktober 1966 verabschiedeten sich die Mitglieder des NATO-Rates auf

Druck der USA aus Paris Porte Dauphine und zogen ebenfalls nach Brüssel.

In den 60er Jahren erledigte sich das NATO-Konzept der »massiven Vergeltung«. Diese Strategie ging von der Überlegenheit des Westen bei atomaren Sprengköpfen und Trägermitteln aus und besagte, dass auf einen Angriff der Sowjetunion mit konventionellen Waffen sofort und umfassend mit Kernwaffen geantwortet werden sollte. Da aber inzwischen ein annäherndes strategisches Gleichgewicht zwischen den Großmächte hergestellt worden war – die UdSSR hatte Dank immenser Anstrengungen ein »atomares Patt« errreicht –, musste die NATO ihre bisherige Strategie zu überdenken. Bei deren Beibehaltung drohte im Ernstfall die eigene Vernichtung.

In jener Zeit, also noch bevor de Gaulle die NATO aus dem Land warf, beschloss die Berliner Zentrale, Marianne und mich nach Paris zu schicken. Wir wurden mit klaren Zielen und Aufgaben entsandt. Unsere Hauptaufgabe sollte darin bestehen, jede politische oder militärische Überraschung ausschließen zu helfen. Es interessierten uns die Absichten des Gegners – von der Streitkräfte- und Rüstungsentwicklung über die strategischen Konzeptionen bis hin zur Nuklearpolitik. »Kriegsverhinderung durch größtmögliche Transparenz hatte oberste Priorität in der Militäraufklärung der HV A«, schrieb Werner Großmann in seinem Vorwort zu »Militärspionage«.[27] Damit unterstrich er den humanistischen Ansatz unserer Tätigkeit.

Anmerkung

27 R. Rupp, K. Rehbaum, K. Eichner, Militärspionage, Berlin 2011, S. 10

12. Die Entscheidung

Die Situation, vor der ich stand, lässt sich etwa so beschreiben: Ich hatte den Krieg überstanden und nach unruhigen Jahren einen guten Weg an der Seite meines Vaters eingeschlagen. Meine Arbeit machte mir Spaß, ich stand mit beiden Beinen im Leben, meine politische Aufgabe – als die ich die Arbeit für das MfS immer ansah – füllte mich aus. Und ich hatte mit Marianne mein persönliches Glück gefunden. Außerdem – für DDR-Verhältnisse sehr wichtig – zogen Marianne und ich Anfang 1961 aus unserer Ein-Zimmer-Zelle in der Greifswalder Straße in eine schöne helle Drei-Zimmer-Wohnung im Prenzlauer Berg. (Diese Wohnung könnten wir uns heute nicht mehr leisten. Das aber nur nebenbei.) Und wir dachten über Kinder nach. Mehr Zukunft ging nicht.

Als mich die Genossen der Abteilung III fragten, ob ich bereit sei, als Resident der Aufklärung nach Paris zu gehen, war ich stolz. Viele Aspekte spielten dabei eine Rolle. Sicher schmeichelte es mir, dass man mich dieser Aufgabe für fähig befand. Schließlich hätten die Genossen von den 17 Millionen DDR-Bürgern nicht jeden für solch eine Aufgabe genommen. Auch war der Gedanke, in Frankreich zu arbeiten und zu leben, reizvoll. Doch dann entfaltete sich vor mir das Pflichtenheft: Ich musste die Sprache erlernen, eine neue Identität annehmen, also zu einer anderen Person werden, mich in dieses Land einschleichen und legalisieren, auf eigene Faust in Paris Job und Wohnung besorgen, zudem das französische Savoir-vivre verinnerlichen, das mir als Preußen bis dahin fremd war. Zudem: Ich hatte die einschlägigen geheimdienstlichen Techniken zu erlernen – und Marianne zu überzeugen, denn ohne sie würde ich die Aufgabe nicht übernehmen. Da gab es keine Kompromisse.

In jener Sendung von *France inter* hieß es über mich und die Vorbereitung auf diesen Einsatz: »Das MfS nimmt seinen Einsatz mit einem erstaunlichen Aufwand in Angriff. Aber die sozialistischen Länder wollen ja unbedingt in bestimmte westliche Organisationen eindringen. Die NATO, deren Sitz sich zu der Zeit in Paris befindet, wird künftig sein Ziel sein. Das MfS braucht mehr als ein Jahr, um die Operation vorzubereiten.«

Was heißt hier »mehr als ein Jahr«? Korrekt und kompetent hätte der Journalistenkommentar lauten müssen: Man brauchte nicht viel mehr als ein Jahr!

Was war da alles zu erledigen?

Meine klar umrissenene Aufgabe lautete, in Paris eine Residentur aufzubauen, um Informationen aus dem NATO-Hauptquartier abzuschöpfen. Dort saß bereits unsere Quelle »Isolde«.

In der HV A wurden zwei Arten von Quellen unterschieden: Die einen arbeiteten in einem Objekt, aus dem sie Informationen erhielten. Das waren die sogenannten O-Quellen. Die anderen verfügten über Beziehungen zu Personen, bei denen sie selbst Informationen abschöpften. Diese nannte man A-Quellen.[28]

»Isolde« war eine O-Quelle. Ihr Mann »Tristan« war der Kurier, er brachte die Informationen zu mir. »Isolde« war das Herzstück unserer Gruppe, die die Franzosen später »Le réseau des poupées« (»Das Puppennetz«) nannten.

Eine Residentur ist ein Netzwerk aus Quelle, Kurier, Gehilfen und Residenten. Ihr nachrichtendienstlicher Nutzen besteht darin, dass sie vor Ort arbeitet und auf aktuelle Fragen und Anforderungen schnell reagieren kann. Die unsere war eine illegale Residentur. Wir lebten und handelten unter fremder Flagge und genossen keinen diplomatischen Schutz. Unser einziges Ziel bestand in der Informationsbeschaffung. Ermittlungen und Beobachtungen waren uns ausdrücklich untersagt – dazu hatte ich auch keine Lust. Für mich galt es, meine Arbeit diszipliniert, organisiert und vor allem erfolgreich zu verrichten. An Indianerspielen hatte ich kein Interesse.

Die Genossen der HV A erschienen Anfang 1961 in unserer soeben bezogenen Wohnung. Die Möbel waren zusammengeschoben und mit Planen abgedeckt, weil die Wände aufgestemmt worden waren, um die Elektroleitungen unter Putz zu legen. Die Küche war zu klein für vier Personen. Also machten wir eine Ecke im Schlafzimmer frei und nahmen Platz auf dem Ehebett und auf Kartons. Klaus Rösler erklärte Marianne ganz allgemein, was man mit uns vorhatte. Von Frankreich war noch nicht die Rede. Es hieß nur: »Bist du bereit, in unserem Auftrag gemeinsam mit Jochen ins Ausland zu gehen?«

Marianne nahm sich Zeit für die Anwort. Es fanden immer wieder Gespräche statt, in denen das Wenn und Aber erörtert wurde.

Nach Monaten endete der Werbungsprozess damit, dass Marianne eine Verpflichtungserklärung unterschrieb. Sie hatte sich zu diesem Schritt nicht überreden lassen, sondern ging ihn bewusst. Später gestand sie, dass das letzte Moment für die Unterschrift ihre Liebe zu mir gewesen sei. Sie habe gespürt, dass mich diese Aufgabe reizte.

Das galt auch in der Umkehrung: Hätte Marianne »Nein« gesagt, wären wir in Berlin geblieben.

Französisch war für mich ein Buch mit sieben Siegeln. Diese wunderschöne Sprache zu erlernen fiel mir sehr schwer. Das Sprachniveau, das mir in Berlin vermittelt wurde, entsprach dem der *Humanité*, des auch in Berlin an Zeitungskiosken erhältlichen Zentralorgans der Kommunistischen Partei Frankreichs. Diese Tageszeitung bediente sich eines recht einfachen, verständlichen Französisch. Das war gewiss richtig, wandte sie sich doch vornehmlich an Arbeiter und nicht an die intellektuelle Elite.

Doch das war nicht das Problem. In Frankreich musste ich feststellen, dass mich die Franzosen zwar gut verstanden, doch ich verstand sie nicht. Ein typischer Fall von Schulsprache, die nur in Klassenzimmern fremder Länder, nicht jedoch vor Ort benutzt wird. In Paris sprach (und spricht) man eine Umgangssprache – und die unterschied sich von der im Lehrgang gelernten Hochsprache. Einzelne Wörter erfuhren fatale Bedeutungswandlungen. Auf die Frage, was ich machte, wenn ich aus dem Haus gehe, sagte ich »Jeden Morgen küsse ich meine Frau« (»Chaque matin, je baise ma femme«), womit ich Heiterkeit auslöste. Das Substantiv »le baiser« – der Kuss – bezeichnet als Verb einen deutlich intensiveren Austausch von Zärtlichkeiten …

Es dauerte Jahre, bis ich Französisch so beherrschte, dass mir auch die Umgangssprache geläufig war.

Marianne arbeitete damals, wie schon erwähnt, im Berliner Haus für Kulturarbeit. Zweimal in der Woche fuhr sie nach Dienstschluss mit der S-Bahn nach Köpenick zu einer Französischlehrerin, die ihr vom Ministerium vermittelt worden war. Da meine Frau mehr Talent für Sprachen hat als ich, fiel ihr das Lernen leichter. Doch auch sie hatte in Frankreich anfangs Verständigungsprobleme.

Kommen wir zum Thema »Landeskunde«. Was sollten uns unsere Genossen dazu erzählen? Im Brockhaus nachschlagen, wie die letzen 1.500 Jahre zwischen Rhein und Finistère, dem Zipfel der Bretagne, verlaufen waren? Das konnten wir auch. Von der Art, in diesem Land, besonders in Paris, zu leben, wussten Rösler und Genossen ebenso wenig wie wir. Auch diesen Bereich unserer Aufgabe mussten wir vor Ort erledigen – *learning by doing*, wie es heute auf Neudeutsch heißt.

Nicht zu vermitteln ist die Mentalität der Menschen, so viel man darüber auch reden kann. Sie vermittelt sich nur im täglichen Zusammenleben. Das fängt damit an, dass die Begrüßung in Frankreich ganz anders vonstatten geht als bei uns. Ich wäre nie auf die Idee gekommen, eine Kollegin oder eine Nachbarin mit drei Küssen auf die Wangen zu begrüßen. In Frankreich ist das Usus.

Wer in Paris, vor allem in der Hauptverkehrszeit, mit dem Auto unterwegs ist, der glaubt an göttliche Fügung. Denn rational kann man nicht erklären, warum so wenige Unfälle geschehen. In Deutschland, auch in der DDR der 60er Jahre, hätte es gekracht, wenn Fahrer im Kreisverkehr von ganz innen nach ganz außen fahren wollten, ohne auf eine große Lücke zu warten. Am Großen Stern in Berlin würde man Stunden im Kreis fahren, am Großen Stern in Paris, obgleich deutlich größer und verkehrsreicher, funktioniert der kühne Fahrbahnwechsel ohne Probleme. Dafür hatten französische Autos Beulen wie ältere Menschen Falten. C'est la vie.

Prachtentfaltung à la française: Schloss Fontainebleau, damals Sitz der NATO-Zentrale

Es lassen sich viele Dinge anführen. Doch eines hat mich in Frankreich betroffen gemacht: dieser auffällige Unterschied zwischen Arm und Reich. Niemand trug seinen sozialen Status so protzig vor sich her wie die Pariser. Die französische Regierung residierte in Palais, als wäre Ludwig XVI. nur geköpft worden, um die Kulissen seiner Prachtentfaltung übernehmen zu können.

Dazu kam, dass über allen öffentlichen Gebäuden, Gefängnissen wie Kindergärten, die Trikolore wehte und, wenn Platz war überm Eingang, »Liberté, Égalité, Fraternité« zu lesen war – übrigens auch über jedem Gefängnistor, durch das ich musste.

»Gleichheit« konnte ich unter den Franzosen nicht ausmachen – ganz im Gegenteil: die sozialen Unterschiede waren gravierend. Diese Parole, 1958 immerhin als Grundsatz in die Verfassung der Fünften Republik aufgenommen, war nichts als soziale und politische Demagogie.

Marianne und ich mussten auch funken lernen, denn das war die einzige Kommunikation zwischen uns und der Zentrale. Über diese Verbindung erhielten wir verschlüsselte Anweisungen aus Berlin, unsere Informationen nahmen einen anderen Weg. Wir kannten Frequenz und Empfangszeit. Es kam das festgelegte Meldungskennzeichen, danach folgte eine Gruppenzahl. Nachdem fünf Ein-Sekunden-Töne gesendet waren, kam die eigentliche Meldung. Die bestand aus Gruppen von jeweils fünf Zahlen. Sie wurden vorsichtshalber wiederholt. Danach hieß es »Ende«.

Danach machten wir uns ans Dechiffrieren. Im Schlüsselheft wurde die zutreffende Zeilenbezeichnung gesucht. Aus der Verbindung von Funkspruch und Schlüsselheft wurden wiederum Zahlen ermittelt, die nun, mit einer Tabelle verglichen, Buchstaben ergaben. Am Ende stand ein Text. Kurz, knapp und verständlich – wenn man das

Verfahren beherrschte. Marianne konnte das. Der aufmerksame Leser erinnert sich: Rechnen war meine Sache nie gewesen.

Um die Funkverbindung auch unter widrigen Bedingungen aufrechtzuhalten, gab es einen Ersatzfunker, den wir nicht persönlich kannten. Er sollte nur dann von unserer Residentur in Anspruch genommen werden, wenn eine wichtige Information umgehend zur Zentrale übermittelt werden musste und keine andere Kommunikationsmöglichkeit bestand. Solche besonderen Situationen waren Krisen- und Spannungszeiten sowie kriegerische Auseinandersetzungen.

Da keiner dieser Fälle bei uns eintrat, nahmen wir die Dienste des Ersatzfunkers auch nie in Anspruch. Ich wusste von ihm nur, dass er in Strasbourg lebte und wir uns im Ernstfall an der Pariser Oper treffen würden. Damit ich das nicht vergesse, schrieb ich auf einen Zettel das Wort »Olga«, weil der Name ebenso wie »Oper« mit einem O anfängt. Den Zettel rollte ich zusammen und steckte ihn in eine Matrjoschka. Das sollte später zu verblüffenden Irritationen führen.

Per Funk sandte uns die Zentrale in Berlin Informationen und Aufträge. Zum Beispiel wurden auf diesem Wege Treffs vereinbart, der Besuch des Kuriers angekündigt oder auch mitgeteilt, dass man in Abwesenheit ausgezeichnet worden war.

Treffs waren – zumindest im Verständnis der Zentrale – die wichtigste Methode der Informationsübermittlung. Sie wurden von einem Instrukteur wahrgenommen, dessen richtigen Namen ich nie erfuhr und auch nicht erfahren wollte. Bevor sich der Genosse auf den Weg machte, wurde ein »Treffplan« erarbeitet, denn während der Treffs sollte ich berichten, er Aufträge erteilen und ein persönliches Gespräch zwischen uns stattfinden. Schließlich wollten die

Genossen in Berlin auch wissen, wie es uns ging – rein menschlich, versteht sich. Das wollte gut vorbereitet sein. Nicht nur die Berliner hatten den Treff gut vorzubereiten. Auch ich musste genau beachten, wie ich zum vereinbarten Ort komme, und während der Fahrt dorthin wachen Sinnes prüfen, ob mich jemand verfolgte – »Selbstkontrolle« hieß das.

Wir lernten auch, tote Briefkästen (TBK) anzulegen. Weil Informationen in diesem Falle nicht von Mensch zu Mensch übermittelt, sondern über ein geheimes Versteck weitergegeben werden, hieß dieser Kommunikationsweg »unpersönliche Verbindung«. Sie diente der Weitergabe von Mitteilungen, Materialien, Geld und Gerätschaften. Der TBK musste wetterfest sein und sich in gebührender Entfernung von unserer Wohnung befinden. Er sollte so angebracht werden, dass der Nutzer ihn unbeobachtet füllen oder leeren konnte. Tote Briefkästen konnten im Freien, in gut zugänglichen Gebäuden oder auch in Verkehrsmitteln eingerichtet werden. Wir nutzten vornehmlich die schattigen Parks und tiefen Wälder in und vor Paris.

Mit dem Anlegen eines toten Briefkastens allein war es noch längst nicht getan. Wir wurden darin geschult, wie man ihn benutzte. Zunächst musste das Umfeld überprüft werden. Stand in der Nähe plötzlich ein Bauwagen oder saß auf einer benachbarten Parkbank ein Liebespaar, hieß es: auf keinen Fall Kurs auf das Versteck nehmen, sondern normal, aber zügig das Feld räumen. Jeder kennt die Szene aus Agenten-Thrillern, in der der Held beim Verlassen seiner Wohnung unauffällig einen Papierschnipsel in die Tür klemmt, um feststellen zu können, ob die Bösewichter während seiner Abwesenheit in seine Wohnung eingedrungen sind. So ähnlich ging man auch mit TBK um. Es wurden Zeichen angebracht, aus denen ersichtlich war, ob der Kasten unerwünschten Besuch bekommen hatte.

Die erlangten Informationen für die Zentrale übersandten wir mit der Post. Genauer: per Postkarte. Hört sich an wie ein Gruß aus dem Italienurlaub. War es aber nicht. Unsere Post wurde natürlich an eine Deckadresse verschickt – alles andere wäre töricht gewesen. Diese Deckadresse war die unpersönliche Verbindung zwischen uns und der Zentrale. Wir sandten unsere Post an jemanden, den wir nicht kannten und der auch nicht wusste, von wem er die bunte Post erhielt, zumal wir gehalten waren, die Karten und Briefe nicht in unserem Wohn- und Arbeitsumfeld einzuwerfen. Der Inhaber dieser Adresse nahm die Post entgegen und leitete sie auf konspirativem Weg an unseren Führungsoffizier weiter. Wichtig bei einer Deckadresse war, dass es sich um keine Briefkastenadresse à la Steuerparadies handelte. Dahinter musste immer ein echter Mensch, in der Regel ein aufrechter DDR-Bürger, stecken, der seinen guten Namen für die konspirative Kommunikation hergab. Auch sollte seine postalische Anschrift möglichst so beschaffen sein, dass sie unverwechselbar war. Also Berliner Straße wäre in Berlin nicht gegangen – davon gibt es zu viele. Der Briefkasten musste sicher und fest verschließbar sein, und nur der Adressat durfte Zugriff auf den Inhalt haben. Im Haushalt sollten möglichst keine schulpflichtigen Kinder mehr leben, und unser Briefpartner durfte keiner Tätigkeit nachgehen, die Westkontakte ausschloss. Diese Leute mussten sie in der DDR erst einmal finden, denn wir befanden uns hier in einem kaderpolitischen Teufelskreis: War der Bürger zuverlässig im Sinne des MfS, hatte er üblicherweise eine Position inne, die Westverbindungen ausschloss … Durfte er unbeschränkt Westkontakte pflegen, war er in aller Regel nicht zuverlässig.

Wie kamen die Informationen auf eine Postkarte? Die Lösung heißt Mikrat. Ein Mikrat ist ein winziges fotomechanisches Abbild einer Information, eines Dokuments oder einer Mitteilung, das nur unter dem Mikroskop gelesen werden kann. Es ist so klein, dass es unter die Briefmarke oder die Ecke einer Postkarte passt, ohne aufzufallen. Den Namen hat das Mikrat vom griechischen »mikros«, klein. Seine Herstellung allerdings verlangt einen großen technischen Aufwand.

Die Bilder von den Dokumenten, die uns interessierten, wurden nicht auf einer Fotosafari gemacht. Im Gegenteil: Zumeist waren die äußeren Bedingungen ungünstig, ständig stand der Fotograf unter Zeitdruck und sah sich der Gefahr ausgesetzt, entdeckt zu werden. Es war nicht leicht, unter diesen Bedingungen eine ruhige Hand zu bewahren und den Sinn fürs Motiv zu entwickeln.

Voraussetzung für gestochene Bilder ist eine Minikamera höchster Qualität. Die bekannteste im geheimdienstlichen Gebrauch war die Minox. Ob wir eine Minox, die bei der HV A »Jupiter« hieß, eine Schweizer Tessina oder einen Eigenbau des Operativ-Technischen Sektors (OTS) unseres Ministeriums benutzten, weiß ich nicht mehr. Auf alle Fälle war der Apparat nicht größer als eine Zigarettenschachtel. Das Ablichten von Dokumenten hatte den Vorteil, dass man keine Akten durch die Gegend schleppen musste. Sie blieben im Büro und wurden somit nicht vermisst. Das trug zur Sicherheit des Kundschafters bei. Wie stets hatte die Medaille zwei Seiten. Auf der anderen Seite war man nämlich so gut wie überführt, wenn man mit einem solchen Gerät erwischt wurde.

In diese Zigarettenschachtel-Kamera passten natürlich nur sehr schmale Filme. Sie lieferten Negative im Format 8 mal 11 Millimeter.

Nachdem wir uns in diese sprachlichen und technischen Themen eingearbeitet hatten, kam die Legendenbildung, mit der unsere Reisetätigkeit begann.

Marianne und ich mussten für unseren Einsatz in die Biografie anderer Menschen schlüpfen. Die beiden, die uns ihre Biografie spendeten, wussten nichts von ihrer Selbstlosigkeit. Sie wussten auch nichts voneinander. Die »Legendenlasser« waren Bürger der Bundesrepublik, die – aus welchen Gründen auch immer – freiwillig in die DDR übergesiedelt waren. Allein eines war sicher: Sie hatten keinen Dreck am Stecken, denn sonst wäre die Gefahr zu groß, bereits beim ersten Grenzübertritt aufzufallen. So wurde darauf geachtet, dass sie keine Unterhaltszahlungen zu leisten hatten, sie durften nicht asozial oder gar kriminell sein und sie durften auch keiner Sekte angehören. Kurz, Otto Normalverbraucher war die Rolle, die ich fortan zu übernehmen hatte. Von Geburt her kam ich aus dem heutigen Polen. Das war insoweit günstig, als meine Personenlegende von mir nicht verlangte, irgendeinen süddeutschen Dialekt zu sprechen. Denn auch das musste passen.

So trennten sich unsere Wege.

Marianne reiste als Fräulein Schneidewind in die Schweiz. Ich war der Herr Wegner und machte mich via Frankfurt am Main auf den Weg nach Kairo. In der Nähe von Alexandria war eine große Filmdruckerei, mit der ich mich bekannt machen musste, denn sie war laut Legende für einige Jahre einmal mein Arbeitsplatz. Auch musste ich mich mit Land und Leuten bekannt machen. Das gehörte ebenfalls zu meiner Legende.

Schließlich erfuhren wir auch, wie wir uns verhalten sollten, falls man uns verhaftete. Die Unterrichtseinheit hieß »Verhalten vor dem Feind«. Jeder Autofahrer muss eine Ersthelferausbildung absolvieren, obwohl er nie in einen Unfall verwickelt werden möchte. Kein Spion möchte dem Gegner ins Netz gehen; doch damit ist objektiv immer zu rechnen. Also galt es, sich auf diesen Fall vorzubereiten. Wichtig war der Grundsatz, dass mit der Verhaftung der operative Auftrag keineswegs erledigt war. Es war nur eine andere Situation entstanden. Wir sollten uns sowohl auf psychischen Terror als auch auf einen Werbungsversuch, bezeichnet mit der schönen deutschen Sprachbildung »Überwerbungsversuch«, gefasst machen. Wir sollten auf einen Rechtsbeistand bestehen und uns darauf einstellen, dass die Untersuchungshaft als Einzelhaft erfolgt, dass wir dort von der Arbeitspflicht befreit sind und Zivilkleidung tragen dürfen.

Was diese »Vorteile« der U-Haft praktisch bedeuteten, erlebten wir später hautnah. Auch sollte ich schmerzlich erfahren – im wahrsten Sinne des Wortes –, dass die Algerien-erfahrenen Beamten der D.S.T.[29] keine Hemmungen hatten zuzuschlagen, was wenig bis nichts mit »Liberté, Égalité, Fraternité« und den Allgemeinen Menschenrechten zu tun hatte.

Anmerkung

29 »Direction de la surveillance du territoire«, von 1944 bis 2008 der Inlandsnachrichtendienst Frankreichs und dem Innenminister unterstellt

13. Unsere Gegenwart

Ich schreibe über eine Zeit, die mehr als 50 Jahre zurückliegt. Vieles, was seinerzeit unseren Alltag bestimmte, war Gegenstand von Diskussionen. Was uns Hoffnung machte oder bedrückte, ist mir heute so fern, als hätte ich diese Zeit nie erlebt.

Am 18. März 1962 unterzeichneten Frankreich und Algerien einen Vertrag zur Beendigung des Algerienkrieges, der fast eine halbe Million Menschen das Leben gekostet hatte.

Vom 16. auf den 17. Februar 1962 wütete in Hamburg die schlimmste Sturmflut der Stadtgeschichte. Das Wasser überraschte viele im Schlaf, 315 Menschen starben. Damit begann der politische Aufstieg des Innensenators Helmut Schmidt. Die *Bayreuther Zeitung* schrieb in einem Leitartikel, wie das *Neue Deutschland* am 18. März 1962 zitierte: »Im Westen frisst die Rüstung seit Jahren Gelder für dringendste zivile, soziale und kulturelle Aufgaben weg. In den USA fehlen ebenso wie in der Bundesrepublik Schulen, Wohnungen, Krankenhäuser, Straßen usw. usw. Die Bundeswehr hätte wahrscheinlich nie zur Rettungsaktion im norddeutschen Katastrophengebiet eingesetzt werden müssen, wenn das Geld für Panzer, Kasernen, Flugzeuge in den Deichbau gesteckt worden wäre.«

Der Magistrat von Berlin berichtete in der gleichen Zeitungsausgabe, dass die Kriminalität in der Hauptstadt der DDR um 19 Prozent zurückgegangen sei. Wohl auch, weil der Rückzug für Kriminelle aus dem Osten nach dem Bau der Mauer deutlich kleiner geworden war. Und die aus dem Westen kamen nicht mehr herüber.

Am 16. April 1962 wurde Georges Pompidou Premierminister Frankreichs. An ihn, den zweiten Präsidenten der Fünften Republik (von 1969 bis 1974), erinnert heute in Paris das Centre Pompidou. Der architektonisch eigenwillige Bau – die Pariser nennen es »La Raffinerie« – stand noch nicht, als wir an die Seine kamen. Das futuristisch anmutende Kulturzentrum beherbergt das Musée National d'Art Moderne.

1962 erklärte die einstige französische Kolonie Algerien ihre Unabhängigkeit. An jenem Tag, es war der 5. Juli, kam es in Oran zu einem Massaker bewaffneter Algerier an Europäern und Harkis, das waren pro-französische Muslime, die während des Befreiungskrieges auf Seiten der Kolonialmacht gegen die FNL gekämpft hatten. Damit war ein Problem entstanden, dass für uns, die wir aus der DDR kamen, völlig fremd war: Wie geht eine Kolonialmacht, oder besser eine ehemalige Kolonialmacht, mit ihren Hilfstruppen um, die nach dem Abzug der Franzosen zum Feind im eigenen Land geworden waren? In Frankreich war das ein heiß diskutiertes innenpolitisches Thema, befeuert durch Präsident de Gaulle, der sich strikt weigerte, die Kollaborateure ins einstige Mutterland zu holen.

Im Oktober 1962 brach die Kubakrise aus. Sie gilt heute als Höhepunkt des Kalten Krieges, weil sie das Potenzial für einen Weltkrieg hatte. Drei Wochen lang stand die Welt am Rand eines Atomkrieges. Die Amerikaner hatten atomar bestückte Raketen im NATO-Land Türkei stationiert, die auf die Sowjetunion gerichtet waren. Im Gegenzug brachte die Sowjetunion auf Bitte Fidel Castros, weil Kuba sich nach der (gescheiterten) Intervention in der Schweinebucht von den USA bedroht fühlte, ihre Raketen auf der Karibikinsel in Stellung. Washington reagierte daraufhin mit einer Seeblockade und drohte militärische Maßnahmen an, wenn Moskau seine Raketen nicht abzöge. Im letzten Augenblick verständigten sich Kennedy und Chruschtschow, Russen und Amerikaner zogen ihre Raketen ab. Die Russen demonstrativ, die Amerikaner still und leise, um nicht das Gesicht zu verlieren.

Die Kubakrise ging an uns nicht spurlos vorüber. Sie schürte die Angst vor einem Atomkrieg und zeigte zudem, dass die US-Politik des *Roll back* nicht nur Parole war. Was konnten wir tun, um zu verhindern, dass sie damit durchkamen? Darüber habe ich viele Male mit meinem Vater diskutiert, der als Militär und Historiker eine fundierte Meinung hatte. Zwei Dinge kristallisierten sich heraus: Den heißen Krieg kann man nur verhindern, wenn man vom Gegner weiß, was er plant, um ihm stets einen Schritt voraus zu sein. Politik, auch Militärpolitik, funktionierte wie ein Schachspiel. Oder wie ein Spiel mit Karten. So jedenfalls sah es Rainer Rupp, der Jahre später als Kundschafter »Topas« im NATO-Hauptquartier in Brüssel erfolgreich für die DDR-Aufklärung arbeitete. »Während Kartenspieler A versucht, auf Grundlage der bereits gefallenen Karten die Hand des Gegners B zu erraten, kennt B nicht nur die Karten von A ganz genau, sondern er weiß darüber Bescheid, welche Vorstellungen der Gegner von seinen Karten hat.«[30]

Die Arbeit der Aufklärer der HV A war darum friedenssichernd. Unsere Residentur in Paris stand am Anfang dieses Prozesses, bei denen wir dem Gegner in die Karten zu schauen begannen.

Auch innenpolitisch stand die DDR vor neuen Herausforderungen. Nach dem 13. August 1961 war sie stärker als unter den Bedingungen der offenen Grenze Herr im eigenen Hause. 1963 beschloss der VI. Parteitag ein Reformkonzept, das zwar auf die Wirtschaft zielte (»Neues ökonomisches System der Planung und Leitung«), tatsächlich aber einen langfristigen Umbau der Gesellschaft vorsah. Walter Ulbricht, der der Spiritus rector dieses neuen Gesellschaftsprogramms war, hatte erkannt, dass das sowjetische Sozialismusmodell in eine Sackgasse führte und darum von Grund auf sukzessive umgestaltet werden musste. Chruschtschow, der erste Mann in Moskau, war zu gleichen Feststellungen gelangt, weshalb er Ulbricht dieses »Abweichen von der Linie« gestattete. Bereits im Jahr 1964 stieg die Arbeitsproduktivität der Volkswirtschaft der Republik um sieben Prozent.

In jenem Jahr wurde in Moskau Chruschtschow gestürzt und Breshnew Generalsekretär. Der rückte im sozialistischen Lager die Stühle wieder zurecht. Abweichungen wurden nicht mehr geduldet, vier Jahre später initiierte er eine konzertierte militärische Aktion in der Tschechoslowakei, an der sich – nach Einspruch von Ulbricht – die DDR ausdrücklich nicht beteiligte. Da aber war Ulbrichts Demontage bereits im Gange. Sie hatte mit dem 11. Plenum 1965 begonnen und setzte sich fort mit der schrittweisen Zurücknahme der mit dem NÖSPL ergriffenen Maßnahmen – bis hin zum Sturz Ulbrichts 1970/71.

In der Bundesrepublik endete 1963 die politische Karriere Konrad Adenauers. Im Oktober musste er seinem Wirtschaftsminister Ludwig Erhard Platz machen, dem vermeintlichen Vater des »deutschen Wirtschaftswunders«. Der kassierte die Quittung für die gescheiterte Politik seines Vorgängers, der beispielsweise mit seinem rigorosen Alleinvertretungsanspruch (Hallstein-Doktrin), mit seinem bornierten Antikommunismus und Revanchismus keinerlei Perspektive für vernünftige Beziehungen zu seinen östlichen Nachbarn bot. Die politische Klasse und die sie stützende Wirtschaft begriffen das sehr wohl, wechselten das Personal (erstmals 1966 Regierungsbeteiligung der SPD) und die strategische Orientierung. In jener Zeit entstand die Idee vom »Wandel durch Annäherung«, was zwingend zunächst die Anerkennung der nach dem Zweiten Weltkrieg entstandenen Realität bedeutete. Dagegen hatten sich Adenauer & Co. gesträubt. Und nach der Anerkennung der Tatsachen musste der zweite Schritt folgen, nämlich damit umzugehen, sich zu arrangieren.

Damals, zu Beginn der 60er Jahre, dachte noch keiner an die sogenannten Ostverträge, die Bonn in Moskau, Warschau und Prag schloss, niemand ahnte, dass kein Jahrzehnt später ein deutsch-deutscher Grundlagenvertrag geschlossen, die DDR von über hundert Staaten – darunter auch Frankreich – diplomatisch anerkannt und Mitglied der UNO sein würde.

Nein, unsere Fantasie reichte damals nicht aus, um sich Derartiges vorzustellen. Wohl aber ahnten wir, dass in der Bundesrepublik – wie in anderen imperialistischen Staaten auch – Vorkehrungen dafür getroffen werden würden, um tatsächlich demokratisches Aufbegehren zu unterdrücken. Die Systemfrage durfte nicht einmal gestellt werden. So wurden dann folgerichtig von der parlamentarischen Mehrheit der Großen Koalition das Grundgesetz ausgehöhlt und die sogenannten Notstandsgesetze[31] beschlossen. Die Pläne dafür gab es bereits seit 1958, damit war die CDU damals nicht durchgekommen. Erst die Große Koalition machte es möglich, diese antidemokratischen Gesetze parlamentarisch durchzusetzen.

In der Folge kam es dann vier Jahre später zum sogenannten Radikalenerlass[32], diesmal von der sozialliberalen Koalition durchgesetzt. Auf diese Weise sollten »verfassungsfeindlichen Kräfte im öffentlichen Dienst« verhindert werden. Der Erlass zielte im Besonderen auf die 1968 gegründete Deutsche Kommunistische Partei und deren Mitglieder, die auf diese Weise aus der Post, den Schulen und Verwaltungen geworfen und in die Arbeitslosigkeit gedrängt wurden.

30 Rupp, Rehbaum, Eichner, Militärspionage, Berlin 2011, S. 229

31 Von den 145 Grundgesetzartikeln wurden im Jahr 1968 exakt 28 geändert, aufgehoben oder neu eingefügt. Die darauf fußenden neuen Gesetze enthielten Regelungen für den Verteidigungsfall, den Spannungsfall, den inneren Notstand und den Katastrophenfall. In all diesen Fällen werden die Grundrechte eingeschränkt. Beispielsweise können bis heute »im Spannungsfall« das Brief-, Post- und Fernmeldegeheimnis oder die Freizügigkeit eingeschränkt werden.

32 In der Anfangszeit des Radikalenerlasses erfolgte eine Regelanfrage beim Bundesamt für Verfassungsschutz, wenn jemand sich für eine Stelle im öffentlichen Dienst bewarb. 1985 hob das Saarland als erstes Bundesland die Regelanfrage auf, als letztes Bundesland stellte sie der Freistaat Bayern 1991 ein. Danach gab es eine neue Regelanfrage: die bei der BStU.
Der französische Holocaust-Überlebende Alfred Grosser monierte eine Ungleichbehandlung von willigen Helfern des Hitler-Regimes. Für deren Gesinnung habe man sich nicht interessiert, stattdessen machten sie in Westdeutschland steile Karrieren.

14. Weiter Weg nach Paris

Als ich mich von Tempelhof aus via Frankfurt am Main nach Kairo auf den Weg machte, hatte ich keine Vorstellung davon, was mich in diesem Moloch am Nil erwartete.

Ägypten unter Präsident Gamal Abd el-Nasser arbeitete am »arabischen Sozialismus«. Mit den Einnahmen aus dem verstaatlichten Suez-Kanal wurden die Bildung und die medizinische Betreuung staatlich finanziert, Frauen erhielten das Wahlrecht und Kleinbauern Land. Das machte den Präsidenten populär. Doch die sozialen Gegensätze waren nach jahrhundertelanger kolonialer Unterdrückung nicht in wenigen Jahren zu überwinden, das Land trug noch immer schwer daran. Mehr als die Hälfte der Einwohner Kairos, es waren zu jener Zeit rund vier Millionen, lebten in Elendsvierteln. Das hat sich bis heute kaum geändert. Die Lebensbedingungen dort sind menschenunwürdig und sozialer und politischer Sprengstoff.

Die Filmdruckerei, die ich mir ansehen sollte, weil sie in meiner Legende einst mein Arbeitsplatz sein sollte, befand sich im Norden Kairos. Der Betrieb war ziemlich heruntergekommen, was wohl auch daran lag, dass Ägypten von den westlichen Staaten aus politischen Gründen boykottiert wurde und kaum noch Kredite auf dem Weltmarkt bekam. Und die sozialistischen Staaten, denen sich Kairo näherte, waren ökonomisch nicht so potent, um dem Land am Nil massiv unter die Arme greifen zu können. Die Not war allenthalben sichtbar, auch in jener Filmdruckerei herrschten Mangel und Improvisation vor. Nach vier Wochen hatte ich ausreichend gesehen und reiste wieder zurück nach Berlin.

Als ich zurück in Berlin war, hatte ich selbstverständlich so manches zu erzählen. Doch viel Zeit blieb mir nicht, denn mein nächster Auftrag hieß: Fuß fassen in Frankreich. Das Ziel bestand vor allem darin, uns eine legale Legende zu verschaffen, die unser Handeln in Paris abdecken sollte.

Wir übernahmen die Identität von Bürgern der Bundesrepublik, die in die DDR übergesiedelt waren. Wir erhielten ihre Originaldokumente, die lediglich in meinem Falle leicht frisiert wurden: Das Passbild wurde gewechselt. Bei Marianne war laut Expertise der Spezialisten nicht einmal das erforderlich. Wir verinnerlichten die Biografien der beiden, so dass wir sie selbst dann aufsagen konnten, wenn man uns aus dem Tiefschlaf riss. Das allein war eine psychische Anstrengung.

Mariannes BRD-Pass lief bald ab. So reiste also »Fräulein Schneidewind«, die sonst in der Schweiz lebte, nach Basel, um ihr Dokument im dortigen Konsulat verlängern zu lassen – eine Generalprobe vor dem eigentlichen Einsatz in Paris. Vor allem ging es darum, bei den Grenzkontrollen, die es seinerzeit auch zwischen der Bundesrepublik und der Schweiz noch gab, keine Aufregung oder gar Angst zu zeigen.

Marianne reiste mit gefälschten Dokumenten, den Pass trug sie in einem Container in ihrer Handtasche bei sich. Hätten die BRD-Grenzer das entdeckt, wäre alles vorüber gewesen, bevor es begonnen hatte. Denn dieses »operative Material« wäre der Gegenseite Beweis gewesen für illegale Absichten.

Nachdem Marianne die Grenzpassagen problemlos bewältigt hatte, fuhr sie von Basel aus in die Nähe des Wohnorts ihres zweiten Ichs und quartierte sich als Urlauberin in ein kleines Hotel ein. Doch an Urlaub war nicht zu denken. Vielmehr ging es darum, das Lebensumfeld des

Fräulein Schneidewind aufzuklären: Wo hat sie gewohnt, gearbeitet, welchen Arbeitsweg hatte sie, wo waren Fleischer, Bäcker und Friseur?

Da Konsulate sich gemeinhin Zeit ließen, marschierte Marianne gleich nach der Ankunft mit einem Telegramm von mir zur diplomatischen Vertretung der BRD. Darin teilte ich meiner »Verlobten« mit, dass wir dringend unverzüglich nach Dänemark reisen müssten. Mit dieser Aufforderung trat Marianne der Beamtin des Konsulats gegenüber und brach vor lauter Aufregung in Tränen aus. Diese wertete das als Ausdruck von Verzweiflung und verschwand mit den Papieren. Marianne gestand mir später, sie wisse seither, was es heiße, wenn Minuten zu Stunden würden. Nach einer gefühlten Unendlichkeit kehrte die Beamtin mit Mariannes Pass zurück – er war verlängert. »Fräulein Schneidewind« hatte ihren ersten Auftrag erfolgreich erledigt und trat erleichtert den Heimweg an.

Ich machte mich auf den Weg nach Mulhouse im Elsass. Dort sollten wir eine Art Brückenkopf bilden. Ich suchte in der Stadt im Dreiländereck Frankreich-Deutschland-Schweiz Arbeit und Wohnung. Mulhouse war eine kleine Großstadt, zählte Anfang der 60er Jahre rund 110.000 Einwohner und besaß ein schönes historisches Zentrum. In seiner mehr als 1000-jährigen Geschichte gehörte der Ort mal zum Heiligen Römischen Reich deutscher Nation, mal zur Schweizerischen Eidgenossenschaft und ein andermal zum Königreich Frankreich. Zwischen 1871 und 1919 hieß die Stadt Mülhausen, seither war sie wieder französisch und Hauptstadt des Département Haut-Rhin.

Im Elsass versteht man viel von gutem Essen. Doch danach stand mir nicht der Sinn. Ich will auch nicht behaupten, dass mir der Sinn nach Stoffdruckerei stand. Schließlich hatte ich schon das Fachstudium in Stuttgart geschmissen – keine 200 Kilometer nordöstlich von Mulhouse. Ironie des Schicksals: In Mulhouse hat der Textildruck eine lange Tradition. Das war auch der Grund, warum die Genossen der HV A in Berlin diese Stadt ausgesucht hatten, um uns in Frankreich anzusiedeln. In Mulhouse gab es auch ein Stoffdruckmuseum, das neben der Tradition dieses Industriezweigs auch dessen Technik- und Sozialgeschichte darstellte. Ich habe es nie besucht. Doch ich erhielt in Mulhouse einen Job als Textildrucker in einem Unternehmen, dessen Namen ich längst vergessen habe und das es wohl auch nicht mehr geben wird.

Zur Vorbereitung auf die neue Aufgabe im Elsass gehörte eine technische Auffrischung in Sachen Stoffdruck. Ich wurde nach Zittau geschickt, seinerzeit ein Zentrum der Textilindustrie. Der Ort lag im äußersten Südosten der DDR im Dreiländereck zur Tschechoslowakei und Polen. Dort wurde ich vertraut gemacht mit holländischen Druckmaschinen der Firma Storck. (Das Unternehmen aus Hengelo, inzwischen über 150 Jahre alt, beschäftigt heute weltweit fast 13.000 Mitarbeiter und erwirtschaftet einen Jahresumsatz von rund 1,7 Milliarden Euro.) Storck hatte schon damals einen Namen in der Branche. Nur leider nicht in Frankreich. Die Maschinen, die ich in Mulhouse vorfand, stammten zu 99 Prozent aus Italien. Damit kannte ich mich nicht aus. Doch es gab auch ein älteres Modell der Firma Storck – vielleicht hatte mich der Unternehmer deswegen eingestellt.

Diese Maschine hatte eine ganz dumme Eigenschaft: Sie lief etwa doppelt so schnell wie in Zittau. Außerdem druckte man in Mulhouse stets mehr als drei Farben – in der DDR waren in der Regel zwei Farben Usus. Auf diese Art und Weise wurde meine neue Arbeit zu einem Knochenjob. Doch da musste ich durch.

Ich suchte eine Wohnung. Das Angebot, zumindest in dem Segment, das meinem Einkommen entsprach, war sowohl überschaubar als auch jämmerlich. Mein Ehrgeiz hielt sich in Grenzen, denn wir sollten schließlich nach Paris. Mulhouse war nur die Passage. Schließlich fand ich eine Unterkunft – Wohnung wäre übertrieben. Doch ein wichtiges Etappenziel war erreicht, ich hatte den Fuß in der Tür. Marianne konnte kommen.

Obwohl Marianne davon ausging, dass wir in Mulhouse keinen Palast beziehen würden, war sie sichtlich

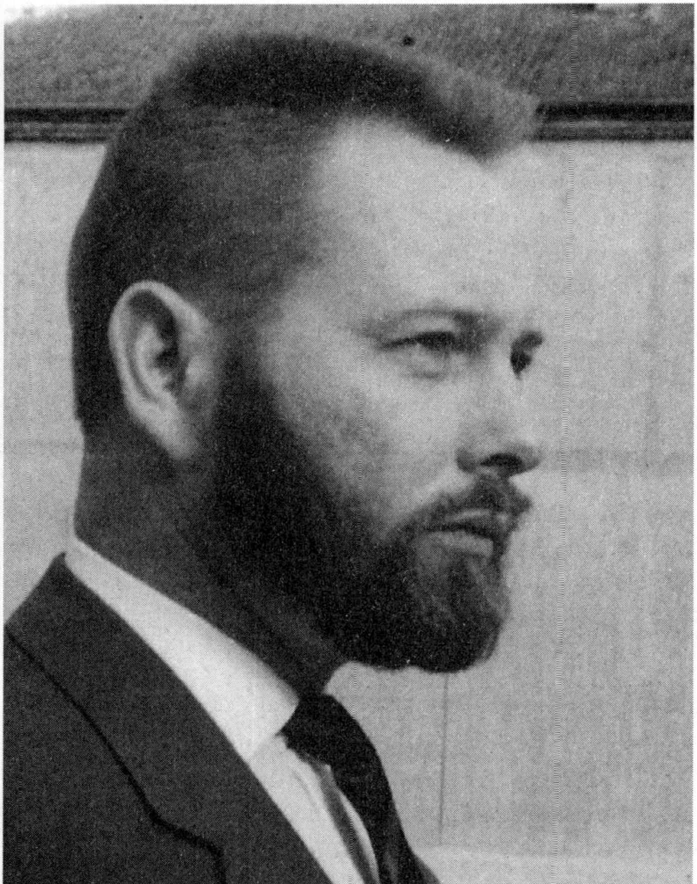

Hans-Joachim Bamler in den 60er Jahren

betroffen, als sie unsere erste gemeinsame Wohnung außerhalb der DDR sah. »Bei uns wäre dieses Loch schwer vermietbar!« Schon die Adresse war bezeichnend: Rue des Orphélins N° 9 – Waisenstraße 9. Ein Raum war Küche, Diele und Waschecke zugleich. Schlafraum und Küche teilten sich ein Fenster. Am Fensterkreuz war eine Wand gezogen, die die Schlafecke abschlug. Durchs Fenster blickte man ins Treppenhaus, wo sich auch die Gemeinschaftstoilette des Hauses befand, ein Plumpsklo.

Wenn wir abends in unserer zugigen Wohnnische neben der feuchten Küche saßen, fragten wir uns manchmal: »Warum tun wir uns das alles an?«

Die Antwort gab ich selbst in einem Lehrfilm für junge Genossen der HV A in den 80er Jahren: »Doch der heimatliche Maßstab durfte für uns hier nicht gelten. Wir waren nicht gekommen, um in Luxus zu leben. Es galt eine Aufgabe zu erfüllen, der alles andere untergeordnet werden musste.«

Wir hatten »Ja« gesagt und waren damit in der Pflicht.

Marianne und ich nahmen offiziell den Status des unverheirateten Liebespaares an – bis auf »unverheiratet« stimmte ja alles. Marianne fand eine Arbeit in einer Näherei. Um unseren Dokumenten die höhere Weihe zu verleihen, hatten wir den Auftrag, in Frankreich zu heiraten. Da wir alle Papiere zusammen hatten, mussten wir noch ein Standesamt, einen Termin und Trauzeugen finden. Schließlich wurden wir im historischen Rathaus von Mulhouse feierlich vom Bürgermeister getraut. Trauzeugen waren unsere Wohnungsnachbarn. Der Bürgermeister Émile Muller trug natürlich, schließlich waren wir in Frankreich, die Trikolore als Schärpe. Die Zeremonie war feierlich und für unseren Geschmack ein wenig pompös. Aber darum ging's nicht. Zuletzt steckte uns der Bürgermeister die Eheringe, wie in Frankreich üblich, an den linken Ringfinger.

Wir waren angekommen.

Damals wussten wir natürlich nicht, welch prominente Figur der französischen Innenpolitik Émile Muller einmal werden würde. Von Hause aus war er Drucker und trat der Sozialistischen Partei bei. Zwischen 1956 und 1982 war Muller Bürgermeister von Mulhouse und saß von 1958 bis 1962 für die Sozialisten im Generalrat des Département Haut-Rhin. Als strammer Antikommunist trat er aus der Sozialistischen Partei aus, als diese 1970 mit der KPF zusammenarbeitete und gründete mit anderen die *Parti de la démocratie socialiste.* 1973 war er Mitbegründer und Vizepräsident der *Parti social-démocrate.* Im selben Jahr trat Muller bei der Präsidentschaftswahl an und kam auf 0,69 Prozent der Stimmen. Seinen politischen Weg beschloss er als Mitglied des Generalrats, diesmal für die konservativ-zentristische Partei UDF.

Die französische Heiratsurkunde war die Grundlage für die Aktualisierung unserer Pässe. Da in meinem Pass das Passbild ausgewechselt worden war, oblag es auch diesmal meiner nun zum zweiten Mal Angetrauten, den Behördengang anzutreten. Für mich wäre das Risiko, dass der Bilderwechsel auffliegen konnte, zu groß. Also machte sich Marianne auf den Weg ins Deutsche Konsulat nach Colmar. Auch der zweite Behördengang war für meine Frau alles andere als Routine. Es mussten die Namensänderung, der Familienstand und schließlich mein Bild im Pass beurkundet werden. Aber auch das kriegte Marianne hin und kam mit den aktualisierten Dokumenten zurück. Unsere Legalisierung war erfolgreich abgeschlossen, der Countdown lief.

15. Paris – (k)ein Fest fürs Leben

Als wir im Frühjahr 1964 schließlich in Paris ankamen, waren fast alle äußeren Voraussetzungen geschaffen, um erfolgreich arbeiten zu können.

Eigentlich war die Stadt für uns eine gute alte Bekannte. Wer kennt den Eiffelturm nicht, Moulin Rouge oder den Louvre? Ob aus Filmen, Büchern oder von Gemälden: Paris war allgegenwärtig und galt als *die* Stadt schlechthin. Doch der Kulturschock ging tief, als wir dieses Häusermeer zum ersten Mal sahen, zumal wir aus dem zerbombten Berlin kamen. In Paris standen wir in völlig intakten Quartieren, Häuser, soweit das Auge reichte, Läden, Cafés, Restaurants wie an einer Perlenkette aufgefädelt. Wir, die die Karl-Marx-Allee für das Nonplusultra des Städtbaus hielten, mussten uns an neue Maßstäbe gewöhnen – allerdings auch, was Mieten anbelangt.

Das Zentrum der Grande Nation, die Stadt der Kunst und der Liebe, erhielt ihr Aussehen erst im 19. Jahrhundert. Georges-Eugène Haussmann, von 1853 bis 1870 Präfekt von Paris, gestaltete die gesamte Stadt zum Wohlgefallen des Kaisers Napoleon III. um. Das tat er derart radikal, dass seine Kritiker ihm vorwarfen, sein Vorgehen vernichte historisches Kulturgut, verdränge Menschen aus ihren angestammten Wohnquartieren und befeuere die Grundstücksspekulation.

Haussmanns Gönner ging auch in die Literatur ein. Wir kennen den fundamentalen Text von Karl Marx »Der 18. Brumaire des Louis Bonaparte«, einem der wichtigen

Werke der marxistischen Gesellschaftsanalyse und Geschichtstheorie. Unmittelbar nach dem Staatsstreich von 1851, bei dem sich der gewählte Präsident der Zweiten Republik, Louis Napoleon, mit dikatorischen Vollmachten ausstattete, hatte Marx diesen Vorgang genau untersucht. Seine Analyse, keine 100 Seiten lang, erschien Anfang 1852 in New York – im Dezember 1852 ließ sich der Präsident zum Kaiser des Zweiten Kaiserreichs ausrufen. Marx' Prognose traf ein, seine damals dort getroffene Feststellung wird noch immer gern zitiert: »Hegel bemerkt irgendwo, dass alle großen weltgeschichtlichen Thatsachen und Personen sich sozusagen zweimal ereignen. Er hat vergessen hinzuzufügen: das eine Mal als große Tragödie, das andre Mal als lumpige Farce.«[33]

Doch die Haussmannisierung von Paris, wie man diesen imperialen Stadtumbau auch nannte, war nicht nur das segensreiche Wirken eines Schöngeistes. Die Schneisen gleichenden Alleen und Boulevards, die der Präfekt anlegen ließ – einer der repräsentativsten trägt seinen Namen – ermöglichten das rasche Vordringen regulärer Truppen bei Aufständen, wie dies im Mai 1871 bei der Zerschlagung der Pariser Kommune deutlich unter Beweis gestellt wurde.

Man kann nicht über Paris reden, ohne die Metro zu erwähnen. Sie ist eine der ältesten Europas. Bereits im Jahre 1900 nahm sie ihren Betrieb auf. Es zeichnet sie eine hohe Streckendichte aus. Von keinem Punkt der Stadt aus sollen es mehr als 500 Meter zur nächsten Metrostation sein – ein wahrhaft verlockendes Angebot. Das lässt sich in Paris unterbreiten, ist die Stadt doch sehr dicht besiedelt; mehr als fünfmal dichter als Berlin, das zwar über eine Million Einwohner mehr hat, dafür aber fast neunmal größer als Paris ist. Eine Fahrt quer durch Paris von Boulogne-Billancourt im Südwesten nach Montreuil im Osten dauert 54 Minuten und führt über 36 Stationen. Das Pariser

Metronetz ist mit einer Länge von 220 Kilometern und 300 Stationen eines der größten der Welt.

Ganz im Zeitgeist des beginnenden 20. Jahrhunderts wurde die Pariser Metro zum Objekt des Jugendstils, in Frankreich »Art nouveau« genannt. Der Architekt Hector Guimard stattete die Pariser Metroeingänge mit phantasievollen Schmiedeeisengittern und den berühmten geschwungenen Schriftzügen aus.

Durch seine Arbeit wurde der Begriff »Style Métro« zeitweise zum Synonym für den französischen Jugendstil. Von Guimards Jugendstileingängen gibt es heute noch 83.

Die Pariser Metro ist eine der ältesten der Welt

Einer der schönsten, Abbesses, befindet sich unterhalb der Butte Montmartre.

Ich weiß nicht, ob die Pariser viel Sinn für diese Schönheiten haben. Für sie ist die Metro ein praktisches Transportmittel, das ihnen hilft, den täglichen Dreikampf »Métro, boulot, dodo« zu meistern: »Zur Arbeit fahren, arbeiten, schlafen.«

Auch wir bestritten diesen Dreikampf – nur dass er für Marianne und mich Legende war. Dieser ermüdende Rhythmus war für uns der Paravent, hinter dem wir uns verbargen, um unsere eigentliche Aufgabe zu erfüllen: Informationen zu sammeln über den Gegner NATO.

Die Stadt Paris hatte den Zweiten Weltkrieg fast unzerstört überstanden. Der letzte deutsche Stadtkommandant von Paris, General Dietrich von Choltitz, übergab die Stadt am 25. August 1944 kampflos an den Chef der Pariser Résistance, Oberst Rol-Tanguy. Damit handelte der General wissentlich gegen den »Führerbefehl«, der zwei Tage zuvor ergangen war und verlangte, Paris in Schutt und Asche zu legen. Über die Gründe, die von Choltitz zu dieser Befehlsverweigerung bewegten, ist nach dem Krieg viel spekuliert worden. Präsident de Gaulle sah darin jedenfalls einen Grundstein für die Aussöhnung mit Deutschland. Ob er deshalb den alten Horch 830 BL des deutschen Stadtkommandanten 14 Jahre lang als Dienstwagen nutzte, weiß ich nicht. Das Gefährt, das heute dem August Horch Museum in Zwickau gehört, befindet sich inzwischen im neu eröffneten Militärhistorischen Museum in Dresden und wird dort als besonderes Exponat präsentiert.

Unser Leben in Paris fiel direkt in die Bauzeit des Boulevard périphérique. Begonnen wurde diese 35 Kilometer lange Ringautobahn um die 20 Pariser Arrondissements im Jahre 1954, beendet 19 Jahre später. Es war der Versuch, eine autogerechte Großstadt zu entwickeln. Dieser Versuch erstickte in Blech – wie so viele andere auch. Doch zu einem ist der Périphérique auch heute noch gut: Er erleichtert die Orientierung in der Stadt. Gebaut wurde die fünfspurige Straße auf den alten Wallanlagen von Paris. Die Abfahrten befinden sich, bis auf Ausnahmen, dort, wo die Stadttore dereinst in die Stadt führten. So heißen sie »Porte de la Chapelle« im Norden, »Porte de Bagnolet« im Osten, »Porte d'Italie« im Süden (wo sonst?) und »Porte d'Auteuil« im Westen. Auf dem imaginären Ziffernblatt einer Uhr wären das die Zahlen Zwölf, Drei, Sechs und Neun. Mit diesen Hilfskonstruktionen erlangt man recht schnell eine grobe Übersicht.

Unsere erste Wohnung in Paris fanden wir außerhalb des Périphérique in Noisy-le-Sec. Diese Kleinstadt in der Agglomération von Paris gereicht dem Land nicht gerade zur Zierde. Die Stadt – ungefähr so groß wie Bernau im Barnim – hatte für uns jedoch einen großen Vorteil: die Nähe zu Paris. Auf unserem Ziffernblatt-Paris liegt sie ungefähr auf der Zwei, rund vier Kilometer außerhalb des Périphérique. Mit dem Bus mussten wir nur zur Metrostation Porte des Lilas fahren und dann mit der Metrolinie 11 bis zum Rathaus – Streckenlänge sechs Kilometer.

Es war weit schwieriger, eine Arbeit zu finden, als eine Wohnung. Trotz aller Anstrengungen konnten wir für die Sprachbeherrschung nur Voraussetzungen schaffen. Die Sprache selbst erlernten wir wirklich erst vor Ort. Marianne wurde in Vorbereitung unseres Einsatzes zur zahnärztlichen Assistentin ausgebildet. Diese Idee war eigentlich auf dem Mond entworfen. Denn Marianne konnte weder in der Sprache noch im Metier sattelfest sein. Außerdem suchten französische Dentisten weniger die seriöse Praxishelferin, sondern mehr das »Empfangsdämchen«, das Marianne nicht war. Nach einigen Bewerbungsgesprächen fragten wir uns, ob der Eifer, den sie in diesen Teil der Vorbereitung auf unseren Einsatz investiert hatte, nicht nutzlos gewesen war. Aus heutiger Sicht muss man klar sagen: Ja! Aber, ich wiederhole mich, woher sollten unsere Genossen das besser wissen, standen wir doch gemeinsam am Anfang eines Prozesses, der auch ein Lernprozess war.

Doch diese Gedanken wollten wir uns 1964 nicht machen. Damit unsere Aufenthaltserlaubnis nicht ablief, mussten wir Arbeit finden. Wählerisch konnten wir dabei nicht sein. Wir mussten begreifen, dass die Arbeitskraft eine Ware ist, die auf einem Markt feilgeboten werden muss, dass Angebot und Nachfrage den Wert dieser Arbeitskraft und damit eines Menschen bestimmten. Arbeit war weder Recht noch Verpflichtung. War der Arbeitsmarkt bedient, hatte der Mensch keinen Wert mehr, letzlich hatte er mangels Bonität nicht einmal mehr ein Telefon, das man hätte abhören können.

Marianne wurde schließlich »Bonne à tout faire«, was nichts anderes heißt, als »Mädchen für alles«. Wie dem auch immer sei: Marianne fand eine Anstellung als Haushaltshilfe. Und ihr, einer selbstbewussten, qualifizierten jungen Frau »schmeckte es sehr bitter«, wie sie einmal sagte, »für andere Leute das Puddelchen zu spielen«. Anders ihr Stellenwert zuhause. In der DDR zurück, also nach 1973, tauchte Marianne wieder ins Zivilleben ein. Dafür brauchte sie eine lückenlose Kaderakte – kein Problem, wer Pässe fälschen kann, kann auch Kaderakten schöpferisch gestalten. Marianne erhielt eine Kaderakte verpasst, die ihr ein langes und bewährtes Parteileben bescheinigte, was allerdings nicht stimmte, da sie erst während ihrer Haftzeit in Frankreich Mitglied der SED wurde. Als sie dann bei Intertext, ihrem neuen »Arbeitgeber« anfing, empfing sie das Parteikollektiv mit offenen Armen. Sie, die erfahrene Genossin, könne doch gleich den Parteigruppenorganisator machen. Marianne musste erst einmal nachfragen (im Ministerium, versteht sich), worum es da geht, denn von dieser Funktion, in die sie schließlich hineinwuchs, hatte sie bis dato noch nichts gehört.

Mich verschlug es in Paris wieder in die Stoffdruckerei. Das hatte ich gelernt. Dort war ein Kollege – oder sollte ich sagen Genosse? –, der die *Humanité*, das Organ der Kommunistischen Partei Frankreichs, las. Selbstbewusst legte er das Blatt jeden Morgen auf den gemeinschaftlichen Frühstückstisch und ließ es dort auch liegen. Es kribbelte mir in den Fingern, danach zu greifen, um es zu lesen. Für einen Westdeutschen wie mich jedoch wäre dies zu ungewöhnlich gewesen und hätte nur unnütze Fragen provoziert. So unterdrückte ich den Impuls und blieb fast neun Jahre ohne jede kommunistische »Infiltration«: keine Parteiversammlung, kein Parteilehrjahr, kein *Neues Deutschland*, kein *Schwarzer Kanal*. Erst 1973, nach der diplomatischen Anerkennung der DDR durch Frankreich, erhielt ich regelmäßig das *Neue Deutschland* ins Gefängnis geliefert und las es Tag für Tag – damals übrigens noch siebenmal in der Woche – von der ersten bis zur letzten Seite.

Marianne und ich hatten zum Teil denselben Weg. Der führte von unserer Wohnung in Noisy-le-Sec mit dem Bus zur Metrostation Porte des Lilas. Dort stieg ich aus. Das Unternehmen, in welchem ich Schals und Taschen bedruckte, arbeitete dort. Meine Frau fuhr weiter bis ins vornehme 8. Arrondissement.

Doch dieser bequeme Arbeitsweg war mir nicht lange Zeit vergönnt. Grund war die Lage unserer Wohnung. Sie befand sich auf einem Hinterhof, was nicht weiter schlimm war, denn in Noisy gab es ohnehin nicht viel zu sehen. Auch dass der Hof von einer Garage genutzt wurde, störte uns nicht. Was störte, war die Tatsache, dass die Garage des Nachts durch Eisengitter gesichert wurde. Sie störten nicht uns persönlich; vielmehr behinderten sie unseren Funkempfang, der genau zur Zeit der Vergitterung stattfinden sollte – so gegen 22 Uhr. Was blieb uns anderes, als den Platz zu räumen?

Unser nächster Wohnsitz befand sich in Villemomble. Wir rückten ein wenig in den Süden, blieben jedoch im Osten von Paris – diesmal auf dem Ziffernblatt auf halb vier. Villemomble hat zwar 28.000 Einwohner. Doch davon merkte man kaum etwas, weil die Kleinstadt ein wenig aussah wie Berlin-Mahlsdorf mit Hügel. Auf diesem Hügel vor Paris – mit 110 Metern über Null genauso so hoch wie die Berliner Müggelberge – lauerte unser nächstes Problem, denn genau dort oben fanden wir Logis. Für den

Villemomble, die zweite Wohnung in Paris, lag auf einem Hügel: ideal fürs Funken, aber für den Busverkehr tödlich

Funkempfang war die Lage ideal. Kein Funksignal, das bei uns nicht ankam. Was allerdings nicht ankam, war im Winter der Bus – der kam schlicht bei Schnee und Eis den Berg zu unserem Wohnviertel nicht hoch. Das führte zu Verspätungen bei der Arbeit. Diese durften und wollten wir uns nicht leisten. Also zogen wir ein zweites Mal um.

Der Abschied fiel uns nicht schwer. Diese Wohnung war keine menschenwürdige Behausung. Sie bestand nur aus einem Raum, einer Kochnische, einer Dusche, die nur mit einem Vorhang abgeteilt war, und einer Toilette. Sie war zugig und im Winter nicht warm zu kriegen.

Inzwischen, wir lebten schon fast ein Jahr in Paris, hatten wir einen kleinen Bekanntenkreis. Darunter war ein Ehepaar, dem wir unser Wohnungsproblem schilderten. Sie verwiesen uns an einen Freund, der Wohnungen vermietete. Über diesen Kontakt – Vitamin B nannten wir das in der DDR – bekamen wir unsere Wohnung in der Rue Poulet N° 28 im 18. Pariser Bezirk. Das war nicht nur eine wunderschöne Zweizimmerwohnung, sie lag auch in einem urbanen Quartier am Fuße von Montmartre und der Basilique du Sacré-Coeur, die keine 600 Meter von unserer Behausung entfernt war.

Mein Weg zur Arbeit war bequemer, musste ich doch nur noch ein paar Stationen mit der Metro fahren. Mariannes Arbeitsweg war bei gutem Wetter ein Stadtspaziergang, den viele Touristen mit Reiseführer, Stadtplan und Kamera gingen und heute noch gehen: vorbei an der Basilique du Sacré-Coeur, dem berühmten Friedhof Montmartre, auf dem Heinrich Heine begraben ist, zur eleganten Place de Clichy.

Doch trotzdem: Paris war für uns kein Fest fürs Leben.

Anmerkung

33 Marx-Engels-Werke, Band 8, Berlin 1972, S. 115

16. Alltag – Alltag?

Eigentlich ist es irreführend, für unser Leben in Paris den Begriff »Alltag« zu verwenden; zumindest trifft dieser Begriff nur auf einen Teil unseres Lebens zu. Natürlich führten auch wir den täglichen Dreikampf »Métro, boulot, dodo« der Pariser. Doch für uns war es nur die Oberfläche, die Legende, um unsere konspirative Arbeit abzudecken – eine recht aufwendige Legendierung, wenn man bedenkt, dass sowohl Marianne als auch ich sechs Tage in der Woche einen Achtstundenarbeitstag absolvierten.

Das Frankreich, in dem wir 1964 Quartier und Arbeit fanden, war das Frankreich der »Cinquième République française«, der Fünften Republik. Diese Republik war 1958 aus dem Nachkriegsfrankreich, der Vierten Republik, hervorgegangen, die vor allem durch die kriegerischen Auseinandersetzungen im Zuge der Dekolonisation in Indochina und Algerien unter Druck geriet.

Gründungspräsident und prägende Persönlichkeit war Charles de Gaulle. Der General, von dem *Zeit*-Herausgeber Theo Sommer schrieb, dass selbst seine Fehler Format hatten, konnte nicht verhindern, dass sich in Frankreich 1968 fast revolutionäre Verhältnisse entwickelten, die 1969 schließlich seinen Rücktritt erzwangen. Am 13. Mai 1968, am zehnten Jahrestag der Fünften Republik, geschah etwas, womit die regierenden Gaullisten nicht gerechnet hatten: Die Arbeiter solidarisierten sich mit den um bessere Studienbedingungen kämpfenden Studenten und streikten. Seitens der Arbeiter – immerhin beteiligten sich zeitweise bis zu neun Millionen am Generalstreik – war dies eine Fortsetzung ihres sozialen Kampfes. Im Juni schließlich wurden die Löhne in Frankreich um zwölf Prozent erhöht, und die Unruhen flauten ab. Doch ich kann mich heute trotzdem schlecht als »Alt-68er« bezeichnen, da ich zu jener Zeit längst im französischen Gefängnis saß.

Jeder Arbeitstag beginnt – auch in Paris – mit dem Aufstehen. Anders als in Deutschland jedoch wird in Paris nicht gefrühstückt. Vielmehr bereitet man einen Kaffee, tunkt ein Croissant hinein, was kein Berliner Frühstück nennen würde, und macht sich auf den Weg zur Arbeit. So war es auch bei uns: Marianne fuhr in die Stadtmitte, um ihrer Herrschaft die Wohnung aufzuräumen, und ich machte mich auf den Weg in Richtung Peripherie, um meinem Patron Taschen und Schals zu bedrucken – beides ebenso ehrenwerte wie schlecht bezahlte Tätigkeiten.

Dreimal die Woche fuhren wir nach der Arbeit mit der Metrolinie 4 zur Station Saint Placide, denn am Boulevard

Bamlers Wohnung in der Rue Poulet 28

Alliance française: Dort verbesserten Bamlers ihr Französisch

Raspail befand sich – und befindet sich noch heute – die Alliance française. Dieses 1883 gegründete Institut hat die Förderung der französischen Sprache und Kultur zur Aufgabe. Allein 1962, also zwei Jahre vor unserer Zeit, kamen über 400.000 Algerier nach Frankreich. Die wollten und mussten sich weniger mit der Sprache, mehr mit der Kultur ihrer neuen Heimat vertraut machen. Für diese Menschen war die Alliance ungemein wichtig.

Im Gegensatz zum staatlichen Institut français, das dem Außenministerium untersteht, wird die Alliance nur zu fünf Prozent vom Staat finanziert und holt das Gros ihrer Kosten über Kursgebühren rein. Wir mussten also für das wahrgenommene Bildungsangebot bezahlen, was der Zentrale in Berlin natürlich überhaupt nicht schmeckte. Doch zum einen war das »Institut« viel zu staatsnah für uns, und zweitens gab es in Frankreich kein anderes Bildungsangebot, das wir hätten nutzen können. Denn schon nach kurzer Zeit im Operationsgebiet wurde uns klar, dass unsere

Sprachkenntnisse bei weitem nicht ausreichten, um den Alltag zu meistern. Diese Erkenntnis war mit einer gewissen Enttäuschung verbunden. Nach unserer intensiven Sprachausbildung in Berlin hatte ich gemeint, das Französische gut zu beherrschen. Doch bereits in Mulhouse fiel mir auf, dass mich die Franzosen zwar recht gut verstanden, ich jedoch die Franzosen nicht – anfangs führte ich das auf irgendeinen Dialekt zurück. Doch im Laufe der Zeit wurde mir klar, dass mein Hörverständnis zu wünschen übrig ließ, ein klassisches Anfängerproblem. Also blieb nur die Alliance.

Die Alliance gefiel uns, waren wir doch von Hause aus dazu erzogen, zu lernen, unseren Horizont ständig zu erweitern. Ich habe einen Kurs belegt, der mit dem französischen Abitur im Fach Literatur und Sprache abschloss. Um es ganz klar zu sagen: Ich habe nicht das französische Abitur abgelegt, dazu war ich nicht in der Lage. Ich habe die Prüfung in diesem einen Fach bestanden. Marianne hat

ASSOCIATION STÉNOGRAPHIQUE DE RENNES

FONDÉE EN 1904

Déclarée conformément à la Loi (Journal Officiel du 19 Août 1920)

3, Rue Salomon-de-Brosse - Rennes

EXAMENS DE STÉNOGRAPHIE PRÉVOST-DELAUNAY

ÉPREUVES GÉNÉRALES DE DACTYLOGRAPHIE

Extrait du Procès-Verbal du Jury :

Madame Muhle Marianne

Cours Commercial

Professeur Mademoiselle [illegible]

a subi d'une manière satisfaisante à la session du [illegible] JUIN 1973 les épreuves de dactylographie [illegible] par minute, soit au quart d'heure [illegible]

La présente attestation a été décernée à l'intéressé conformément à la délibération du Jury.

Fait à Rennes, le 16 OCT 1973

L'un des Membres du Jury, La Présidente,

SYSTÈME PRÉVOST-DELAUNAY

Schreibmaschinenkurs im Knast: ein Zeugnis ohne Wert

später im Gefängnis in Rennes weitergelernt, um ihrer Isolation, in die sie als einzige weibliche politische Gefangene gezwungen war, zeitweise zu entkommen. Sie belegte Schreibmaschinenkurse. Menschen, die eine solche Maschine heute noch kennen oder gar beherrschen, gehören inzwischen zu den bedrohten Arten. Marianne jedenfalls beherrschte die Schreibmaschine (machine à écrire) mit französischer Tastatur. Das attestierte ihr die »Association Sténographique de Rennes« mit einer beeindruckenden Urkunde im März 1972.

Oft werden wir gefragt, wie es sich denn als Deutsche unter Franzosen lebte. Die Frage kann man nur mit »sehr gut« beantworten. Franzosen sind charmant und tolerant. Aber das Gegenteil davon, plumpes Getöne und Rechthaberei, mögen sie überhaupt nicht. Obrigkeitshörigkeit ist Franzosen fremd. Genau diese Eigenschaften identifizieren viele mit den Deutschen. Dass die Erfahrungen der Franzosen vor allem mit unseren Vorfahren nicht die besten waren, ist bekannt. Man muss bedenken, dass wir zu einer Zeit in Paris lebten, in der sich die meisten Menschen an die deutsche Besatzung erinnerten.

In unserem Kiez um die Rue Poulet fühlten wir uns sehr wohl. Wir hatten schnell Kontakt zu den Menschen, die mit uns dort lebten, und wollten auf keinen Fall den Status von Sonderlingen haben, die wie Gespenster durch die Straßen huschen. Also gingen wir auch aus. Um die Ecke, in der Rue Myrha, war eine kleine Auberge, ein Mittelding zwischen Restaurant und Kneipe, in der wir hin und wieder aßen oder nach dem Tagesstress einen Absacker tranken. Diese Auberge, die es heute längst nicht mehr gibt, wurde von einem Franzosen und einem Deutschen geführt. Dieser Deutsche hieß Wolf Beutler und war Kunstmaler. Da er von seiner Malerei nicht leben konnte, wurde er Kneiper – Kunst geht eben auch nur nach Brot!

Ein echter Beutler, noch immer in Familienbesitz

Vielleicht waren wir besonders nette Gäste, jedenfalls schenkte uns Wolf eines Tages ein Bild, das wir immer noch in Ehren halten. Es hängt bei uns auch heute an der Wand.

Nachdem wir öffentlich gelebt hatten, taten wir unsere eigentliche Arbeit. Die verlief auf recht einfache, unspektakuläre Weise: Unsere Quelle war »Isolde«, die im Hauptquartier des westlichen Militärbündnisses arbeitete, das sich zu jener Zeit im NATO-Palast in der Nähe der Porte

Dauphine befand. Seit 1968 hat dort die Université Paris-Dauphine ihren Sitz. Heute sind rund 10.000 Studierende an dieser Handels- und Wirtschaftshochschule eingeschrieben – ein gutes Beispiel für Rüstungskonversion.

»Isolde«, die ich bis zu unserer Verhaftung persönlich nicht kannte, übermittelte ihr Wissen ihrem Mann »Tristan«, der als Kurier immaterieller Informationen agierte, denn er hatte nichts in der Hand, sondern alles im Kopf. Gelegentlich vorher verabredeter Treffs übermittelte er mir, was seine Gattin Wichtiges erfahren hatte. Hier begann meine eigentliche Arbeit: Ich musste das Übermittelte speichern, ordnen und schließlich bewerten. Was war wichtig? Was musste nach Berlin übermittelt werden? Was konnte weggelassen werden? In der Rue Poulet setzte ich mich dann hin und schrieb das Wesentliche auf. Diese Informationen wurden dann in Mikrate verwandelt, unter eine Briefmarke geklebt und per Post in die DDR geschickt – natürlich nicht in die Normannenstraße, sondern an eine Deckadresse.

Zu meinen Pflichten als Resident gehörte es auch, ab und an angeleitet zu werden. Diese Aufgabe fiel einem Instrukteur zu, der mich zweimal im Jahr persönlich in Paris aufsuchte. Er hatte natürlich für mein – und damit auch unser – politisches Weltbild zu sorgen, uns zu informieren und zu motivieren. Die Zentrale in Lichtenberg wollte von ihm natürlich nach erfolgter Rückkunft auch wissen, wie es bei uns so zuging. Und das brachte mitunter Irritationen und Missverständnisse mit sich. Ich hatte die Absicht, unsere Treffs, auch im Interesse meines Instrukteurs, abwechslungsreich zu gestalten. So gingen wir eines Tages ins Kino. Kino hatte in Frankreich fast den Status wie in Italien die Oper. Man ging dorthin aus und wurde von einer Platzanweiserin zu seinem Sessel geführt, der man für diese Dienstleistung ein paar Francs in die Hand drückte, was ich selbstverständlich auch tat. Alles andere wäre schlicht dumm gewesen. Doch in der Normannenstraße sah man das anders. Genosse Rösler, mein zuständiger Abteilungsleiter, warf mir bei einem Besuch in Berlin vor, ich würde Volksvermögen der DDR vergeuden, indem ich in Paris mit Trinkgeld um mich werfe. Diese Bemerkung zeugt nur davon, dass er von den realen Verhältnissen, unter denen wir lebten, leben mussten, keine Ahnung hatte. Hätte ich der Platzanweiserin kein Trinkgeld gegeben, wäre ein Heidenspektakel durch die Frau die Folge gewesen, und das konnte ich schon gar nicht gebrauchen.

Im Rahmen unserer Ausbildung wurde uns eingebläut, dass Konspiration das A und O der nachrichtendienstlichen Tätigkeit ist. Darum, so wurde hervorgehoben, waren Reisen in die DDR so gut wie tabu. Nur im äußersten Notfall und in großen zeitlichen Abständen sollten sie stattfinden. Zwischen der DDR-Hauptstadt und Paris bestand ohnehin keine direkte Flugverbindung. Man musste darum immer über Prag oder Warschau fliegen oder mit der Air France in Tegel[34] landen. Abgesehen von der Zeit lauerten bei jedem Grenzübertritt Gefahren, die schwer zu kalkulieren waren. Schließlich reiste man mit Papieren eines Doppelgängers.

Dass das MfS dieses Verfahren nutzte, um Agenten in den Westen einzuschleusen, war der Gegenseite bekannt. Durch penible Kleinarbeit und gründliche Analyse wusste der Verfassungsschutz über die Methode des »Schleusens«, wie sie das Verfahren nannten, Bescheid. Ich jedenfalls hatte keine Lust, bei einem Grenzübertritt aufzufliegen, und meinte, die Genossen in der Normannenstraße sähen das ebenso. Umso erstaunter war ich, als mir Marianne, die unsere Funksprüche abhörte und dechiffrierte, einen Befehl vorlegte, der mich nach Berlin einbestellte, und das mitten in der Woche. Ich hätte also meine Arbeit in Paris schwänzen müssen. Das sah ich nicht ein und sagte Berlin ab. Das war ein Fall von Insubordination, was sich die Genossen nicht gefallen lassen konnten, denn schließlich verstanden sie sich als militärische Vorgesetzte. Und so erhielt ich den nachdrücklichen Befehl, nach Berlin zu kommen. Als ehemaligem Offizier und Sohn eines Generals blieb mir nichts weiter übrig, als der Aufforderung nachzukommen, denn einen Befehl verweigern mochte ich nicht. Wie ich in Berlin erfuhr, hatte meine anfängliche Reiseweigerung ohnehin genug Staub aufgewirbelt.

Wie schon erwähnt, gab es nicht nur Kuriere, die uns kontaktierten, sondern auch einen Funker im Elsass. Zu diesem sollten wir nur Verbindung aufnehmen, wenn Gefahr im Verzuge war. Ich notierte mir den Treffpunkt für den Ernstfall: Es war der Platz vor der Oper. Auf einem Zettel notierte ich »Olga« und versteckte diesen in einer Puppe. Damit diese Puppe nicht als Solitär auffiel, stellten wir noch weitere Puppen hinzu. Das trug uns bei der fran-

Die Pariser Oper im 9. Arrondissement

zösischen Abwehr später einen blumigen Namen ein. Man taufte uns »Puppennetz«, eben wegen dieser Puppen. Zudem führte man mich als Kunstgewerbe- und Puppenhändler, der angeblich mit Puppen aus dem Osten gehandelt hätte.

Die Bezeichung »Puppennetz« war vergleichsweise freundlich. Im *Sydney Morning Herald* vom 2. Oktober 1966 stand, dass wir unsere Funk-Codes im Handgriff eines Schraubenziehers versteckt hätten. Man hätte uns darum auch »Schraubenzieher-Bande« nennen können.

Dieser Schraubenzieher, von dem ich nichts weiß, zog sich nach unserer Verhaftung durch diverse Berichte. Hans Voelkner, mit dem ich in Melun saß, wusste zu berichten, dass »Tristan« ihm erzählt habe, dass sich ein solcher Schraubenzieher mit Funk-Codes tatsächlich bei ihm in Antony befunden habe. Dieser sei bei der Hausdurchsuchung von den Kollegen der *Direction de la surveillance du territoire* (D.S.T.), des von 1944 bis 2008 bestehenden Inlandsnachrichtendienstes, dem deutschen Verfassungsschutz vergleichbar, jedoch übersehen worden. »Tristan« selbst habe »diese Amateure« auf den Container aufmerksam gemacht.[35]

Laut dem *Sydney Morning Herald* hingegen lag dieses Werkzeug in unserer Wohnung in der Rue Poulet.

Anmerkungen

34 Die Air France zog sich bereits 1960 aus Tempelhof zurück und nutzte den neuen Flughafen in Tegel, der im französischen Sektor lag.

35 Ich weiß nicht, ob »Tristan« ein Funkgerät besaß. Träfe dies zu, wäre unsere Residentur eigentlich überflüssig gewesen.

17. In den Fängen der D.S.T.

Am Vormittag des 26. Mai 1966 schlug die D.S.T. zu. Marianne und ich sowie »Tristan« und »Isolde« wurden auf der Arbeit verhaftet. Später wurde ich gefragt, was es für ein Gefühl gewesen sei, festgenommen zu werden. Ich antwortete zunächst, dass man als Aufklärer in Feindesland stets damit rechnen musste, insofern war das keine unerwartete Situation. Trotzdem war es kein besonders gutes Gefühl, die Handschellen klicken zu hören, von Uniformierten angebrüllt und herumgestoßen zu werden, als wäre man ein Schwerverbrecher.

Als viel schlimmer jedoch empfand ich die Reaktionen meiner Kollegen. Selbst der *Humanité*-Leser sah mich verachtungsvoll an. Da wurden sie alle zu Patrioten, die sich von einem »boche« hintergangen fühlten. Ich hatte keine Chance, ihnen meine Motive zu erklären oder überhaupt zu erläutern, was ich getan hatte. Ich war für sie nichts als ein Feind des großen Frankreich.

Im Moment der Verhaftung schoss mir ein Gedanke durch den Kopf: Was ist mit Marianne? Dieser Gedanke ließ mich zehn Tage nicht mehr los.

Ebenso oft wurden wir nach unserer Rückkehr in die DDR gefragt, wie es dazu kam, dass wir nach zwei Jahren enttarnt und verhaftet wurden.

Weil uns die Gegenseite auf die Schliche gekommen war, antwortete ich wahrheitsgemäß.

Wie ihr das gelang, vermochte ich nicht zu sagen. Die D.S.T.-Leute hielten mir ein Bild von Klaus Rösler unter die Nase. Es zeigte ihn im Mantel im Berliner S-Bahnhof Friedrichstraße. Rösler leitete, was man in Paris gewiss wusste, seit 1962 den Westeuropa-Bereich der Abteilung III. Später, nach der Umstrukturierung der HV A, wurde er Chef der Abteilung XII.

Mir wurde bei der Vernehmung klar, dass man uns schon längere Zeit beobachtet und den Fall gründlich aufgearbeitet hatte. Warum das so war, darüber konnte ich jedoch nur spekulieren.

Nebeneingang des Innenministerium, dem die D.S.T. unterstand. Zehn Tage hielt der Geheimdienst Bamlers ohne Haftbefehl und Rechtsbeistand gefangen

Für Frankreich und seinen Geheimdienst waren wir de facto staatenlos. Es bestanden mit der DDR keine diplomatischen Beziehungen, aufgrund des Alleinvertretungsanspruchs der BRD war die zweite deutsche Republik politisches Niemandsland. Doch da wir nicht für Bonn, sondern für Berlin spioniert hatten, fühlte sich folgerichtig die BRD auch nicht für uns zuständig. Jedoch … Die französischen Vernehmer drohten zumindest mit der Auslieferung an die Organe der Bundesrepublik. Nicht nur einmal wurde dies angedeutet. »Der Verfassungsschutz springt ganz anders mit Ihnen um!« Aber das war natürlich heiße Luft: Auf welcher Rechtsgrundlage hätte der Verfassungsschutz gegen uns vorgehen sollen? Wir hatten nicht in der BRD spioniert. Blieb allenfalls der Missbrauch westdeutscher Pässe. Aber das war lächerlich.

Die D.S.T. arbeitete im französischen Innenminsterium gegenüber dem Elysée-Palais im 8. Arrondissement. Sie rühmten sich später im Internet der Enttarnung des sowjetischen NATO-Spions Georges Pâques, der Nutzung der Quelle »Farewell«, der Festnahme des Terroristen Ilich Ramírez Sánchez alias Carlos und der »arrestation de xxx et Bammler, agents de la Stasi.«[36]

Doch von unserer – nachmaligen – Prominenz spürten wir damals nichts. Man brachte uns ins Innenministerium nicht durchs repräsentative Portal an der Place Beauvau, sondern durch die Hinterpforte in der Rue des Saussaies. In den schlichten Amtsstuben der D.S.T. erwarteten uns Verhörteams, die gerade aus den französischen Kolonien zurückgekehrt waren. Dort galt es als zulässig, Festgenommene auch mit körperlicher Gewalt zu veranlassen, gewünschte Aussagen zu machen. Ich wusste keinen Grund, weshalb sie mit mir anders verfahren sollten. Meine Vermutung trog nicht. Ein nordafrikanischer Riese schlug heftig zu, wenn meine Antwort ihn nicht befriedigte.

Vor allem wollten sie wissen, was es mit »Olga« auf sich hatte. Sie hatten die Puppe mit dem Zettel gefunden und vermuteten dahinter eine Art Marta Hari. Dass es sich um eine Eselsbrücke für mich handelte, die mich an die Pariser Oper erinnern sollte, kauften sie mir nicht ab.

Die Vernehmer nahmen mir (und auch Marianne, wie ich später von ihr erfuhr) sehr übel, dass wir uns von Emile Muller, dem Oberbürgermeister von Mulhouse, hatten trauen lassen. Sie hielten es erstens für infam, dass wir eine Insitution des französischen Staates benutzt hatten, um unseren Aufenthalt zu legendieren. Und dass wir zweitens fast Bigamie betrieben hatten: Schließlich waren wir beide schon verheiratet. Zwar miteinander, aber das zählte unter den gegebenen Umständen nicht.

Mit Marianne, so erfuhr ich später, gingen sie anders vor. Da versuchten sie es auf die weiche Tour. Zunächst hatte sie sich heftig gewehrt, als einer ihrer Vernehmer die Hand gegen sie erheben wollte. Sie warf ihm einen Briefbeschwerer an den Kopf, der auf dem Schreibtisch lag.

»Kleine Frau, wie alt sind Sie? 30 Jahre? Ein schönes Alter für eine Frau. Wenn Sie stur bleiben, werden Sie erst in zehn, zwölf Jahren aus dem Gefängnis rauskommen. Ist es das wert?«

Oder man versuchte es von Geheimdienstkollege zu Kollegin: »Wir sind doch von derselben Fakultät! Warum müssen wir uns das Leben gegenseitig schwer machen?«

Als auch das nichts half, nahm man's sportiv: »Diesmal haben Sie verloren, beim nächsten Mal könnten wir die Verlierer sein.«

Und schließlich versuchte man sie zum Verrat zu bewegen, indem man darauf hinwies, dass ihre Auftraggeber in Berlin sie nach ihrer Rückkehr erst durch die Mangel drehen und sie dann fallen lassen würden. »Stellen Sie sich vor, was Ihre Leute in Berlin mit Ihnen machen, wenn Sie wieder drüben sind! Lassen Sie uns das Problem ganz einfach lösen: Sie sagen uns, was Sie wissen, und wir sorgen dafür, dass Sie untertauchen und in Frankreich ein schönes Leben führen können!«

Marianne und ich waren frei von dieser Furcht, denn wir hatten zu unseren Genossen in Berlin volles Vertrauen. Ohne dieses Vertrauen und die Überzeugung, sich für eine gerechte Sache eingesetzt zu haben, hätten wir weder die ersten zehn Tage noch die Haft ertragen und wären zusammengebrochen.

Uns hielt auch der Gedanke aufrecht, dass uns unsere Genossen bald rausholen würden. Schon einmal waren auf der Glienicker Brücke zwischen Potsdam und Westberlin Agenten ausgetauscht worden. 1962 wechselten der in den USA zu 30 Jahren Haft verurteilte Rudolf Abel und Gary Powers, ein über der Sowjetunion abgeschossener US-Pilot, die Ufer.[37] Warum sollte nicht auch in unserem Falle diplomatisches Geschick zu unserer Freilassung führen?

Am 3. Juni 1966 wurden wir einem Untersuchungsrichter vorgeführt, der Marianne ins Pariser Gefängnis La Petite Roquette und mich nach Fresnes schickte. Damit endete die zehntägige Tortur bei der D.S.T. und begann unsere Odyssee durch die französischen Gefängnisse.

Doch bevor sie mich entließen, gingen meine Vernehmer mit mir in ein Restaurant essen, als wäre nichts geschehen. Man nahm alles »professionell«. Ich bekam keinen Bissen runter.

Der Untersuchungsrichter, dem ich anschließend vorgeführt wurde, tat so, als wäre er mein väterlicher Freund. Sein menschliches Verständnis ging so weit, dass er mir anbot, ich könne mich mit meiner Frau treffen. ›Ich gehe dann auch mal aus dem Zimmer«, sagte er verständnisvoll lächelnd.

Der Grund der vermeintlichen Generosität lag auf der Hand. Die Untersuchungsbehörde hoffte, aus unserem Gespräch, das man ganz sicher mithören würde, Punkte für die Anklage zu finden.

Anmerkungen

36 Zitiert nach *www.wikipédia.fr*

37 Gary Powers wurde mit seinem Spionageflugzeug vom Typ Lockheed U2 am 1. Mai 1960 über Swerdlowsk von der sowjetischen Luftabwehr abgeschossen

18. Untersuchungshaft in Fresnes

Ich kam in das Gefängnis von Fresnes, einer gesichtslosen Kleinstadt im Süden von Paris. Die Anstalt, welche sich in der Avenue de la Liberté befand, was gewiss zynisch zu verstehen war, wurde 1898 gegen den Widerstand der lokalen Verwaltung eröffnet. Dorthin kamen die Gefangenen aus drei Pariser Zuchthäusern, die damals geschlossen worden waren.

Während der deutschen Besatzung 1940 bis 1944 nannte man die Einrichtung »Vorzimmer des Todes«, weil dort viele französische Widerstandskämpfer starben. Die Nazis mordeten in Fresnes bis zum letzten Tag. Noch kurz bevor die Alliierten die Stadt und das Gefängnis am 25. August 1944 befreiten, wurde Suzanne Spaak, keine 40 Jahre alt, von den Faschisten erschossen. Sie gehörte der Roten Kapelle an. Über sie schrieb Leopold Trepper, der legendäre Grand Chef der internationalen Widerstandsorganisation: »Besonders Suzanne beteiligt sich an vielen geheimen Tätigkeiten. 1942 widmete sie sich der Rettung jüdischer Kinder, ist Mitkämpferin der nationalen Bewegung gegen den Rassenhass … Sie nimmt an den gewagtesten Aktionen teil, ohne sich um die Gefahr zu kümmern.«[38]

Doch das alles wusste ich nicht, als ich am 3. Juni 1966 dort eingewiesen wurde.

In ein Gefängnis einzurücken stellt einen psychischen Vorgang dar, der mit nichts zu vergleichen ist. Man verliert nicht nur seine Freiheit, man verliert auch seine Persönlichkeit, wird zu einer Nummer, die nivellierenden Regeln unterworfen ist, welche für Mörder ebenso gelten wie für Diebe oder Kinderschänder. Sinnfällig wird dieser Persönlichkeitsentzug durch das Klirren der voluminösen Schlüsselbunde, das laute Klacken der Schlösser und das wuchtige Zuschlagen der Tore und Türen. All diese Geräusche sagen dir, dass du bis auf weiteres Abschied zu nehmen hast von den Freuden des irdischen Lebens – in welchem Maße das auf mich zutraf, konnte ich an diesem Tage noch nicht ermessen.

Ich lernte auch eine Spezies Mensch kennen, die im öffentlichen Leben nicht vorkommt: Gefängnisaufseher. Das soziale Prestige dieser Berufsgruppe war und ist gering.

Das Gefängnis von Fresnes, 1898 errichtet – 1966 die erste Station von Jochen Bamler. Die letzte dort von den faschistischen Besatzern hingerichtete Person war die 39-jährige Suzanne Spaak, eine aus der Roten Kapelle

Ich kam in eine Einzelzelle, deren Tür den ganzen Tag geschlossen blieb. Damit hatte ich praktisch Rede- und Kontaktverbot. Einmal am Tag durfte ich raus zur Prome-

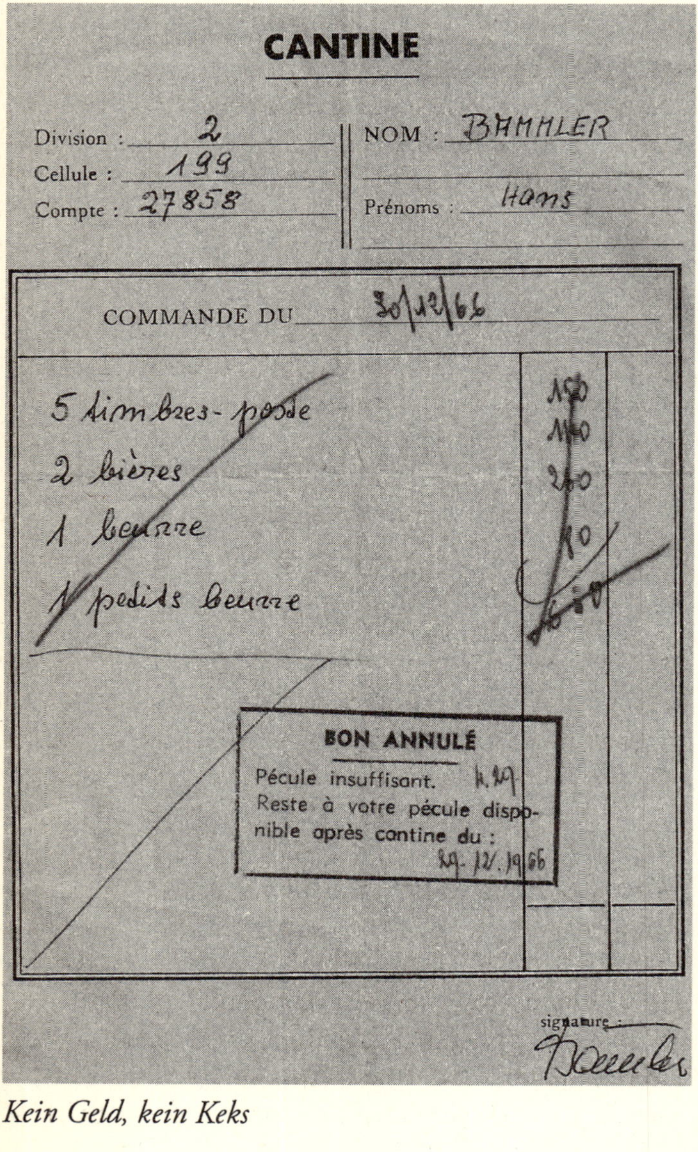
CANTINE

Division : 2
Cellule : 199
Compte : 27858

NOM : BAMMLER
Prénoms : Hans

COMMANDE DU 30/12/66

5 timbres-poste	150
2 bières	140
1 beurre	240
1 petits beurre	10
	540

BON ANNULÉ
Pécule insuffisant. 4.29
Reste à votre pécule disponible après cantine du : 29.12.1966

signature : Bammler

Kein Geld, kein Keks

nade und frische Luft schnappen. Als Untersuchungshäftling besaß ich das Privileg, meine Zivilkleidung tragen zu dürfen und nicht arbeiten zu müssen. Das hatte zur Folge, dass ich auch kein Geld verdienen konnte. Und wenn man kein Geld besaß, konnte man sich nichts leisten – keine Zeitung, kein Buch, nicht einmal Seife. Zu Beginn der Untersuchungshaft hatte ich noch das Geld, das ich bei der Verhaftung in der Tasche trug, keine Reichtümer zwar, doch es reichte für das Nötigste. Da ich seinerzeit ein starker Raucher war, zählten dazu auch Zigaretten. Aber diese Quelle war schnell versiegt. In meinen Unterlagen fand ich eine Bestellung in der »Cantine« des Gefängnisses von Fresnes: 2 Bier, Milch, 2 Joghurt, 4 Eclair, alles zusammen für 4,93 Franc – das waren wohl um die 0,80 Euro heute. Ich bekam die Bestellung mit dem Vermerk »Bon annulé« zurück, da ich nur noch über ein Guthaben von 4,29 verfügte.

Offenkundig rekrutierte sich die Gruppe der Schließer nicht gerade aus dem Kreis der hellsten Köpfen der Nation. Die Allmacht, mit der sie ausgestattet waren, und die Anonymität, unter der sie ihren Job verrichteten, begünstigten Gewalt und Sadismus. Sie arbeiteten unter Bedingungen, die sie menschliche Normen und Werte augenscheinlich vergessen ließen.

Mein Tagesablauf – eintönig wie eine Rolle Rauhfasertapete – begann um sechs Uhr mit einem Höllenlärm. Das nannten die Wärter »Wecken«. Dann wurde die Zelle aufgerissen und nachgeschaut, ob der Häftling noch da war. Danach gab es Frühstück – was man in Frankreich so Frühstück nennt. Anschließend wurde die Zelle wieder verschlossen und jeder blieb sich selbst überlassen. Allerdings durfte sich der Gefangene nicht mehr hinlegen: Er durfte nur sitzen oder in der Zelle auf und ab gehen. Seitdem ist für mich der Begriff »Gedankengang« sehr sinnfällig, denn mangels Kommunikation und Lektüre ging man im Gedanken alles immer und immer wieder durch: Wie kam es zu unserer Verhaftung? Gab es einen Verräter? Was wusste die Gegenseite? Wie würde der Prozess verlaufen? Welches Urteil war zu erwarten? Was konnte man tun, um den Austausch zu beschleunigen? Und immer wieder: Wie geht es Marianne?

Nach einiger Zeit durften wir miteinander korrespondieren. Die Briefe wurden zensiert. Wir mussten uns in Französisch austauschen, damit der Zensor auch verstand, was wir uns mitteilten. Es war schon merkwürdig, Gefühle und Empfindungen in einer fremden Sprache zu artikulieren. Und bisweilen kam es zu eigenartigen Missverständnissen. So schrieb ich in einem meiner ersten Briefe an meinen Vater, die Verhandlung sei ein wenig so »wie bei Dimi«, womit Georgi Dimitroff gemeint war. Doch der französische Zensor vermutete einen Hinweis auf den marokkanischen General Ahmed Dlimi. Dieser stand aktuell unter Verdacht, die Ermordung seines Landsmanns, des Oppositionspolitikers Ben Barka, in Frankreich veranlasst zu haben, wofür er seit Oktober 1966 in Paris vor Gericht stand. Als man mich nach dieser Sache befragte, war ich irritiert. Was hatte ich mit Marokko zu tun?

Lektion 1 der Gefängnislehre lautete also: Denke immer den Zensor mit!

Im grauen Gefängnisalltag war es eine willkommene Abwechslung, zum Untersuchungsrichter nach Paris gefahren zu werden. Da ich als gefährlicher Schwerverbrecher betrachtet wurde, bewachten mich vier Gendarmen, die mich auch wieder in Fresnes ablieferten.

Marianne saß indes im Pariser Frauengefängnis La Petite Roquette im 11. Arrondissement ein, einer Strafanstalt aus dem frühen 19. Jahrhundert. Sie war am 11. September 1830 eröffnet worden, und die vermutlich einzige

Neuerung seither, so meinte Marianne, war der Anschluss ans lokale Stromnetz. Die Bedingungen blieben dennoch düster. Die Zellen wurden nicht beheizt, Wasser gab es nur auf dem Gang. Zum Waschen hatten die Frauen Wasserkrug und Schüssel, die im Winter regelmäßig vereisten. Obwohl die Gefangenen von La Petite Roquette im Winter in voller Montour und in Decken gewickelt auf ihren Pritschen lagen, konnten sie vor Kälte nicht schlafen.

Marianne erzählte mir später, dass sie mit jeder Art von Kriminellen konfrontiert war: Es gab Mörderinnen, Rauschgiftsüchtige, Kupplerinnen, Betrügerinnen. Die annehmbarste Gruppe waren die Prostituierten, die immerhin eine Art Korpsgeist und Solidarität pflegten. Aufgrund der katastrophalen hygienischen Bedingungen litten die Insassen an vielen ansteckenden Krankheiten. Vor allem Syphilis grassierte. Die erkrankten Frauen wurden zwar vom Gefängnisarzt behandelt, teilten jedoch weiter das Essen aus.

Im Sommer konnten die Gefängnisinsassen die Fenster nicht öffnen, weil auf dem Hof die Ratten huschten und in die Zellen gelangen konnten.

Offiziell durfte auch Marianne nicht arbeiten, denn sie galt als politische Gefangene. Doch die Abteilung, in der Marianne eingesperrt war, leiteten Nonnen. Die hatten ein Herz und ließen meine Frau in der Wäscherei arbeiten. So kam sie unter Menschen und verdiente ein wenig Geld, von dem sie mir die Hälfte überwies, so dass ich schließlich doch noch zu meiner Seife kam.

Der humane Umgang der Nonnen mit ihren Schutzbefohlenen führte immer wieder zu Spannungen mit dem beamteten Gefängnispersonal, das darin ein unzulässiges Unterlaufen der Gefängnisordnung sah. Schließlich war diese Ordnung das Fundament, auf dem sich seine Autorität gründete. Die ständigen Auseinandersetzungen zwischen den Wärtern und den Nonnen schufen kleine Freiräume für Marianne. So konnte sie etwa beim Wäscheaustragen Kontakt zu Mitgefangenen aufnehmen, was angesichts der über sie verhängten Isolation hilfreich war. Das war nicht geringzuschätzen, wenn man bedenkt, dass Marianne drei Jahre in diesem Loch zubringen musste.

1975 wurde La Petite Roquette nach massiven Protesten endlich abgerissen. Einzig die beiden Pförtnerhäuschen des alten Komplexes blieben als Denkmal stehen und dienen heute als Eingang zu einem malerischen Park. Unter diesem Park wurde ein Theatersaal eingerichtet, der nach der französischen Frauenrechtlerin Olympe de Gouges benannt ist.

Nach zehnmonatiger Untersuchungshaft erhielten wir am 17. März 1967 die Mitteilung des Untersuchungsrichters Vigouroux, dass unsere Akten an die Staatsanwaltschaft übergeben worden seien. Darin wurde ich beschuldigt, in den Jahren 1961/62 »mit den Agenten einer ausländischen Macht« gegen militärische und diplomati-

Das blieb vom Gefängnis La Petite Roquette erhalten. In der Besatzungszeit litten dort etwa 4.000 Frauen

Paris aus der Luft. Im städtischen Smog ist der Eiffelturm in der Mitte mehr zu ahnen als zu sehen

sche Einrichtungen nachrichtendienstlich aktiv gewesen zu sein sowie gegen wichtige ökonomische Interessen Frankreichs gehandelt zu haben.[39] Das gleiche »Verbrechen« warf man mir auch für die Jahre 1964 bis 1966 in Mulhouse und Paris vor.

»Frau Marianne Mühle, verheiratete Bammler« – diese falsche Schreibweise unseres Namens mit zwei M zieht sich durch unsere Familiengeschichte – wurde bezichtigt, in Mulhouse und Paris in den Jahren 1964 bis 1966 eine nachrichtendienstliche Tätigkeit zum Schaden Frankreichs ausgeübt zu haben. »Tristan« und »Isolde« wurden in ähnlicher Weise angeklagt.

Sonderbar: Man warf mir vor, seit 1961 »zum Schaden Frankreichs« tätig gewesen zu sein, »Tristan« sogar seit 1956. Woher wusste man das, über welche Quellen verfügte die D.S.T.? Das verschwieg natürlich der französische Staatssicherheitsgerichtshof.

Die Antwort erhielt ich Jahre später in Berlin.

Nach meiner Rückkehr 1974 erklärten mir meine Genossen, dass wir durch einen »Konstruktionsfehler« aufgeflogen waren. Im Westberliner Quartier Napoléon existierte eine Gruppe ehemaliger Fremdenlegionäre, in der auch »Tristan« verkehrte. Er warb dort in den 50er Jahren einen französischen Ex-Legionär unter fremder Flagge an. Der vermeintliche Traditionsverein in Westberlin betrieb auch kriminelle Geschäfte und flog damit Ende 1964 auf, als »Tristan« schon lange in Paris war. Die D.S.T. führte die Untersuchungen.

Obwohl »Tristan« nicht mehr dabei war, geriet er ebenfalls ins Visier: Sein angeworbener Partner berichtete von dessen häufigen Besuchen in Ostberlin, weshalb die D.S.T. – nicht unbegründet – einen nachrichtendienstlichen Hintergrund vermutete. So kamen sie uns auf die Spur und wir für viele Jahre hinter Gitter.

Anmerkungen

38 Leopold Trepper: Die Wahrheit, München 1975, S. 244 f.
39 zitiert nach dem französischen Schriftstück vom 17. März1967

19. Der Prozess

Nach fast zehn Monaten Untersuchungshaft fand endlich der Prozess statt. Ich hatte ihn förmlich herbeigesehnt, obwohl, wie sich zeigte, das Verfahren eine Farce war. Warum die Untersuchungshaft so lange dauerte, weiß ich nicht genau. Eine Rolle spielte wohl der Wechsel der Untersuchungsrichter.

Der erste *Juge d'instruction* gab den Jovialen. Er war Elsässer und sprach perfekt Deutsch. Sein Nachfolger, der das Verfahren abschließen sollte, war aus ganz anderem Holz. Aber das interessierte mich kaum – ich wollte ein Urteil und das Ende der Untersuchungshaft: Ich konnte erst ausgetauscht werden, nachdem ich verurteilt worden war.

Am 17. März 1967 übergab Untersuchungsrichter Jean Vigouroux die Ermittlungsakten dem Generalstaatsanwalt. Ich sollte wegen »Verbrechen gegen die Sicherheit des Staates, wie durch Artikel 80, § 3 des Strafgesetzbuches und § 694 der Strafprozessordnung beschrieben« sowie gemäß »§§ 3, 103 und R. 24 des Strafgesetzbuches« angeklagt und bestraft werden.[41]

Marianne wurde das Gleiche vorgeworfen.

Die dreitägige Verhandlung fand vor der »Cour de Sûreté de l'Etat«[42] statt.

Dieses Gericht war 1963 aus dem französischen Militärtribunal hervorgegangen, das subversive Mitglieder der O.A.S.[43] verfolgt hatte, die sich in Algerien von de Gaulle verraten gefühlt und darum geputscht hatten. Bedeutungsschwer galt dieser Gerichtshof als »Institution zur nationalen Verteidigung«. Es war gleichsam die letzte Instanz, eine Berufung nicht möglich.

Die französische Republik bot einen General als Vorsitzenden Richter sowie einen Oberstleutnant, einen Hauptmann und einen Zivilrichter als Beisitzer auf, doch da das Urteil bereits vorher feststand, war nicht viel zu verhandeln – vielleicht schlief der General auch aus diesem Grunde die meiste Zeit. Der Staatsanwalt verlas die Anklage, die der Beschuldigung des Untersuchungsrichters folgte, und stellte seine Strafanträge. Danach war Pause.

Im zweiten Teil durften die Verteidiger das Ihre beitragen. Dann zog sich das Gericht zur Beratung zurück. Wie lange, weiß ich nicht mehr. Ich kann mich nur noch an das Ergebnis erinnern: Marianne wurde zu zwölf Jahren, »Isolde« zu 14 Jahren verurteilt. Ich erhielt 18 Jahre.

Am härtesten traf es »Tristan«, weil er bis zuletzt der Illusion anhing, dass ihm schon nichts passieren würde. Schließlich war er für Frankreich in den Krieg gezogen, mehrmals ausgezeichnet und in Dien Bien Phu zum Krüppel geschossen worden. Doch davon ließ sich das Gericht nicht beeindrucken. Es verurteilte ihn zu 20 Jahren.

Nach der Urteilsverkündung ging es nach Fresnes.

Marianne blieb drei weitere Jahre in La Petite Roquette, bis sie in das Gefängnis der bretonischen Hauptstadt Rennes verlegt wurde. Dieses heute einzige Frauengefängnis Frankreichs hatte Platz für rund 300 Gefangene. Dort waren Frauen aus ganz Frankreich mit Strafen von mehr als drei Jahren inhaftiert. Der sechseckige Gebäudekomplex, 1878 eingeweiht, befindet sich hinter dem Bahnhof von Rennes. Besucher von auswärts hatten (und haben) dadurch einen kurzen Weg, so auch Tante Gustl und Rechtsanwalt Friedrich Wolff aus Berlin, die Marianne zweimal besuchten.

Da die Zellen morgens geöffnet wurden, konnte sich Marianne frei in ihrer Abteilung bewegen. Arbeiten durfte sie auch hier nicht, denn sie war schließlich eine politische

Gefangene. So nützte es ihr wenig, dass die Haftanstalt über Bäckerei und Wäscherei verfügte, in der die weggesperrten Frauen gegen kleines Geld arbeiten konnten. Es blieb ihr nichts weiter übrig, als die Bildungsangebote zu nutzen, die den Gefangenen unterbreitet wurden. Marianne belegte Schreibmaschinenkurse, die sie nach entsprechendem Examen mit Erfolg abschloss.

So sehr diese Kurse wichtig waren für die Strukturierung des Tagesablaufs und für das Gehirntraining, so negativ wirkte sich das auf andere Fähigkeiten aus: auf Mariannes deutsches Sprachvermögen. Sie hatte in ihrem Umfeld niemanden, mit dem sie deutsch sprechen konnte, und nun lernte sie auch noch das Schreiben französischer Texte mit französischer Tastatur, die, das weiß fast jeder, anders aufgebaut ist als die deutsche – logischerweise: Wo im Deutschen das E ist, wohl der häufigst verwendete Vokal unserer Muttersprache, ist im Französischen das A, da wo wir das Ü plaziert haben, findet der Franzose den »accent circonflexe«, ein Zeichen, das es im Deutschen so wenig gibt wie im Französischen das Ü. Das Resultat war, dass Marianne zwar auf einer Schreibmaschine mit französischer Tastatur schreiben konnte (35 Wörter pro Minute = 525 in der Viertelstunde!), jedoch sukzessive im Deutschen unsicher wurde und nach Worten suchen musste.

Auch ich war ein »Politischer«. Die 18 Jahre schienen mir nur eine fiktive Größe, da ich von unserem alsbaldigen Austausch ausging. Allerdings bedachte ich nicht, dass auch die DDR etwas anbieten musste, was für Frankreich hinlänglich interessant war, um sich auf ein solches Geschäft einzulassen. Oder sagen wir so: Ich bedachte es wohl, war aber der irrtümlichen Annahme, dass wir über ein solches Tauschobjekt verfügten, um »Tristan« und »Isolde«, Marianne und mich freizubekommen.

In Fresnes änderte sich für mich zunächst einiges. Erst einmal war Schluss mit der Isolation. Ich durfte mit den anderen Häftlingen zum Hofgang und stand in deren Hierarchie mit 18 Jahren ganz oben, denn die Rangordnung wurde durch die Dauer der Haftstrafe bestimmt.

Die Aufhebung der Isolation hatte auch unerfreuliche Folgen: Ich wurde in eine Dreimannzelle verlegt. Der eine Bettnachbar war ein kongolesischer General, der an der Ermordung Patrice Lumumbas im Jahre 1961 beteiligt war und nach Frankreich kam, um Waffen zu kaufen. Das war nicht ganz legal. Der General zeichnete den ganzen Tag. Er versuchte, damit die Traumata seines anscheinend mit grausamen Erlebnissen übervollen Lebens zu verarbeiten, entsprechend furchterregend waren seine Bilder. Der andere Bett- und Zellennachbar war ein französischer Pilot, der wegen Scheckbetrugs saß. Er war evangelischen Glaubens, in Frankreich eher selten. Entsprechend verschworen war die diese Glaubensgemeinschaft. Der Direktor des Gefängnisses war ebenfalls Protestant, und so genoss der Pilot Privilegien. Er durfte beispielsweise Frauenbilder in seinen Spind hängen, was seinerzeit in einem französischen Gefängnis untersagt war.

Später fragte ich mich natürlich, warum mein Urteil so hoch ausgefallen war. Im Prozess wurde lediglich nachgewiesen, *dass* wir für den Nachrichtendienst der DDR gearbeitet hatten. Doch nie wurde der vermeintliche Schaden, der Frankreich durch unsere Tätigkeit entstanden sein sollte, bewiesen oder gar beziffert, zumal das Gericht nicht konkret nachweisen konnte, was wir im Einzelnen getan hatten. Wenn ich nach den Verhören darüber nachdachte, was die französische Seite gegen uns in der Hand hatte, fiel mir nicht viel ein: Passvergehen, Urkundenfälschung, nachrichtendienstliche Agententätigkeit für eine fremde Macht. Unsere Residentur befand sich ja noch im Aufbau.

Doch Generalstaatsanwalt Richard interessierten keine Details. Für ihn hatten wir die Axt an die Wurzeln des westlichen Bündnisses gelegt. »Das sind routinierte Profis«, führte er aus, »die, um der NATO zu schaden, indem sie Ostdeutschland die Bewegung der französischen Truppen in Berlin, die Gespräche des bevollmächtigten französischen Ministers in der ehemaligen Reichshauptstadt (über ein illegales Mikrofon abgehört), wie auch die französischen Positionen zur NATO und die diesbezüglichen Divergenzen zwischen Paris und Bonn übermittelt haben.«[44]

Er redete mehr als eine Stunde und wusste sogar, wieviel Geld wir zur Verfügung hatten.

Der Journalist Thierry Wolton liefert seine Version für unsere Entdeckung, die mir recht unwahrscheinlich scheint. Angeblich habe die D.S.T. unseren Funk-Verkehr

Bamlers Bettnachbar: einer der Mörder des gestürzten ersten Ministerpräsidenten des unabhängigen Kongo, Patrice Lumumba (Mitte)

registriert – technisch sicher kein Problem. Dadurch seien sie uns auf die Spur gekommen und hätten unsere Wohnung in der Rue Poulet verwanzt – auch kein Problem. Die abgehörten Gespräche zwischen Marianne und mir lieferten dann die konkreten Informationen.[45]

Ich halte das für eine gezielte Falschinformation, die vom Gegner in Umlauf gebracht wurde, um die wirklichen Quellen unserer Enttarnung zu verschleiern. Marianne und ich sprachen selbst in unserer Wohnung nie über die konspirative Arbeit und redeten uns, auch wenn wir allein waren, nur mit Decknamen an.

Warum also dieses hohe Urteil?

Der eine Grund lag meines Erachtens darin, dass nach dem Ende des Algerienkrieges die französische Innenpolitik neu ausgerichtet wurde. Die D.S.T. musste ihre Daseinsberechtigung nachweisen. Es ging um Geld und Posten.

1963 war Georges Pâques als sowjetischer Spion in Frankreich enttarnt worden. Der damals 49-Jährige war stellvertretender Direktor des Pressedienstes der NATO und vom KGB-Überläufer Anatoli Golitsyn verraten worden. In den Verhören bei der D.S.T. gab Pâques an, für die Sowjetunion ausschließlich Informationen über die NATO gesammelt zu haben, nicht aber über Frankreich. Doch das half ihm nichts, er wurde trotzdem zum Tode verurteilt. Diese Strafe wandelte man schließlich in 20 Jahre Zuchthaus um. Sein Schulfreund Georges Pompidou, inzwischen französischer Staatspräsident, begnadigte ihn 1970.[46]

Die Enttarnung Pâques hatte eine Diskussion darüber ausgelöst, ob es unter den Bedingungen des »Gleichgewichts des Schreckens« überhaupt noch militärische Geheimnisse geben dürfe oder ob dieses Gleichgewicht nicht vielmehr gegenseitige Informiertheit der Kontrahenten verlange. Der Beitrag der D.S.T. zu dieser Diskussion bestand in einer Broschüre, die den Titel trug »Spionage? Eine Tatsache«. Darin wurde ein bedrohlicher Zusammenhang zwischen beginnender Entspannungspolitik und zunehmender Spionagetätigkeit des Ostens konstruiert. Der Autor Pierre de Villemarest stellte die These auf: »Die zahlreichen zwischen 1960 und 1964 aufgedeckten Spionagefälle zeigen, dass die Sowjet- und Satellitenspione glauben, ihnen sei alles erlaubt.«[47]

Wir waren also »Satellitenspione« und lebender Beweis für die zunehmende Agententätigkeit des Ostens, mithin: Wir lieferten der D.S.T. Argumente in ihrem Überlebenskampf. Also musste die Strafe gewaltig sein. Denn je höher die Strafe, so die Nachricht, desto gefährliche der Spion.

Villemarest ist das Musterbeispiel eines kalten Kriegers der 60er Jahre, wie man ihn sich heute kaum noch vorstellen kann. Er war sich auch nicht zu schade, das Gerücht zu kolportieren, der Leiter des Amtes IV des Reichssicherheitshauptamtes Heinrich Müller, der als Gestapo-Müller Angst und Schrecken verbreitete, sei ein sowjetischer Spion gewesen. Auch meinen Vater ordnete er bei den Nazis ein, die für die Sowjets spionierten. Villemarst nannte meinen Vater einen der »zehn großen Chefs der Abwehr«, wobei er nicht einmal seinen Namen richtig schreiben konnte: Er schrieb stets »Hans Bammler«.[48]

Hans Voelkner erzählte mir nach unserer Freilassung, dass er von »Tristan« erfahren habe, dass er Villemarest in einem Brief angeboten habe, mit ihm ein Buch über Geheimdienste zu schreiben. Er könne Villemarest in Ostberlin Archive öffnen. Villemarest hätte mit der Begründung abgelehnt, dass man ihn in der DDR kenne und kaum erfreut sein würde, wenn er dort vorstellig werde. Damit bewies er sowohl Stil als auch Realitätssinn, was man von »Tristan« nicht behaupten kann.

Ein anderer, zweiter Grund für unsere hohen Strafen war wohl die politische Großwetterlage. Mitte der 60er

Jahre war der Kalte Krieg noch ziemlich frostig, seit 1965 bombardierten die USA Nordvietnam. Der sozialistische Staat wurde von der Sowjetunion, von China und von allen anderen sozialistischen Staaten, die DDR inklusive, solidarisch unterstützt.

Anmerkungen

41 Originaldokument aus dem Staatssicherheitsgerichtshof
42 Staatssicherheitsgerichtshof
43 Die *Organisation de l'armée secrète* (O.A.S.; deutsch: Organisation der geheimen Armee) war eine französische Untergrundbewegung während der Endphase des Algerienkriegs. Sie war 1960/61 von französischen Offizieren gegründet worden. Der Name lehnte sich bewusst an die Armée secrète, eine Gruppierung der französischen Résistance während des Zweiten Weltkriegs, an. Die O.A.S. bekämpfte einerseits muslimische Algerier, die die Unabhängigkeit ihres Volkes anstrebten, andererseits den französischen Staat.
44 zitiert nach Thiery Wolton, Le KGB en France, Paris 1986, S. 90
45 a. a. O., S. 94
46 Pâques und Pompidou besuchten gemeinsam die Eliteschule »École normale supérieure (ENS)«
47 Pierre de Villemarest, Sowjetspionage in Frankreich, Mainz 1969, S. 158
48 a. a. O., S. 62

20. La Santé

Nach einem zweiten, kurzen Aufenthalt in Fresnes wurde ich ins Gefängnis La Santé im 14. Arrondissement von Paris verlegt. »Santé« heißt »Gesundheit«. Den Namen verdankte das Quartier zwischen dem Boulevard Argo und der Rue Jean-Dolent der kleinen Querstraße Rue de la Santé. Dort befand sich das Gefängnistor.

Der Komplex war von 1861 bis 1867 errichtet worden, als Ersatz für La Grande Roquette geschaffen werden musste. Anfangs diente La Santé auch als Hinrichtungsstätte, dort stand die Guillotine – mit Gesundheit hatte La Santé wirklich nichts zu tun.

Die Gefängnismauer von La Santé: hoch und abweisend

Am 14. Juli 1944, kurz vor der Befreiung von Paris durch die Alliierten, wurde der Versuch der Gefangenen, sich selbst zu befreien, von der Vichy-Miliz blutig niedergeschlagen. Auch dort hinterließ der Faschismus, in diesem Fall mithilfe französischer Kollaborateure, blutige Spuren.

Guillaume Apollinaire saß im Jahre 1911 in La Santé in Untersuchungshaft, weil er verdächtigt wurde – übrigens gemeinsam mit Picasso –, die Mona Lisa aus dem Louvre gestohlen zu haben. Der große Spanier allerdings wurde nur verhört. Gestohlen hatte das Bild übrigens Vincenzo Peruggia, ein 29-jähriger italienischer Handwerker.

Der Sohn des ehemaligen französischen Präsidenten Mitterrand, Jean-Christophe, vor allem in Afrika verrufen als »Papamadi«[50], saß dort ab Dezember 2000 drei Monate als Untersuchungshäftling.

Im Mai 1978 kam La Santé in die Schlagzeilen, als Jacques Mesrine (»l'Ennemi public n°1«[51]) gemeinsam mit zwei Komplizen aus dem Hochsicherheitstrakt ausbrach. Die Polizei erschoss einen auf der Flucht, was in Frankreich zu einem Skandal führte. Im November 1979 schließlich starb Mesrine in seinem BMW im Kugelhagel der Polizei.

Gegenwärtig prominentester Häftling in La Santé ist der Terrorrist Ilich Ramirez Sánchez, bekannt als »Carlos«.

Ich kam nach La Santé, weil das Gefängnis über eine Abteilung für politische Gefangene verfügt, die 3. Division. Das Spezielle: Dieser Bereich war innerhalb des ohnehin gesicherten Gefängnisses noch einmal gesichert. Er verfügte über Einzelzellen und halbwegs erträgliche sanitäre Einrichtungen. Wäre ich in das normale, völlig überfüllte und verdreckte Gefängnis gesteckt worden, wäre ich wohl zugrunde gegangen.

In dieser 3. Division saßen die besonders schweren Fälle. Ich war also ein besonders schwerer Fall. Aber ich sah in meiner Verlegung nach Paris ein positives Zeichen. Da ich verurteilt war, interpretierte ich die Verlegung nach Paris als ersten Schritt in Richtung Austausch und Abschiebung in die DDR.

Aber ich hatte mich gründlich getäuscht.

Gefängnisse sind wohl nirgendwo auf der Welt Sanatorien. Die französischen schon gar nicht. Und unter diesen war La Santé ein besonders finsterer Kasten, der vor allem dreckig und im Winter kalt war.

Meine Zelle war ein schmaler Schlauch: vorn die Tür mit Guckloch und hinten das vergitterte Fenster. Rechts an der Wand stand das Bett, links ein Regal und ein kleiner Tisch mit Stuhl. Waschbecken und Toilette standen frei im Raum und waren einsehbar. Trotzdem: Im Vergleich mit La Petite Roquette, wie es mir Marianne schilderte, war das der pure Luxus.

Das Essen, das wir bekamen, war durchaus genießbar und ausreichend, so dass ich nicht hungerte.

Mir wurde auch eine Konfession verordnet. In Frankreich durfte man damals nicht ohne Glauben sein. Als ich die entsprechende Frage mit »konfessionslos« beantwortete, erklärte man mir, dass das nicht gehe. An einen Gott müsse der Mensch schließlich glauben. So wählte ich die evangelische Variante, an die ich mich noch aus Kindertagen erinnerte. Fortan besuchte mich der evangelische Gefängnispfarrer. Er hieß Ungerer und war überdies der Chef der evangelischen Gefängnispfarrer Frankreichs.

Dieser Mann Gottes war in erster Linie ein Mensch. Seine Besuche waren für lange Zeit mein einziger Kontakt zur Außenwelt, er infomierte mich, diskutierte mit mir, spendierte die eine und andere Zigarette. Doch er versuchte niemals, mich zu bekehren. Ungerer sprach perfekt deutsch und versorgte mich aus seiner Privatbibliothek mit

Büchern – sie wurden meine besten Freunde in der ersten Zeit im Gefängnis.

Im Oktober 1967 verließ ich La Santé, jedoch nicht in Richtung Berlin, wie ich gehofft hatte, sondern nach Melun.

Anmerkungen

50 »Papamadi« steht für »papa m'a dit«: Papa hat mir gesagt
51 Der Staatsfeind Nr. 1

21. Endstation Melun

Melun ist ein malerisches kleines Städtchen im Südosten von Paris. Wie die französische Hauptstadt liegt der Ort an der Seine, die dort eine Insel umfließt. Diese ist fast genauso groß wie die Ile de la Cité. Anstelle der Kathedrale Notre Dame befindet sich in Melun das Zentralgefängnis.

Von außen betrachtet macht das Ensemble am südlichen Zipfel der Insel einen recht malerischen Eindruck, zumal vor dem Gefängnistor auch ein Kirche namens Notre Dame steht. Doch im Inneren war es die Hölle. Geschuldet der Lage am Ende der Seine-Insel, war das Areal ziemlich eng. Um zu verhindern, dass waghalsige

Umflossen von der Seine: das Zentralgefängnis in Melun

Gefangene per Boot oder schwimmend flohen, war die Gefängnismauer sieben Meter hoch. Der Hof, auf dem wir Freigang hatten, glich einem Schacht. Wir konnten nichts sehen als den Himmel über uns – keinen Baum, kein Haus, kein Feld. Da das *Quartier spécial* für die politischen Gefangenen noch nicht existierte, wurde ich zunächst in die Infirmerie, die Krankenstation, verlegt, da sich nur dort Zellen befanden, die mit ordentlichen Toiletten ausgestattet waren; im eigentlichen Gefängnis war noch der Eimer üblich. Die Wände der Zellen im Krankenrevier waren aus Glas, so dass die Wärter einen ständig unter Kontrolle hatten.

Als das *Quartier spécial* dann fertig war, wurde ich dorthin verlegt. Dieser Knast im Knast hatte zwei Etagen; auch von dort aus war nichts zu sehen als Himmel und Mauern. In der untersten Etage hatten unsere Wärter, es waren stets zwei, ihr Büro. Dort lagen auch die Küche und die Wäscherei. Dafür waren drei Kriminelle abgestellt: einer kochte unser Essen, einer wusch unsere Wäsche, und der dritte reinigte unsere Zellen. Diese »auxiliaires« genannten Häftlinge waren in der Regel Spitzel der Gefängnisleitung. »Verbrannte Spitzel« wurden aus dem Verkehr gezogen, weil sie ihres Lebens nicht mehr sicher waren.

Spitzel unter den Gefangenen waren zu jener Zeit ein durchaus übliches Instrument der Gefängnisleitung, um über die Lage unter den Gefangenen informiert zu sein oder auch für den D.S.T. relevante Nachrichten zu gewinnen. Doch selbst unter den Vollzugsbeamten war ihr Einsatz nicht unumstritten, galten sie einigen doch als Elemente eines antiquierten Strafvollzugs.

Ich erinnere mich an den Oberaufseher, der ein recht offenes Verhältnis zu uns Politischen pflegte. Er hieß Mérignac und beschwerte sich über unmotiviertes, innerlich erstarrtes Personal, bürokratische Vorschriften und latenten Personalverschleiß. Er war überdies ein mutiger Mann. Als in Melun ein Gefängnisaufstand losbrach, der vor allem von den kriminellen Gefangenen ausging, scheute er sich nicht, über seine kritische Sicht im Fernsehen zu sprechen und der *Humanité* ein Interview zu geben.

Sein Vorgänger, er hieß Niais, war noch von der alten Schule. Um die 50 Jahre alt, rundlich, freundlich, fröhlich, war er zugleich hinterhältig und gefährlich, weil falsch. Er hatte ein weitverzweigtes Spitzelsystem aufgebaut und machte mit seinen vertraulichen Informationen eifrig Politik.

Auffällig waren die farbigen Wärter, die zumeist aus Martinique oder Réunion stammten. Sie litten unter dem latenten Rassismus ihrer Kollegen und unter der schlechten Bezahlung. Rassismus war und ist mir fremd. Das spürten sie, so dass zwischen uns ein ruhiges und sachliches Verhältnis entstand – mehr konnte man dort nicht erwarten.

Auch in Melun gab es einen Gefängnispfarrer. Das war ein freundlicher Mann namens Lagny. Er half mir, Verbindung zu meiner Frau zu halten, indem er Nachrichten und Grüße übermittelte. Mit Pater Léon Bourgeois, dem katholischen Seelsorger, pflegte ich keinen Kontakt, da er mit dem einsitzenden Vasseur, dem Ex-Gestapo-Chef von Angers, einem frömmelnden Nazi, eng verbunden war. Obendrein war Bourgeois geldgierig und geschwätzig.

Als »politische Gefangene« galten auch die Kollaborateure, die zwischen 1940 und 1944 Handlanger der deutschen Besatzer waren. Einige ihrer herausragendsten Vertreter saßen gemeinsam mit mir im *Quartier spécial.* Einer von ihnen hieß Jean Barbier, der schon mit 16 Jahren der faschistischen PPF[52] beigetreten war. 1940 half ihm der Überfall der deutschen Wehrmacht, denn die französischen Behörden suchten ihn wegen Diebstahls. Barbier machte nun eine Parteikarriere und brachte es bis zum PPF-Chef in Grenoble. Außerdem wurde er Mitglied der SS und Mitarbeiter der Gestapo. Auf sein Konto gingen unzählige Verhaftungen, Folterungen und Morde. Kurz vor der Befreiung Frankreichs kehrte Barbier zu seinem alten Metier zurück und überfiel eine Filiale der Bank von Frankreich. Die deutschen Besatzer steckten ihn daraufhin ins KZ Mauthausen, wo er 1945 befreit wurde. Barbier nahm den Namen Jacques Le Royer an und wurde Erzieher in der jüdischen »Organisation Reconstruction Travail (ORT)«[53].

Ein französisches Gericht verurteilte ihn in Abwesenheit zum Tode. 1964 wurde er gefasst. Das Todesurteil gegen ihn wurde zweimal bestätigt. Präsident de Gaulle wandelte es jedoch in lebenslange Haft um. So traf ich Barbier in Melun. Er blieb auch während seiner Haftzeit erklärter Nazi. Man konnte ihn nur ertragen, wenn man jede politische Diskussion vermied. Er vertrat seine faschistischen Parolen äußerst stur. Dabei war er aufbrausend und wurde laut – ganz Herrenmensch.

Zu dem braunen Zirkel in Melun gehörte auch Jacques Vasseur. Als Gestapo-Chef von Angers trug er Verantwortung für Hunderte Verhaftungen, Deportationen und Morde. Nach dem Krieg war er untergetaucht: Er lebte 17 Jahre in der Wohnung seiner Mutter, ohne sie jemals verlassen zu haben. Er wurde in Abwesenheit zum Tode verurteilt. De Gaulle wandelte auch diese Strafe in »lebenslang« um.

Vasseur sprach perfekt deutsch und leugnete seine französische Nationalität. Dabei verwies er immer wieder darauf, dass seine Frau Johanna Deutsche sei. Anders als Barbier war Vasseur zurückhaltend, gar ängstlich. Doch kam man mit ihm ins Gespräch, ließ er keine Gelegenheit aus, seine rassistische Herrenrassenideologie auszubreiten. Das war schlicht widerwärtig.

Ebenso widerwärtig war Vallé. Er war zum Tode verurteilt worden wegen der Denunziation französischer Widerstandskämpfer während der deutschen Besetzung. Auch er wurde zu 20 Jahren Haft begnadigt. Vallé – an seinen Vornamen kann ich mich nicht erinnern – war ein notorischer Denunziant und Zuträger der Anstaltsleitung. Das brachte natürlich vor allem die kriminellen Gefangenen gegen ihn auf, und er musste geschützt werden. Ich habe mit ihm während unserer Haftzeit kein einziges Wort gewechselt, auch deshalb, weil er sich die gesamte Zeit nicht wusch, nicht duschte und auch das Haar, den Bart und die Nägel nicht schneiden ließ. Er stank buchstäblich zum Himmel.

All diese Leute waren mir zuwider. Ich war umstellt von Menschenschlächtern und -verächtern. Mit denen konnte und wollte ich nichts zu tun haben. Also lautete für mich die Grundregel, die für das Überleben im Knast wichtig war: Organisiere deinen Tag, so dass du nie dem Grübeln verfällst. Das hieß für mich, erst einmal dafür zu sorgen, dass ich mich fit hielt. Ich trieb Sport. Der sorgte zusätzlich für einen guten Schlaf – unbezahlbar in einer Einzelzelle! Auch legte ich mir eine kleine Bibliothek zu und las viel. Der Rest war ausgefüllt mit den Ritualen des Gefängnisalltags: Wecken, Duschen, Frühstücken, Promenade usw.

Es gab eine andere Gruppe, die aus dem gleichen Grunde einsaß wie ich: nachrichtendienstliche Agententätigkeit für eine fremde Macht. So gehörte auch Georges Pâques zu meinen Mitgefangenen. Pâques war ein gebildeter, kultivierter Mensch, der vor allem seine vorzeitige Entlassung vorantrieb. Obwohl zum Tode verurteilt, wurde er nach sieben Jahren entlassen, nachdem Präsident Georges Pompidou ihn begnadigt hatte.

Georges Pâques hatte zwar für die Sowjetunion gearbeitet, war aber nicht mein Genosse. Seine Zusammenar-

George Pâques, französischer Bildungsbürger und KGB-Agent, beriet mich bei der Lektüre im Gefängnis von Melun

beit mit dem sowjetischen Geheimdienst erfolgte in der Überzeugung, dass NATO und Warschauer Vertrag gegenseitig informiert sein müssten, um das Gleichgewicht des Schreckens austarieren zu können. Er selbst hatte während seines Prozesses erklärt: »Ich bin ein friedliebender Mensch. Ich liebe die Sowjets nicht, aber ich bin auch davon überzeugt, dass die Amerikaner aufgrund ihrer ganz elementaren Auffassungen gefährliche Kriegstreiber sind. Ich war also der Meinung, dass es, um einen internationalen Konflikt zu vermeiden, der unausweichlich zu einer weltweiten Katastrophe führen würde, unerlässlich ist, die einander gegenüberstehenden Kräfte auszugleichen. Dieses Motiv hat mich unaufhörlich beseelt!«[54]

George Pâques beriet mich bei der Lektüre, so oft ich ihn darum bat. Seine Empfehlungen trafen stets meinen Geschmack. Sie hatten Niveau und waren stets erlesen. Er war eben ein französischer Bildungsbürger.

Mit mir saßen ferner ein Ukrainer, der in russischen Emigrantenkreisen seine Netze für die Sowjetunion auslegte, ein Franzose, der Informationen über die NATO für Rumänien sammelte, Tschechen, algerische Franzosen – also halb Europa.

Doch im Grunde war ich allein. Ich hatte keinen Gleichgesinnten, mit dem ich mich hätte austauschen können. Das änderte sich Anfang 1970, als Hans Voelkner ins Quartier spécial in Melun eingeliefert wurde. Hans war Kundschafter der HV A, aber mir bis dato unbekannt. Er war drei Jahre jünger als ich und als Instrukteur der HV A verhaftet und zu zwölf Jahren verurteilt worden.

Hans war ein kleiner, drahtiger Mann, der mir in Paris nie aufgefallen wäre, da er wie ein Franzose daherkam. Er war in diesem Land aufgewachsen und kannte seine Sprache, Kultur und Mentalität aus dem Effeff.

Hans war halber Franzose und ganzer Kommunist. Seine Entwicklung folgte keiner Geraden[55], doch sie war geprägt vom Leben seiner Mutter Käte. Käte Voelkner stammte aus Zoppot. Sie zog als Artistin mit ihrer Familie, ihrem Mann Johann Podsiadlo und den Söhnen Hans und Henry durch ganz Europa. Seit ihrem Sowjetunionbesuch 1936 war sie Kommunistin. 1940 schlich sie sich in Paris als Sekretärin ins Amt Sauckel ein. Fritz Sauckel, der 1946 in Nürnberg als Kriegsverbrecher gehenkt werden sollte, war »Generalbevollmächtigter für den Arbeitseinsatz«. Diese Dienststelle presste Franzosen in die deutsche Kriegswirtschaft, weshalb Käte Voelkner zu einer wichtigen Quelle der Roten Kapelle wurde. Leopold Trepper berichtet in seiner Autobiografie über diese außergewöhnliche Frau.[56] Als sie zum Tode verurteilt wurde, so Trepper, habe sie die Faust gehoben und ausgerufen: »Ich bin glücklich, ein paar Kleinigkeiten für den Kommunismus getan zu haben.«[57] Sie wurde am 28. Juli 1943 in Berlin-Pötzensee ermordet. Auch ihr Mann wurde Opfer des faschistischen Terrors. Hans kam in ein faschistisches Kinderheim.

Wenn ich meine, dass Hans halber Franzose gewesen sei, so ist das nicht korrekt, er war zwar unter Franzosen aufgewachsen und zur Schule gegangen, aber Deutscher,

Hans Voelkner (1928-2002)

genauer: DDR-Bürger. Das musste er, im Unterschied zu mir, stets erklären. In diese Verlegenheit kam ich nie. Hans war ein Mensch, der darauf aus war, zwischen allen Gruppen im Quartier spécial ein ausgeglichenes Verhältnis herzustellen. Dabei war er sich auch nicht zu schade, die französischen Kollaborateure mit einzubeziehen. Wie er, Antifaschist bis in die Haarspitzen, das hinbekam, wird mir ewig ein Rätsel bleiben. Ich fand keinerlei Draht zu den Barbiers und Vasseurs.

Mit Hans gelang es, eine Menge durchzusetzen, denn er formulierte perfekte Schreiben an die Obrigkeit des Zentralgefängnisses, verstand alles, was uns geantwortet wurde, und vor allem: Er bewies dabei Ausdauer. So brachten wir es zu einem Fensehraum. Auch erreichten wir, was mir sehr wichtig war, dass ein Fitnessraum eingerichtet wurde. Gerade im Gefängnis erlebte ich die tiefe Wahrheit des alten römischen Grundsatzes »mens sana in corpore sano« am eigenen Leib.

In Melun erreichte mich im Dezember 1971 ein Brief, der einiges ändern sollte. Absender war der französische Rechtsanwalt Daniel Soulez Larivière. Er teilte mir mit, dass er den Auftrag meiner Familie erhalten habe, sich meiner Sache anzunehmen. Auch informierte er mich, dass er mir monatlich 300 Franc[58] überweisen werde. Doch zugleich bat mich Larivière, ihm mitzuteilen, wann ich zum letzten Mal Geld von meinem früheren Anwalt erhalten hätte.

Diese Frage verblüffte mich einigermaßen. Bis dato hatte das Anwaltgespann Vogel/Stange meinen Fall in der Hand – natürlich auch im Auftrag meiner Familie. Geld sah ich von dieser Seite unregelmäßig und selten. Warum, wusste ich nicht. Fragen konnte ich die beiden auch nicht, denn ich sah sie nie. Das verwunderte mich, denn Wolfgang Vogel hatte in dem einschlägigen Metier eine Haus-

Namensschild an der Pariser Kanzlei: Soulez Larivière

nummer: Im Jahre 1962 hatte er den ersten Agentenaustausch des Kalten Krieges organisiert.

Soulez Larivière, Jahrgang 1942, zeigte sich als tatendurstiger junger Mann, der Karriere machen wollte – was ihm auch gelang: Heute ist er »Chevalier dans l'ordre national de la Légion d'honneur«, Ritter der Ehrenlegion, und sein Büro liegt exklusiv unweit des Arc de Triomphe. Er hegte Sympathien für die DDR, stand mir weltanschaulich aber nicht nah. Er reiste des öfteren beruflich nach Berlin und befand, gegen alle offizielle französische Propaganda, dass es sich dort gut leben ließ.

Doch Soulez Larivière war auch mit einer anderen Sache befasst, die 1972 in Frankreich hohe Wellen schlug. Der damalige Chef der D.S.T., Jean Rochet[59], hatte in einem Brief an die Zeitung *Le Monde* behauptet, der Kopf der Roten Kapelle, Leopold Trepper, hätte mit der Gestapo kooperiert, um sein eigenes Leben zu retten.[60]

Hintergrund des Vorwurfs war die Tatsache, dass sich Trepper fast zehn Monate in Gestapohaft befunden hatte:

Am 24. November 1942 wurde er bei seinem Zahnarzt verhaftet, und am 13. September 1943 konnte er aus der Bailly-Apotheke fliehen. Rochets Behauptung löste in Frankreich einen Sturm der Entrüstung aus. Mit Zustimmung von Trepper strengte Soulez Larivière gemeinsam mit seinem Partner Léo Matarasso eine Verleumdungsklage an. Diese Klage kostete Kraft, Zeit und Nerven, denn die französische Regierung schoss aus allen Rohren zurück, ging es doch um den Chef ihrer Spionageabwehr. Es schien unwahrscheinlich, dass ein französisches Gericht den D.S.T.-Direktor wegen Verleumdung eines sowjetischen Spions, der Jude und zudem bekennender Kommunist war, verurteilen würde.

Die Klage wurde im Oktober 1972 in Paris verhandelt. Selbst die Angehörigen der Roten Kapelle, die Trepper angeblich verraten haben sollte, sagten für den Grand Chef aus. Nachdem sich das Gericht vertagt hatte, geschah etwas Seltsames: Jean Rochet wurde vom Posten des D.S.T.-Chefs abberufen und zum Präfekten der Region Meurthe-et-Moselle ernannt. Das war, wie sein

Arc de Triomphe im Herzen von Paris

Dienstherr, Innenminister Raymond Marcellin, versicherte, natürlich bloßer Zufall.

Nicht zuletzt wegen des Plädoyers von Daniel Soulez Larivière wurde Rochet wegen Verleumdung verurteilt. Doch Frankreich ist ein hochentwickeltes Staatswesen und weiß seine treuen Diener zu schützen. Das Urteil wurde wieder aufgehoben. Da Rochet inzwischen Präfekt war, hätte das Verfahren nach den Regeln für einen amtierenden Präfekten geführt werden müssen.

Ich jedenfalls war meinen tüchtigen Anwalt los, denn Daniel Soulez Larivière sah keine Möglichkeit mehr, mich zu betreuen. Auch war es meiner Sache nicht dienlich, dass er derart im Licht der Öffentlickeit stand. Dinge wie die meinen regelt man dezent.

Am 13. März 1972 starb mein Vater im Alter von 75 Jahren an den Folgen eines unglücklichen Sturzes. Da ich von seinem Unfall wusste, traf mich die Nachricht nicht unerwartet. Ich hatte ihn acht Jahre nicht gesehen und immer gehofft, mit ihm meine Erlebnisse bei einer Flasche Wein auswerten zu können. Seine Meinung hätte mich brennend interessiert. Doch nun wusste ich: Wenn ich zurückkomme in meine Heimat, wird sie um einen wichtigen Teil ärmer sein.

Hans Voelkner war inzwischen von seiner Frau ein neuer Anwalt vermittelt worden: Joë Nordmann. Er übernahm auch meinen Fall.

Joë war 1910 in einer jüdischen Familie in Mulhouse zur Welt gekommen und seit 1933 Mitglied der Kommunistischen Partei Frankreichs. Auf französischer Seite nahm er am Nürnberger Kriegsverbrecherprozess teil. Nie werde ich vergessen, wie er erzählte, was in ihm vorging, als er Göring gegenübersaß.

Nordmann war ein engagierter Antifaschist, der als Anwalt auch gegen die griechischen Obristen, den Faschisten Franco in Spanien, Alfredo Stroessner in Paraguay und gegen Pinochet in Chile kämpfte. Er war in seiner Partei höchst engagiert und deshalb sehr darauf bedacht, jeden Verdacht, die französischen Kommunisten seien die fünfte Kolonne des Warschauer Vertrages, was ihnen stets unterstellt wurde, zu vermeiden. Mit offiziellen und inoffiziellen Vertreten des MfS wollte er darum nichts zu tun haben. So war die Familie sein direkter Ansprechpartner und nicht die Hauptverwaltung Aufklärung.

Anmerkungen

52 PPF = Parti populaire français
53 Organisation Wiederaufbau und Arbeit
54 zitiert nach Thierry Wolton, Le KGB en France, Paris 1986, S. 175
55 siehe Hans Voelkner, Salto Mortale, Berlin 1989
56 Leopold Trepper, Die Wahrheit, München 1975
57 ebenda S. 205
58 300 Franc war die Summe, die man behalten durfte. Alles darüber wurde zur Tilgung der Prozesskosten beschlagnahmt.
59 Rochet war von 1967 bis 1972 Chef der D.S.T.
60 siehe Gilles Perrault, Auf den Spuren der Roten Kapelle, Wien/München 1990, S. 533ff.

22. Marianne und die »libération conditionnelle«

Am 9. Mai 1972 erhielt Marianne von ihrer Gefängnisdirektorin, charmant »la Directrice« genannt, eine schriftliche Mitteilung. Die Kommission für die »libérations conditionnelles«[61] habe dem Vorschlag der Direktorin zugestimmt, Marianne Mühle nach Verbüßung der Hälfte ihrer Haftstrafe zu entlassen. Nach sechs Jahren sollte Marianne wegen guter Führung freikommen. Daran war die Bedingung geknüpft, sofort das Land zu verlassen.

Von dem erfreulichen Beschluss der Kommission unterrichtete die Direktorin umgehend Maître Soulez Larivière. Der schickte ein Glückwunschtelegramm nach Rennes und erklärte sich bereit, sofort ein Flugticket für Marianne zu besorgen. Das dauere einige Tage, Marianne solle sich gedulden. Auch die Polizei der bretonischen Hauptstadt hatte nichts dagegen, Marianne per Flugzeug außer Landes zu bringen. Schließlich verfügt die Stadt seit 1932 über einen Flugplatz, der nach dem französischen Flugpionier Joseph la Brix benannt ist.

Am 19. Juli genehmigte das Ministerium für Justiz in Paris Mariannes Freilassung. Fünf Tage später informierte die Directrice, dass sich die Entlassung verzögere, da das Innenministerium noch keine Eskorte an die Grenze bereitgestellt habe. Große Verblüffung rief am 25. August die Information durch die Gefängnisdirektorin hervor, dass das Ministerium für Justiz Mariannes Freilassung zurückgestellt habe, da Verhandlungen mit der »ostdeutschen Seite« über einen Austausch nicht erfolgreich gewesen seien. Bis zu jenem Tage wusste Marianne überhaupt nicht, dass sie ausgetauscht werden sollte.

Über diese unzulässige Vermischung der Freilassung unter den Bedingungen der Ausweisung mit einem Austausch beschwerte sich Marianne bei der Französischen Liga zur Verteidigung der Menschenrechte und trat in den Hungersteik. Auch ich hungerte mehr als eine Woche. Nach acht oder neun Tagen tauchte ein Mitarbeiter des Pariser Justizministeriums in meiner Zelle auf und erklärte, dass Mariannes *libération conditionnelle* aus politischen

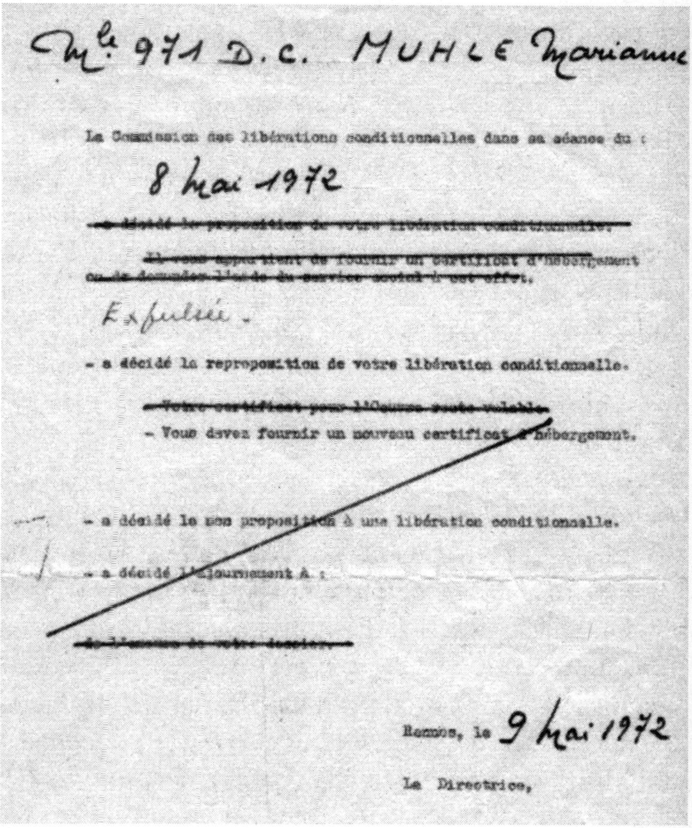

Mle 971 D.C. MUHLE Marianne

La Commission des libérations conditionnelles dans sa séance du :

8 mai 1972

~~- a décidé la proposition de votre libération conditionnelle.~~

~~Il vous appartient de fournir un certificat d'hébergement ou de demander l'aide du service social à cet effet.~~

Expulsée.

- a décidé la reproposition de votre libération conditionnelle.

~~Votre certificat pour l'Oeuvre reste valable.~~

- Vous devez fournir un nouveau certificat d'hébergement.

- a décidé la non proposition à une libération conditionnelle.

- a décidé l'ajournement A :

~~[illegible]~~

Rennes, le 9 mai 1972

La Directrice,

»Libération conditionnelle« mit Rückzieher

Gründen aufgehoben worden sei. Wegen fehlender Erfolgsaussichten brachen wir den Hungerstreik ab, Marianne packte ihren Koffer, auf dem sie fast drei Monate mit der Hoffnung gesessen hatte, bald wieder ein menschenwürdiges Leben zu führen, wieder aus und blieb ein weiteres Jahr hinter französischen Gefängnismauern.

Am 9. Februar 1973 stellten Frankreich und die DDR diplomatische Beziehungen her.

Am 25. November 1973 brachte eine französische Militärmaschine Marianne nach Berlin-Tegel. Man fuhr mit ihr sofort zur Grenze. Aber irgendwas missfiel. Marianne wurde zurückgebracht und in eine Art Sonderhaft genommen. Was in ihr in jener Nacht vorging, kann man nur ahnen. Vor anderthalb Jahren war ihr die Entlassung mitgeteilt worden, und nun war sie schon in Berlin, wenngleich im Westteil der Stadt, und noch immer nicht frei …

Am nächsten Morgen fuhr man mit ihr zum Grenzübergang Chausseestraße im französischen Sektor. Es war ein trüber Novembertag. Rechtsanwalt Friedrich Wolff und Helmut Feist waren da. Marianne erkundigte sich nach mir. »Jochen ist nicht dabei«, sagte Feist. Daraufhin wollte Marianne auf dem Absatz kehrtmachen. Sie wurde mit sanfter Gewalt daran gehindert, die weiße Linie neuerlich zu überqueren.

Mariannes Freilassung, die mich freute, hatte für mich jedoch einen schalen Beigeschmack. Es war und ist in Frankreich üblich, dass ein Häftling bei guter Führung nach Verbüßung der Hälfte seiner Strafe auf Bewährung auf freien Fuß kommt. Dieses Recht wird selbst verurteilten Gewalttätern zugestanden. Im Falle von Marianne wurde dieser Rechtsgrundsatz missachtet. Über meine Wut darüber machte ich in einem Brief an unsere Botschaft Luft. Doch es ist eine alte Weisheit: Recht haben und Recht bekommen sind oft zweierlei.

Mariannes Begrüßung in der Hauptstadt der DDR, 26. November 1973

Marianne kam in ein Land, das ihr nach mehr als neun Jahren ziemlich fremd war. Der Sprung, den die DDR in dieser Zeit gemacht hatte, war augenfällig. Als wir 1964 die DDR verließen, war der Alexanderplatz eine riesige Fläche, umfahren von Doppelstockbussen, gekreuzt von Straßenbahnen. Im Haus Alexander, vor dem die Busse hielten, war ein Automatenimbiss, organisiert nach Moskauer Vorbild: Man suchte aus, was man essen und trinken wollte, trat an die Kasse, kaufte entsprechende Automatenmünzen – heute »Chips« genannt – und holte Rollmops und Bier aus dem Automaten.

Nun war der Alex ein moderner Platz mit Warenhaus und 100 Meter hohem Hotel. Den Fernsehturm kannten wir nur aus der Zeitung, die wir seit Februar 1973 von der DDR-Botschaft bekamen. Ob der Platz schön war – darüber will ich nicht streiten. Ein Indiz für gewaltige Veränderungen war er allemal. Marianne kam zurück, und es trat ein, worauf wir uns stets verlassen hatten: solidarische und herzliche Fürsorge bei den ersten Schritten. Helga, damals Mitarbeiterin des *Neuen Deutschland* und noch heute eine gute Freundin, war beauftragt, Marianne bei den Wegen durch die neue alte Heimat zu begleiten. Helga bemühte sich, Marianne wieder an die Großstadt heranzuführen, denn hupende Autos, kreischende Straßenbahnen oder Menschengedränge machten ihr anfangs Angst. Sie musste wieder lernen, die Ampel zu beachten und S-Bahn zu fahren. Selbst der Weg in die Oper, durch das volle Foyer zu ihrem Platz, war für meine Frau ein Problem. Marianne wurde 1974 zu einer Kur nach Bulgarien geschickt. Doch bei der Grenzkontrolle am Flughafen Schönefeld fiel den wachsamen Genossen der Passkontrolle der französische Akzent auf, den die Frau mit DDR-Pass sprach. »Zur Klärung eines Sachverhalts« wurde Marianne in ein anderes Zimmer geführt und befragt. Erst durch einen Anruf in der Zentrale konnte »der Sachverhalt« geklärt werden. Schließlich trat Marianne die Reise an – das Flugzeug hatte gewartet, bis das Missverständnis ausgeräumt war. Wachsamkeit hat eben ihren Preis.

Die Genossen der Zentrale meinten, dass meine Frau eine Sprachkundigenprüfung im Fach »Französisch« ablegen könnte, denn dieser Abschluss würde ihr sicher leicht fallen, und nützlich wäre er im Berufsleben allemal. Zur Unterstützung wurden zwei Genossinnen der Übersetzerabteilung der HV A, Sonja und Ellen, abgestellt. Marianne jedoch mochte aus naheliegenden Gründen kein Französisch sprechen. Aber sie legte dann doch in Dammsmühle die Prüfung ab.

Anmerkung

61 Freilassung auf Bewährung

23. Der Austausch

Nachdem Marianne in Berlin angekommen war, schöpften auch Hans Voelkner und ich Hoffnung, bald ausgetauscht zu werden. Die Bedingungen hatten sich schon dadurch verbessert, dass es in der Pariser Rue Marbeau eine DDR-Botschaft gab, die uns betreute und dafür Sorge trug, dass sich unsere Haftbedingungen verbesserten.

Am 20. November 1973 schrieb mir unsere Vertretung: »Die erfolgte Entlassung Ihrer Frau betrachten wir als ein positives, meßbares Ergebnis aller Bemühungen. Wir verknüpfen damit natürlich auch die Erwartung, weitere Fortschritte zur vollständigen Lösung der gesamten Angelegenheit zu erreichen. Dieser Aspekt wurde gegenüber den französischen Vertretern wiederholt klar zum Ausdruck gebracht.«

Die Genossen der Botschaft besuchten uns in Melun. Immerhin waren sie Diplomaten und wurden durch den Gefängnisdirektor empfangen, was uns in den Augen der Schließer merklich aufwertete. Aber es war auch eine nicht hoch genug zu schätzende moralische Unterstützung, mit einem Gleichgesinnten aus der Heimat sprechen zu können. Und fortan bekamen wir regelmäßig das *Neue Deutschland* und andere Presseerzeugnisse aus der DDR.

Genosse Manfred Jost, 3. Sekretär der DDR-Botschaft, verschwieg in seinem Brief ein spezielles Problem: Es mangelte an Tauschobjekten für uns. Bei den in der DDR festgenommenen und verurteilten Personen, die für Frankreich gearbeitet hatten und die dafür in Betracht kamen, handelte es sich um DDR-Bürger. Frankreich war an ihnen nicht interessiert. Es waren bezahlte Agenten, die auf eigenes Risiko gearbeitet hatten. Nunmehr waren sie verbrannt und damit für Paris ohne Bedeutung. Auch dort schätzte man nur den Verrat, nicht aber den Verräter.

Die Botschaft wollte für Hans und mich schon mal DDR-Pässe ausfertigen. Weil für einen Pass ein Foto benötigt wurde, baten wir um Erlaubnis, außerhalb des Gefängnisses Passbilder anfertigen lassen zu können. Dieser Antrag wurde abgelehnt, worauf die Botschaft, wie man mich wissen ließ, in einer Note an das Außenministerium ihr Erstaunen zum Ausdruck brachte.

Am 28. März 1974 schrieb uns Manfred Jost, dass nun, ein reichliches Jahr nach Aufnahme diplomatischer Beziehungen, Botschafter Dr. Ernst Scholz in Paris eingetroffen und akkreditiert worden sei.

Scholz erwies sich für Hans und mich als ein Glücksfall. Aber auch politisch, also für die Beziehungen der beiden Staaten wichtig, war seine Ernennung zum Botschafter eine ebenso kluge wie geschickte Entscheidung. Scholz hatte das faschistische Deutschland verlassen und in Paris an der École Spéciale d'Architecture studiert, in der XI. Internationalen Brigade in Spanien gekämpft und sich 1940 dem bewaffneten Kampf der französischen Résistance angeschlossen. Er kannte das Land, die Sprache und war über alle Parteigrenzen hinweg geschätzt.

Am 30. August 1974 informierte uns die Botschaft, dass Hans und ich am 6. September entlassen und in die DDR abgeschoben werden sollten. Im Gegensatz zu Marianne, die nach derartiger Ankündigung noch mehr als ein Jahr hinter französischen Mauern verbringen musste, hatten wir ein gutes und sicheres Gefühl, wurde unsere Entlassung, in damaligem Sprachgebrauch »Heimführung« genannt, doch von der Botschaft betreut.

Am Morgen des 6. September erschienen in Melun der Konsul der DDR-Botschaft Reinhold Kabeus und Rechtsanwalt Joë Nordmann, um die formale Abwicklung unserer Entlassung zu kontrollieren. Unsere Sachen hatten wir schon in den Tagen zuvor in Kisten verpackt, in acht Jahren hatte sich einiges angesammelt. Vor allem die vielen Bücher bereiteten Probleme, denn ihr Transport war teuer. Mein Gepäck wurde von den französischen Strafvollzugsbeamten, die den Umzug beobachteten, nicht kontrolliert. Sie wussten wohl, dass ich keine Staatsgeheimnisse verpackt hatte. Und silberne Löffel konnte man im Knast von Melun nicht klauen.

Drei Beamte der D.S.T. brachten uns mit dem Auto nach Vélizy-Villacoublay, 35 Kilometer Luftlinie von Melun entfernt. Dort hatte die »Armée de l'air«, die französische Luftwaffe, seit 1936 einen Militärflughafen. Die drei Herren flogen mit uns auch nach Berlin-Tegel. Sie zeigten sich während des Fluges als recht kommunikativ. Einen kannte ich bereits. Bei den seltenen Besuchen, die ich in Melun erhielt, war er stets zugegen, und er hatte, wie sich aus dem Gespräch ergab, auch meine Post zensiert. Darum meinte er wohl, mich gut zu kennen.

Für die Gespräche, in die sie Hans und mich verwickelten, waren bei einer Reisegeschwindigkeit von 400 Kilometer pro Stunde bis Berlin mehr als zwei Stunden Zeit. Sie drehten sich immer um die Frage unseres Dienstgrades. Sowohl Hans als auch ich versicherten, keinen militärischen Rang zu besitzen – dass ich Leutnant der Reserve war, behielt ich für mich. Dass ich nach meiner Heimkehr zum Major befördert wurde, wusste ich noch nicht. Auch wollten unsere Begleiter, die sich plötzlich als unsere »Kollegen« verstanden, wissen, was wir ab jetzt zu tun gedachten. Ausruhen, sagten wir. Und da waren wir mal ganz ehrlich.

Hans fragten sie nach seiner Meinung zu Leopold Trepper und der Roten Kapelle. Schließlich behaupteten sie, dass Trepper seine Genossen bei der Gestapo verraten hätte. Hans steckte im Stoff und sagte, dass er erst dann zu einer abschließenden Beurteilung Treppers bereit sei, wenn alles auf dem Tisch liege. Schließlich hielten der sowjetische und der amerikanische Geheimdienst noch viele Akten in ihren Archiven zurück.

Heute wissen wir, dass die Anschuldigungen gegen Trepper haltlos waren.

Als wir in Tegel landeten, empfing uns der Chef der «Sécurité militaire« in Westberlin. Er erkärte uns, dass er die auf DDR-Seite zum Austausch bereitgestellen französischen Agenten vor Ort inspiziert und keine Beanstandungen habe. Kurz: Unserem Austausch, der für den Nachmittag geplant sei, stehe nichts im Wege.

Dann wurden wir in einen Aufenthaltsraum der Gendarmerie geführt. Nunmehr seien wir, wie der Chef der Gendarmerie seinen Leuten erklärte, nicht mehr als Gefangene zu betrachten, sondern als Wartende. Diesen Wechsel der Betrachtungsweise allerdings nahmen wir nicht wahr, zu groß war unsere Anspannung.

Einer der drei mit uns aus Villacoublay angereisten D.S.T.-Begleiter war, wie sich heraustellte, in Westberlin stationiert. Er fragte uns, was wir tun würden, begegneten wir ihm in Ostberlin? Ihn auf ein Glas einladen, anworteten Hans und ich.

Der Chef der »Sécurité militaire« brachte uns schließlich zur Chausseestraße.

Der Austausch selbst verlief unspektakulär: Auf beiden Seiten standen Empfangskomitees, von beiden Seiten preschten Limousinen heran, öffneten sich Wagentüren, auf beiden Seiten warteten Fotografen. Einen Pass brauchten wir bei dieser Art des Grenzübergangs nicht.

Aber das alles nahm ich kaum wahr. Ich schaute nur nach Marianne. Sie war da, schön, jung und glücklich.

Für Emotionen war jedoch wenig Raum, denn Hans und ich wurden von offiziellen Vertretern der DDR begrüßt. Sie führten uns in eine Baracke, in der getafelt und geredet wurde. Mein Magen hatte wegen nervöser Störung geschlossen. Außerdem, das kann man mir nicht verdenken, wollte ich nach Hause – wo immer das war, ich wollte dahin, wo Marianne Raum für unser neues Leben geschaffen hatte. Wir mussten uns neu entdecken; mehr als die Hälfte unserer Ehe hatten wir bis zu jenem Zeitpunkt im Gefängnis, getrennt also, verbracht.

Marianne arbeitete inzwischen bei Intertext, dem Dolmetscher- und Übersetzungsdienst der Partei. Ich wollte erst einmal wieder den Horizont sehen – im wahrsten Sinne des Wortes. Meine Augen mussten sich nach dem Leben hinter hohen französischen Gefängnismauern erst einmal wieder an Weite gewöhnen. Da war unsere Hochhauswohnung in der neu erbauten Leipziger Straße gerade richtig.

24. Was bleibt?

Ich genoss den wunderbaren Blick auf die Stadt und stellte fest, wie sehr sich Berlin während unserer zehn Jahre Abwesenheit verändert hatte. Den Alexanderplatz erkannten wir kaum wieder, der Fernsehturm war für uns eine Sensation. Der Palast der Republik befand sich noch im Bau und wurde erst 1976 eröffnet. Auch die Leipziger Straße, in der wir nun wohnten, entwickelte sich schrittweise zu einem Boulevard. Aber auch ganz alltägliche Dinge stachen ins Auge: die Versorgung war deutlich besser geworden. Es gab Kaufhallen, wie wir sie in Frankreich gesehen hatten. Uns bot sich nach der Rückkehr ein beeindruckendes Bild von der DDR: Wir sind auf dem richtigen Weg – es hat sich gelohnt!

Ich war 50, die Frage, nun in Rente zu gehen, stellte sich nicht, denn meine Lebensweise im Gefängnis, vor allem der tägliche Sport, hatte mich fit gehalten. Die Frage war vielmehr die nach einer neuen Arbeit. Die Genossen der HV A fühlten sich zuständig, mir eine Tätigkeit zu verschaffen, die sowohl meiner Qualifikation als auch meinen Fähgkeiten entsprach.

Anfang 1975 meldete ich mich auftragsgemäß in der Betriebspoliklinik im Hause der Ministerien. Dort suchte man einen Leiter für die Abteilung Kader und Verwaltung. Die Aussicht, fortan in der Betriebspoliklinik des Ministerrats zu arbeiten, reizte mich. Von unserem Balkon aus konnte ich das HdM, wie sich Görings Albtraum zu DDR-Zeiten nannte, sehen. Von der Leipziger Straße 41, unserem neuen Domizil, bis dort waren es nur wenige hundert Meter.

Die Ärztliche Direktorin, Prof. Dr. Gisela Otto, empfing mich freundlich in ihrem geräumigen Büro. Und obwohl wir uns sofort sympathisch und Genossen waren, blieben wir beim »Sie« – Chefärzte werden eben nicht nur in der Schwarzwaldklinik gesiezt. Wir waren uns sehr schnell einig. Zur Untermauerung des ausgehandelten Arbeitsvertrages spendierte sie einen Weinbrand. »Prost, auf gute Zusammenarbeit!«

So war ich also mit Wirkung vom 1. März 1975 Abteilungsleiter Kader und Verwaltung in der Poliklinik in der Leipziger Straße 5/7.

Und als dieser beendete ich im Jahre 1979 mein Arbeitsleben.

Was bleibt?

Das lässt sich in drei Sätzen nicht sagen. Marianne und ich hatten wichtige Jahre unseres Lebens in französischen Gefängnissen zubringen müssen. Es war verlorene Lebens-

Marianne und Hans-Joachim Bamler, in den 80er Jahren

zeit. Was alles hätten wir, in der Mitte uneres Lebens, vollbringen können? Doch wir wussten und wissen, warum wir dort waren.

Unser Staat, die DDR, hat unseren Einsatz hoch bewertet, wir wurden unterstützt und geehrt. Nach der »Wende« jedoch stahl man uns die Haftjahre. Wir hatten, so die Rechtsprechung in der Bundesrepublik, mehrere Jahre unbezahlten Urlaub in Frankreich genommen, die bei der Rentenberechnung nicht berücksichtigt werden konnten. Meine Jahre als Angehöriger der Wehrmacht hingegen zählten bei der Rentenberechnung selbstverständlich.

Das MfS, mein »Arbeitgeber«, wie man heute sagen würde, hat zuverlässig, ganz nach Art der Genossen, Beiträge an die Rentenkasse der DDR abgeführt. Doch das war nach Meinung des Oberfinanzgerichts unbedeutend, da ein Spion, der im Gefängnis sitzt, nicht mehr für seinen Dienstherren aktiv ist – was übrigens Unsinn ist und von Inkompetenz zeugt: Auch hinter Gittern arbeitet man für seinen Auftraggeber weiter.

Ich habe protestiert und prozessiert. Als Marianne sah, wie die westdeutsche Justiz mit mir verfuhr, verzichtete sie auf Anraten unseres Anwalts auf eine eigene Klage, denn mein Fall hatte ein Präjudiz geschaffen. Letztlich wurden wir in der Bundesrepublik dieser Jahre unseres Lebens faktisch ein zweites Mal beraubt.

Was bleibt also? Wenn ich darüber nachdenke, fällt mir dieses Gedicht von Louis Fürnberg ein:

Jeder Traum, an den ich mich verschwendet,
Jeder Kampf, da ich mich nicht geschont,
Jeder Sonnenstrahl, der mich geblendet,
Alles hat am Ende sich gelohnt.

Jedes Feuer, das mein Herz gefangen,
Jede Sorge, die mein Herz beschlich,
War's oft schwer, so ist's ja doch gegangen.
Narben blieben, doch es lohnte sich.

Unser Leben ist nicht leicht zu tragen.
Nur wer fest sein Herz in Händen hält,
Hat die Kraft, zum Leben Ja zu sagen,
Und die Kraft zum Kampf für eine neue Welt.

Jeder Tag ist in mein Herz geschlossen,
Der auch mich zu diesem Dienst beschied.
Was ich singe, sing ich den Genossen,
Ihre Träume gehen durch mein Lied.
Was ich singe, sing ich euch, Genossen,
Eure Träume gehen durch mein Lied.

Anlagen

Meldung in *The Sydney Morning Herald* vom 2. Oktober 1966: »Falscher Verbündeter lieferte Geheimnisse an Kommunisten«

PARIS, Samstag (A.A.P.). – Französische Agenten erklärten heute, dass sie die Kommunisten in Ostdeutschland vier Monate lang mit falschen Informationen gefüttert haben.

Sie hatten vier ostdeutsche Spione, die in das NATO-Hauptquartier eingedrungen waren, festgenommen und deren Code geknackt. Der Code befand sich im ausgehöhlten Handgriff eines Schraubenziehers, teilte *United Press International* mit. Vier Monate sandten sie falsche Informationen an die Kommunisten.

Über die gesamte Zeit waren die Spione in Haft.

Es handelt sich dabei um zwei Bürger Westdeutschlands und ein tschechisches Paar namens Bammler. Sie befinden sich im Gefängnis und warten nun auf ihren Prozess.

Die falschen Informationen wurden in der gleichen Weise übermittelt, wie es die Spione taten – durch Verstecken in bunten russischen Puppen, die durch den Eisernen Vorhang geschleust wurden, offensichtlich nach Berlin.

Wie die Ostdeutschen in Ostberlin schließlich den Trick entdeckten, wurde nicht mitgeteilt.

Die Informationen, die die beiden Paare gestohlen und nach Ostberlin gesandt hatten, wurden als belanglos bezeichnet und die Spione als »ziemlich kleine Fische« charakterisiert.

Die handelnden Personen in der geheimnisumwitterten Geschichte waren:

»Isolde«, 27, eine hochintelligente und attraktive blonde Sekretärin im Informationsbüro der NATO, die die Dokumente und Informationen stahl. Sie ist die in Paris geborene Tochter westdeutscher Eltern, deutsche Staatsbürgerin und wurde von einer westdeutschen Sicherheitsagentur für den Dienst in der NATO überprüft.

»Tristan«, 36, ihr Ehemann, ein Pariser Chauffeur, der in der französischen Fremdenlegion kämpfte und im Indochinakrieg verwundet wurde. Angeblich begann er 1960, als er im Pressebüro der französischen Streitkräfte in Westberlin arbeitete, für Ostberlin zu spionieren. Er heiratete »Isolde« 1963, und sie begann bei der NATO zu arbeiten.

Bammler, von dem berichtet wird, dass er der Sohn eines Generals der deutschen Wehrmacht im Zweiten Weltkrieg war, war angeblich der »Kontaktmann« zwischen »Tristan« und dem Ostberliner Nachrichtendienst.

Über seine Frau ist wenig bekannt.

Eine Razzia der D.S.T. in Bammlers Wohnung brachte Utensilien für umfangreiche Spionageaktivitäten zum Vorschein – Mikrofilmausrüstung, Funksender und -empfänger sowie den versteckten Code.

Selbstauskunft, in: »Top-Spione im Westen«

herausgegeben von Klaus Eichner und Gotthold Schramm, edition ost, Berlin 2008 (2003)

Was kann einen Menschen bewegen, auf ein gesichertes, ruhiges Leben zu verzichten? Meine Frau und ich waren in guten Positionen, hatten eine gemütliche, neugestaltete 3-Zimmer-Wohnung, ein Auto vor der Tür und auch ein schönes, bebautes Wochenendgrundstück am Wasser. Was will der Mensch mehr?

Zu jener Zeit kam ein Mitarbeiter der HV A zu mir und versuchte, mich für einen Auslandseinsatz zu werben. Ohne Marianne hätte ich nie zugesagt. Doch nach wochenlangen Überlegungen und Gesprächen erklärten wir uns letztlich beide bereit, als Kundschafterehepaar nach Frankreich zu gehen. Mit diesem Schritt gaben wir alles auf: materielle Sicherheit, gesicherte Zukunft, die Familie, alle Freunde. Warum?

Ich entstamme einer großbürgerlichen Familie, mein Vater war Generalleutnant der Wehrmacht. Jahrelang war er in leitenden Positionen im »Amt Ausland/Abwehr« unter Admiral Canaris tätig. Einige meiner Onkel mütterlicherseits besaßen Rittergüter, auf denen ich oft meine Ferien verbrachte. Ich selbst war Leutnant in der Sturmgeschütz-Brigade der Panzergrenadier-Division »Großdeutschland«, einer Eliteeinheit der Wehrmacht, die an allen Brennpunkten eingesetzt wurde und daher hohe Verluste zu verzeichnen hatte.

Mein Vater und ich waren im Zweiten Weltkrieg an der Ostfront.

Als 1944 mein Vater in sowjetische Gefangenschaft geriet, wurde meine Mutter aufgrund eines Himmler-Befehls in Sippenhaft genommen und kam zuletzt ins KZ Dachau. Nach dem berüchtigten Todesmarsch bis nach Tirol starb sie kurz nach der Befreiung durch die Amerikaner.

Ich kam am 12. Mai 1945 in amerikanische Gefangenschaft und wurde im selben Jahr in die amerikanische Besatzungszone entlassen. Ich war ohne Hab und Gut, ohne Heimat und ohne Familie. Dass meine Mutter tot war, erfuhr ich wesentlich später. Bekannt war mir lediglich, dass mein Vater in sowjetischer Gefangenschaft und unser Zuhause in Zoppot bei Danzig von den Russen besetzt war. Ich besaß nur, was ich auf dem Leib trug.

Damals schwor ich mir: Niemals wieder Faschismus, niemals wieder Krieg!

In Reutlingen in Württemberg studierte ich an der Textilingenieurschule und ging, nach der Rückkehr meines Vaters aus der Gefangenschaft, zu ihm in die DDR. Während eines Lehrgangs an der Schule des Ministeriums für Kultur in Leipzig lernte ich meine spätere Frau Marianne kennen. Wir heirateten 1960.

Marianne kam aus einer kleinbürgerlichen, apolitischen Familie. Erst in unserer Ehe beschäftigte sie sich mit mir intensiv mit politischen Problemen, wobei auch mein Vater einen gewissen Einfluss ausübte. Die Motive für den Schritt, mit mir als Kundschafter ins Ausland zu gehen, wurden hauptsächlich durch das enge Zusammengehörigkeitsgefühl in der jungen Ehe geprägt. Für uns beide stand fest, dass es Menschen geben musste, die sich für die Bewahrung des Friedens engagierten. Die Lage war bedrohlich. Die BRD hatte ihre Armee im Geiste der alten Nazigeneralität aufgebaut und war der NATO beigetreten. Unter anderem sollte die »Ostzone« befreit werden. Das bedeutete Krieg – denn die DDR gehörte dem Warschauer Vertrag an. Wir wollten uns dafür einsetzen, diesen geplanten Wahnsinn zu verhindern. Das war für uns ausschlaggebend, den Weg als Kundschafter zu gehen und auch mögliche Schwierigkeiten in Kauf zu nehmen.

In Paris wohnten wir in einem Arbeiterbezirk und führten ein ganz normales, unauffälliges Leben. Wir besuchten die Alliance française, eine Französischschule für Ausländer, um unsere Sprachkenntnisse zu vertiefen. Dazu nahmen wir auch erfolgreich an Prüfungen teil. Unser Hauptaugenmerk jedoch galt – auch wenn wir auf uns allein gestellt waren – dem Auftrag der Zentrale in Berlin. Dem musste alles untergeordnet werden. Gleichwohl hatten wir Entscheidungen selbständig zu treffen und auch umzusetzen.

Wir bildeten in Paris eine Residentur und waren der verlängerte Arm der Zentrale. Der Auftrag lautete, ins NATO-Hauptquartier – das sich damals noch an der Seine befand – einzudringen. Wir sollten die inneren Strukturen erkunden, Schwachstellen finden und sie für unsere Zwecke gezielt nutzen.

In unserer Residentur war Marianne zuständig für die technischen Arbeiten, insbesondere für das Chiffrieren, Dechiffrieren, Fotografieren und die Funkverbindung. Ich organisierte und führte die notwendigen Treffs durch und bereitete die Informationen zur Weiterleitung auf. Mit Hilfe der von uns geammelten Steinchen konnte die Zentrale ein Mosaik schaffen, das für ihre weiteren Entscheidungen bedeutend war.

Eines Tages wurden wir von Beamten der D.S.T. (La Direction de la Surveillance du Territoire) verhaftet und dem Staatssicherheitsgericht (La Cour de Sûreté de l'Etat) übergeben. Das war ein Militär- und Ausnahmegericht, welches von Präsident de Gaulle geschaffen worden war, um die O.A.S. – die Organisation der französischen Geheimarmee, die sich durch Gewalt der Unabhängigkeit Algeriens widersetzte – zu bekämpfen. Dieses Gericht, bestehend aus einem Berufsrichter, einem General, einem Oberstleutnant und einem Hauptmann, verurteilte uns wegen Spionage für eine ausländische Macht.

Marianne erhielt 12 Jahre, ich 18 Jahre Zuchthaus.

Ich kam zunächst nach Fresnes, Marianne ins Pariser Frauengefängnis »La Petite-Roquette«. Das Gebäude war 1832 errichtet und seither nicht erneuert worden, die Zustände waren durchaus mittelalterlich. Im Hof und im Küchentrakt liefen offene Abwasserrinnen. Dort hatten sich ganze Kolonien von Ratten angesiedelt, die überall gegenwärtig waren. Die Zellen waren nicht beheizbar, fließendes Wasser gab es nur im zentralen Gang. Dort waren auch die Toiletten. In der Zelle stand nur ein Eimer, der jeden Morgen von der Insassin geleert werden musste. Zum Waschen gab es eine Schüssel und einen Krug, der zweimal täglich gefüllt wurde. Im Winter hatte Eis die Waschschüssel überzogen. Im Sommer konnte man wegen der Ratten das Fenster nicht öffnen.

Wegen dieser menschenunwürdigen Bedingungen verstummten die Proteste in der Öffentlichkeit nicht. Auch der Schriftsteller und Philosoph Jean-Paul Sartre prangerte öffentlich die Missstände an. Das zeigte Wirkung: Das Gebäude wurde abgerissen, die Häftlinge kamen in andere Haftanstalten. Drei Jahre musste Marianne in diesem mittelalterlichen Gefängnis zubringen.

Die Bundesrepublik reklamierte für sich zu jener Zeit gemäß der geltenden Hallsteindoktrin, für alle Deutschen zuständig zu sein. Nicht dass wir es uns sonderlich gewünscht hätten, von der Bonner Vertretung Besuch zu erhalten. Aber schon deren Aufmerksamkeit hätte eventuell unsere gesamte Situation positiv beeinflussen können. Auf uns Inhaftierte schien sich der Alleinvertretungsanspruch jedoch nicht zu erstrecken.

Marianne, die mehr als dreieinhalb Jahre Einzelhaft zu ertragen hatte, hätte sich liebend gern über die schikanösen Haftbedingungen beschwert.

Vertreter der DDR wurden nicht vorgelassen: eben weil die Hallstein-Doktrin existierte und Paris nicht die Beziehungen zu Bonn dadurch belasten wollte, dass es offizielle Vertreter eines nicht existenten Staates akzeptiert hätte.

Erst als am 9. Februar 1973 Frankreich die DDR völkerrechtlich anerkannte und wir eine Botschaft hatten, verbesserte sich unsere Lage erheblich. Kontakt zur Zentrale in Berlin war über verschlungene Kanäle immer vorhanden. Das heißt: Wir waren auch in französischen Haftanstalten für die Zentrale tätig. Diese Tatsache sollte sich Jahrzehnte später als wichtig erweisen.

Die HV A bzw. die DDR bemühte sich intensiv um unsere Freilassung. Schließlich wurden wir ausgetauscht. Marianne hatte über sieben Jahre hinter Gittern zugebracht, ich mehr als acht.

Die Zentrale kümmerte sich sehr um unsere Wiedereingliederung in ein normales Leben. Die lange Isolationshaft hatte sich bei Marianne nachteilig auf die Psyche ausgewirkt, ihre Konzentrationsfähigkeit hatte darunter gelitten wie auch die Fähigkeit, mit Menschen zusammenzusein.

Als die DDR unterging, waren wir bereits pensioniert. Das neue Deutschland kürzte unsere Rente um die Jahre der Haft. Die in die Versorgungskasse der HV A während der Haftzeit eingezahlten Beträge, die wir belegen können, wurden als nicht existent getilgt. Gegen diesen Akt der Willkür haben wir geklagt. Mein Verfahren fand in Erster Instanz statt, das von Marianne bisher noch nicht. Das Sozialgericht gab mir Recht. In der Urteilsbegründung konstatierte man: »Zur Überzeugung der Kammer gehörte der Kläger auch noch während seiner Haftzeit dem Sonderversorgungssystem MfS/AfNS an. Die versicherungspflichtige Tätigkeit des Klägers ist durch seine Haft in Frankreich nicht unterbrochen worden.«

Am 25. Juni 1997 hatte man meinen ehemaligen Abteilungsleiter als Zeugen vernommen und dessen Aussage akzeptiert, dass »von vornherein davon ausgegangen wurde, dass auch während einer Inhaftierung die Tätigkeit des Klägers nicht unterbrochen wird, sondern vielmehr in dem Fall sich nur der Einsatz und Wirkungsbereich ändert. Er (*der Zeuge – d. Hrsg.*) hat vorgetragen, dass bei einem im Ausland eingesetzten Agenten unter keinen Umständen davon auszugehen war, dass während der Haftzeit ein versicherungspflichtiges Arbeitsverhältnis und somit die Rechte und Pflichten unterbrochen werden. Entsprechend der Richtlinien und Dienstanweisungen der Hauptverwaltung Aufklärung haben alle Rechte und Pflichten aus dem bestehenden Dienstverhältnis auch während der Haftzeit weiterbestanden.

Bereits vor Antritt eines Einsatzes im Ausland sei der Aufgabenkreis für den Fall einer Inhaftierung im Ausland formuliert und festgelegt worden. Jeder Kundschafter sei bereits vor Antritt seiner Agententätigkeit beauftragt worden, auch während der Haft alle Einzelheiten seiner Umgebung im Gedächtnis zu behalten und bei seiner Rückkehr auszuwerten [...] Insoweit ist die Kammer zu der Überzeugung gelangt, dass in dem besonderen Fall des Klägers dessen versicherungspflichtige Beschäftigung nicht unterbrochen worden ist.

Nach alledem war der Klage stattzugeben.«

Auch die Bundesbehörde für die Unterlagen des Staatssicherheitsdienstes der DDR bestätigte, dass regelmäßig während der gesamten Zugehörigkeit zur HV A unsere Beiträge an die Versorgungskasse abgeführt wurden. In einem Schreiben an das Landessozialgericht bezeugte die BStU, »dass durch Verhaftung der ›operative Auftrag‹ nicht beendet ist. Daraus könnte geschlossen werden, dass das Dienstverhältnis [...] während der Haftzeit weiterhin bestand.«

Trotzdem legte das Bundesverwaltungsamt gegen die Gerichtsentscheidung Widerspruch ein, so dass wir bis heute auf die vollständige Anerkennung unseres Rentenanspruches warten.

Die Politik und wohl auch die hohe Gerichtsbarkeit lassen sich anscheinend von Tatsachen nicht überzeugen. Eher wird die Einführung der Strafe nach der Strafe praktiziert.

Alles in allem: Marianne und ich sind davon überzeugt, dass unsere Arbeit und die aller Kundschafter der HV A notwendig und richtig war. Nichts war umsonst.

Wir blicken mit Stolz auf unser Leben zurück.

Rendez-vous avec X

Patrick Pesnot, ein französischer Journalist und renommierter Buchautor, u. a. über die großen Spione des 20. Jahrhunderts (zuletzt 2012 »Les dossiers secrets de Monsieur X: Coffret 2 volumes: Les Grands espions du XXe siècle; Les espions russes«), sprach mit einem anonymen französischen Geheimdienstler, »Monsieur X«. Das halbstündige Gespräch wurde unter dem Titel »Les réseaux d'espionnage est-allemands en France: Le réseau des poupées« am 14. Januar 2012 zum ersten und am 4. August 2012 zum zweiten Mal gesendet.

Anmoderation: Einige nannten es »Puppennetz« … Einfach deshalb, weil diese Ost-Spione bisweilen zum Verstecken und Übermitteln ihrer Informations-Ausbeute Puppen benutzten, die auf ausgeklügelte Weise ausgehöhlt waren … Aber das ist ein absolut anekdotisches Detail, das vor allem die Presse unterhalten sollte: denn die vier handelnden Spione kannten sich auch mit den raffiniertesten Kommunikationstechniken aus, die in den modernen Geheimdiensten Verwendung finden.

Patrick Pesnot: Wenn Herr X mir von dieser Spionageaffäre erzählen wollte, die auf die Zeit des Kalten Krieges zurückgeht, so deshalb, weil sie sehr gut den Erfindungsreichtum, aber auch die Gründlichkeit veranschaulicht, die die östlichen Geheimdienste unter Beweis gestellt haben, ganz besonders der der Ex-DDR, geleitet von dem nahezu legendären Markus Wolf.

X: Ich muss Ihnen gleich sagen, obwohl seit dem zumindest offiziellen Ende des Wettlaufs zwischen den Blöcken des Ostens und des Westens viele Jahre ins Land gegangen sind, dass die Affäre dieses ostdeutschen Netzes nach wie vor geheimnisumwittert ist. Vieles daran unterliegt weiterhin der Geheimhaltung.

P. P.: Was soll man da noch geheim halten?
X: Das ist das Schlüsselproblem, das heißt, die wahre Bedeutung der Arbeit dieser vier Spione. Und auch was ihrer Einschleusung vorausgegangen ist. Aber wir wollen nicht vorgreifen.

P. P.: Also, womit fangen wir an?
X: Wenn ich mich dafür entschieden habe, heute über das zu sprechen, was die Journalisten »das Puppennetz« genannt haben, so deshalb, weil es davon Zeugnis ablegt, welche außerordentlich große Geduld ein Geheimdienst aufbringt, wenn er in eine feindliche Organisation eindringen will. Und Sie werden sehen, es kann Jahre dauern, bevor möglicherweise Ergebnisse erzielt werden. Fangen wir also an mit der Geschichte eines gewissen »Tristan«.

P. P.: Ein deutscher Staatsbürger?
X.: Ja, ein ganz gewöhnlicher Mann im Nachkriegsdeutschland, geboren 1930 als Sohn eines ehemaligen Polizisten, Mitglied der Hitlerjugend, wie die meisten Jugendlichen. Er hat keine besondere Ausbildung absolviert, und nach der Niederlage des Dritten Reiches arbeitet er zuerst in einer Fleischerei, dann in einem Sägewerk. Seine Eltern lassen sich scheiden und seine Mutter geht nach Ostberlin.

P. P.: Also in den sowjetischen Teil der Stadt.
X.: Ja, sie besitzt dort Immobilien.

P. P.: Und ihr Sohn folgt ihr?

X.: Nein, das will sie nicht. Er soll lieber im westlichen Sektor bleiben.

P. P.: Weil sie den Kommunisten misstraut?
X.: Wahrscheinlich. »Tristan« ist orientierungslos, er weiß nicht, was er machen soll. Schließlich tritt er in die Fremdenlegion ein.

P. P.: Die französische Fremdenlegion?
X.: Ja. Wegen des Krieges in Indochina wirbt die Fremdenlegion viele Deutsche an.

P. P.: Darunter sicher viele ehemalige Teilnehmer des zweiten Weltkrieges …
X.: … denen man nicht allzu viele peinliche Fragen gestellt hat. Na, weiter im Text! »Tristan« wird also nach Indochina geschickt, wo er mutig kämpft. Nach einer schweren Verwundung in Dien Bien Phu wird er ausgezeichnet, in den Ruhestand versetzt und 1954 als Unteroffizier aus dem Militärdienst entlassen.

P. P.: Und was macht er dann?
X.: Er geht nach Hause, macht seinen Einsatz in Indochina geltend und findet ganz leicht eine Anstellung in Berlin im Quartier Napoléon.

P. P.: Was ist das »Quartier Napoléon«?
X.: Das ist das Berliner Hauptquartier der französischen Streitkräfte. Dort wird er zuerst als Ordonnanz eingestellt, danach wird er Archivar im Pressedienst.

Um sein schmales Gehalt aufzubessern, verkauft er bisweilen gebrauchte Autos. Zu der Zeit wird er Opfer eines eigenartigen Unfalls. Im Juni 1955 wird »Tristan«, als er auf einem Motorrad durch die Straßen Berlins fährt, von einem Auto angefahren. Aber das ist nicht irgendein Auto, es gehört dem MfS, dem ostdeutschen Ministerium für Staatssicherheit.

P. P.: Und »Tristan« wird verletzt?
X.: Nein, nein, er wird nur zu Boden geworfen. Aber er wird sofort von den Insassen des Autos mitgenommen.

P. P.: Das war also kein gewöhnlicher Unfall?
X.: Natürlich nicht!

P. P.: Aber was wollen sie von ihm?
X.: Die Polizisten, die ihn mitgenommen haben, nutzen seine Verwirrtheit aus und wollen sich mit ihm unterhalten. »Tristan« wird einer regelrechten psychologischen Beeinflussung ausgesetzt. Die ostdeutschen Polizisten, die in Wirklichkeit Angehörige von Markus Wolfs ostdeutschem Geheimdienstes HV A sind, wissen alles über seine Laufbahn. Sie reden ihm ein, dass die Franzosen ihm trotz seines mutigen Einsatzes in Indochina nur einen untergeordneten Posten gegeben haben. Im Grunde würden ihn die Franzosen dafür verachten, weil er sich entschieden habe, für sie, für die Besatzungsmacht zu arbeiten.

P. P.: Und das Argument zieht?
X.: »Tristan« kommt zweifellos ins Wanken. Besonders als seine Gesprächspartner ihm vorschlagen, dass er sich stattdessen in den Dienst seiner deutschen Landsleute stellen und auf seine Weise für die Wiedervereinigung eines neuen, sozialistischen Deutschland kämpfen könnte.

P. P.: Ganz schön grob aufgetragen, nicht wahr?
X.: Na, ich stelle das natürlich vereinfacht dar. Aber man verspricht »Tristan« auch eine Verbesserung seiner finanzi-

ellen Lage, und vor allem lässt man durchblicken, dass seine Mutter, die in Ostberlin lebt, wo sie Immobilien besitzt, gewiss aus einer eventuellen Zusammenarbeit ihres Sohnes mit den ostdeutschen Behörden Nutzen ziehen würde.

P. P.: Das sieht also sehr nach Erpressung aus!
X.: Wie auch immer, »Tristan« ist entschlossen, ja zu sagen.

P. P.: Okay, aber was verlangen sie von ihm?
X.: Das ist der Kernpunkt! »Tristan« soll auf seinem Posten im Hauptquartier der Franzosen bleiben. Später werde man weitersehen. Vorerst soll er seine Besuche in Ostberlin, vor allem bei seiner Mutter, dazu benutzen, eine umfassende Spionage-Ausbildung zu absolvieren …

P.P.: … um die Techniken zu erlernen …
X.: … beispielsweise die Benutzung von weißem Kohlepapier, womit man unsichtbar schreiben kann, oder die Herstellung von Mikraten …

P.P.: … das sind winzig kleine Fotos von Dokumenten …
X.: Ja, man kann sie zum Beispiel unter Briefmarken verstecken. Und man bringt ihm bei, wie tote Briefkästen angelegt werden.

P. P.: Und wozu soll das alles gut sein?
X.: Im französischen Hauptquartier ist der Pressedienst nicht weit entfernt von der Politischen Abteilung.

P. P.: Ach so, und die interessiert die Ostdeutschen!
X.: Natürlich! Wollen wir uns nicht bei den Einzelheiten aufzuhalten. »Tristan« schafft es, aus erster Hand Informationen über die französischen Positionen zur heiklen Ber-

lin-Frage zu erhalten. Zum Beispiel gelingt es ihm, ein Mikro unter einem Konferenztisch anzubringen, um den sich regelmäßig die Vertreter der Mitgliedsländer des Atlantischen Bündnisses versammeln. Dank »Tristan« sind die östlichen Behörden im Bilde, wie die Westmächte reagieren werden, wenn auf Weisung Moskaus die Grenze geschlossen und in Berlin eine Mauer errichtet wird. Was diese natürlich ermutigt. Die Spaltung Berlins bringt jedoch auch für »Tristan« gewisse Schwierigkeiten mit sich.

P. P.: Ja, denn er kann nicht mehr so leicht hin- und herfahren wie vorher.
X.: So ist es. Die HV A, der von Markus Wolf geleitete Nachrichtendienst, muss ihm also einen Mann zur Seite stellen, der gewissermaßen sein Verbindungsmann ist.

P. P.: Ja, er bringt die im Westen beschafften Informationen in den Osten. Und wer ist dieser Mann?
X.: Er heißt Hans-Joachim Bamler. Ein paar Bemerkungen zu seiner Herkunft, dann kommen wir wieder auf »Tristan« zurück. Bamler wird 1925 in Berlin als Sohn eines Generals geboren, der später dem Dienst von Konteradmiral Canaris angehörte.

P. P.: Also der Abwehr!
X.: Aber im Juni 1944 wird er von der Roten Armee gefangengenommen. Und im Gefangenenlager tritt er dem Nationalkomitee »Freies Deutschland« bei.

P. P.: Einer antinazistische Organisation …
X.: Ja, aber weil er in Gefangenschaft gegangen ist, wird General Bamler von den Behörden des Reiches als Verräter betrachtet. Und die Nazis nehmen Rache an seiner Frau, sie wird nach Dachau deportiert und kommt um. Ein

Drama, das später bei der Entscheidung ihres Sohnes, sich dem sozialistischen Lager anzuschließen, eine wichtige Rolle spielen wird. Der Vater wird 1950 aus der Gefangenschaft entlassen und wird General der Vopo, der ostdeutschen Volkspolizei.

P. P.: Er hat sich also auf die Seite des kommunistischen Regimes gestellt.
X.: Ja. Der Sohn Hans-Joachim, der Kriegsdienst leistete und einige Zeit in einem amerikanischen Lager interniert war, arbeitet nach verschiedenen kleinen Gelegenheitsjobs als Werbefachmann in der Theater-Szene.

P. P.: Hat er, wie sein Vater, den kommunistischen Glauben angenommen?
X.: Aber ja, er ist in die Partei eingetreten, und als die Stasi ihn als Spitzel anwerben will, stimmt er sofort zu.

P. P. Aus kommunistischem Pflichtbewusstsein?
X.: Ja, so ungefähr.

P. P.: Und dieser Mann nun wird veranlasst, mit »Tristan« zusammenzuarbeiten.
X.: Ja, als Verbindungsmann. Aber bald soll sich für die beiden Männer alles ändern.

P. P.: Warum?
X.: Weil die Politische Abteilung der französischen Militärregierung in Berlin in die Heimat zurückkehren wird. Das nächste Ziel der beiden Spione ist also Frankreich. Und darauf muss man sich vorbereiten.

P. P.: In seinem Buch »Das KGB in Frankreich« erklärt Thierry Wolton, dass die Politische Abteilung der französi-

schen Militärregierung durch den Umzug für »Tristan« nicht mehr erreichbar ist. Das MfS nimmt seinen anderweitigen Einsatz mit einem erstaunlichen Aufwand in Angriff. Die sozialistischen Länder wollen ja unbedingt in bestimmte westliche Organisationen eindringen. Die NATO, deren Sitz sich zu jener Zeit in Paris befindet, wird künftig sein Ziel sein. Das MfS braucht mehr als ein Jahr, um die Operation vorzubereiten und das Netz »Eric« und »Bruno« zu konzipieren.
X.: Ich habe vergessen, Ihnen zu sagen, dass »Tristan« im Jahre 1958 eine sehr wichtige Begegnung hatte.

P. P.: Mit wem?
X.: Mit einer jungen Frau, blond, ganz bezaubernd, »Isolde«, in Paris geboren, die Eltern sind Juden, sie wurde als Kind deportiert, weshalb sie von der westdeutschen Regierung eine Rente erhält.

P. P.: Und was macht sie im Quartier Napoléon?
X.: Sie ist Stenotypistin. Der verheiratete »Tristan« verliebt sich unsterblich in sie, als er sie kennenlernt, und verlässt 1959 seine Frau. Anfang der 60er Jahre läuft »Isoldes« Vertag aus, sie geht nach Frankreich zurück, wo sie in der deutschen Botschaft eine Arbeit aufnimmt.

P. P.: Die Liebenden sind also getrennt …
X.: Aber »Tristan« fährt oft zwischen Berlin und Paris hin und her, doch das ist schließlich keine Lösung. Da machen ihm seine Ostberliner Dienstherren einen erstaunlichen Vorschlag. Sie sind bereit, seine Umsiedlung nach Frankreich zu finanzieren, und wollen sogar seine Scheidung bezahlen. Aber unter einer Bedingung: Seine Geliebte muss es schaffen, im administrativen Dienst der NATO eingestellt zu werden.

P. P.: Aber damit hat doch »Tristan« nichts zu tun!
X.: Gewiss! Doch die HV A, Markus Wolfs Organisation, hat sich ganz intensiv für »Isolde« interessiert. Die junge Frau hat sehr einflussreiche Eltern. Sie könnten ihrer Einstellung ein wenig nachhelfen.

P. P.: Das will ich gern glauben, aber »Tristan« musste doch seiner Geliebten erklären, warum sie bei der NATO arbeiten soll.
X.: Ja, ihr Geliebter sagt ihr die Wahrheit!

P. P.: Über seine Zugehörigkeit zur HV A?
X.: Ja, aber die junge Frau nimmt nicht nur keinen Anstoß daran, sondern willigt sogar ein, als sie vom ostdeutschen Geheimdienst angeworben wird.

P. P.: Na, das ist ja ziemlich erstaunlich!
X.: Ja, wir befinden uns im Kalten Krieg. Die Auseinandersetzung zwischen Ost und West war nie schärfer als zu jener Zeit! Es gab sehr viele aufrechte Menschen, die der Meinung waren, dass sich das Lager des Friedens im Osten befindet und die westdeutschen Führer Revanchisten und Kriegstreiber sind, die die Entnazifizierung des Landes nicht wirklich wollten.

P. P.: Für die junge »Isolde« ist es eine ideologische Entscheidung.
X.: Ja, ganz bestimmt. Und wir dürfen nicht vergessen, dass sie deportiert worden war. Jedenfalls wird »Isolde« dank der Empfehlungen ihrer Familie und ihres ausgezeichneten beruflichen Profils bei der NATO eingestellt.

P. P.: Aber sie musste doch eine Sicherheitsprüfung über sich ergehen lassen?

X.: Sicher, aber man konnte ihr nichts vorwerfen. Und »Tristan«, aufgrund seiner militärischen Vergangenheit ein bevorrechtigter Ausländer, konnte zu ihr nach Paris übersiedeln, sie konnten zusammenleben und auch heiraten. Für die HV A ist das sehr wichtig. Ein Ehepaar zieht weniger Aufmerksamkeit auf sich. Und Sie werden sehen, dass das auch für das Umfeld von »Tristan« gilt.

P. P.: Das heißt, auch für Bamler, seinen Verbindungsmann aus Berlin.
X.: Genau. Ich komme gleich darauf zurück. Aber bleiben wir noch einen Moment bei »Tristan« und der schönen »Isolde«. Sehr bald sind die Arbeitgeber der NATO mit der jungen Frau sehr zufrieden und werden auf sie aufmerksam. Nachdem sie im Schreibpool tätig war, wurde sie Sekretärin des Chefs für Öffentlichkeitsarbeit der Atlantischen Organisation.

P. P.: Ist das ein wichtiger Posten? Ich meine, in den Augen der ostdeutschen Dienste?
X.: Na freilich! Denn sie hat Zugang zu den Personalakten aller NATO-Beamten. Und das Vertrauen ihrer Vorgesetzten genießend, erlangt sie Zugang zu immer sensibleren Informationen. Außerdem hat sie ebenfalls eine Spionage-Ausbildung absolviert.

P. P.: Sie auch? Und was wird aus »Tristan«?
X.: Er wird zum Oberstleutnant befördert und eine Art Führungsoffizier seiner Ehefrau. Er gründet ein kleines Unternehmen und mietet mit »Isolde« ein bescheidenes Einfamilienhaus in einer Pariser Vorstadt.

P. P.: Ein unauffälliges Ehepaar.
X.: Ja, so soll es aussehen.

P. P.: Sie haben gesagt, dass Bamler den gleichen Weg geht.
X.: Ja, das veranschaulicht erneut die Perfektion der Methoden von Markus Wolf. Bamler wird darauf angesprochen, nach Frankreich zu gehen, wo er, wie in Berlin, der Verbindungsmann von »Tristan« sein soll. Also derjenige, der seine Informationen in den Osten weiterleitet. Auch er unterzieht sich mit seiner Frau einer perfekten Ausbildung als Geheimagent. Er erlernt vor allem all die Mittel und Methoden, die es ihm erlauben, unbemerkt mit seiner Zentrale in Verbindung zu treten, also Mikrat-Herstellung, aber auch Flash-Funken.

P. P.: Das sind komprimierte Funksendungen …
X.: … komprimiert und verschlüsselt. Die Übermittlung dauert nur wenige Sekunden, und die Sprüche können mit gewöhnlichen Geräten empfangen werden, wie zum Beispiel Radios. Wenn jemand irrtümlicherweise dieses Flash-Signal hört, hat er lediglich den Eindruck, es sei eine Störung. Ich stelle das mal so einfach dar.

P. P.: Erklären Sie es nur genauer, das ist sehr interessant!
X.: Das Verfahren ist sehr ausgeklügelt. Beispielsweise am Sonntagabend um 22 Uhr für »Tristan«, und am Donnerstagabend für Bamler schickt die Berliner Zentrale eine Botschaft, dass das per Mikrat übermittelte Material gut angekommen sei.

P. P.: Und welche Form hat diese Botschaft?
X.: Eine musikalische Einleitung, auf die eine fünfstellige Zahlengruppe folgt. Die ersten drei Ziffern bezeichnen den Empfänger der Botschaft, dann folgt die Botschaft im eigentlichen Sinne, die auf wenige Sekunden komprimiert ist. Eine ganz kurze Sendung, die eine Ortung durch Funkpeilung unmöglich macht.

P. P.: Aber ich kann mir vorstellen, dass die Abwehrdienste diesen Funkverkehr überwachen …
X.: Grundsätzlich ja, aber um den Inhalt zu verstehen, braucht man den Code. Und wenn man den Code nicht hat, kann man nichts verstehen …

P.P.: Warum nimmt man das dann überhaupt auf?
X.: Weil die Dienste darauf hoffen, eines Tages eine Dechiffrier-Methode zu entwickeln, mit der man die Codes knacken kann. Oder noch besser, bei einem enttarnten Spion einen dieser Codes zu entdecken. Und genau das ist in den USA in den 50er Jahren passiert.

P. P.: Ach, die berühmten Funksprüche …
X.: Genau! Die US-amerikanischen Dienste hatten zur Zeit des Krieges und kurz danach eine ganze Reihe von Funksprüchen aufgefangen, die das KGB seinen auf dem amerikanischen Territorium tätigen Illegalen geschickt hat.

P. P.: Und sie konnten sie nicht lesen …
X.: Aber schließlich konnten sie die von Moskau benutzten Codes knacken, worauf ein ganzes von Moskau gesponnenes Netz enttarnt wurde.

Aber kommen wir auf unsere ostdeutschen Agenten zurück. Ihre Ausbildung ist langwierig und sehr umfassend. Im Falle Bamler haben drei Spezialisten der HV A ihm ein ganzes Jahr lang zu Hause alle Techniken eines perfekten Spions beigebracht.

P. P.: Nichts wird dem Zufall überlassen.
X.: Nein, nein, denn die Abdeckung für einen im Ausland lebenden Illegalen, wie es für Bamler vorgesehen war, muss tadellos sein. Nachdem er mit all diesen Techniken vertraut gemacht war, wurde Bamler nach Mülhausen geschickt,

wo er ein kleines Geschäft aufmacht, in dem kunsthandwerkliche Dinge verkauft werden, vor allem im Osten hergestellte Puppen.

P. P.: Ach, die berühmten Puppen!
X.: Ja.

P. P.: Kommt er mit seiner echten Identität nach Frankreich?
X.: Nein, er hat Papiere auf den Namen *Georg Wegner*, österreichischer Staatsbürger. Diesen Mann gibt es wirklich. Um seine Legende zu vervollständigen, hat Bamler einige Zeit in Österreich verbracht und sich sogar drei Wochen in Ägypten aufgehalten, das dieser Wegner angeblich besucht hat. Ein weiteres wichtiges Detail: Bamler alias Wegner kommt allein nach Mülhausen. Einige Monate später begegnet er Marianne, einer jungen Schweizerin, der er die Eheschließung anträgt. Aber das ist ein Trick, denn diese Marianne ist niemand anderes als seine wirkliche deutsche Ehefrau.

P.P.: Wenn ich recht verstehe, heiratet er also seine eigene Frau noch einmal?
X.: Genau, die HV A geht mit äußerster Gründlichkeit vor. Aber sehen wir weiter. Das Ehepaar Wegner ist also in Mülhausen und arbeitet sich in Richtung Paris vor. Und 1965 zieht Bamler in die Hauptstadt und findet Arbeit in einem kleinen Stoffdruckerei in Pantin. Natürlich hat er einige von seinen Puppen mitgenommen, die er in Mülhausen verkauft hat.

P.P.: Speziell präparierte Puppen …
X.: Ja, mit einem Geheimversteck für Nachrichten, Mikrofilme, irgendwelche kleinen Dinge.

P. P.: Neben der Mikrat-Technik und den Blitz-Funksprüchen nimmt sich das ein wenig altmodisch aus, nicht wahr?
X.: Da haben Sie Recht. Und ich bezweifle, dass Bamler sie oft benutzt hat.

P. P.: Und die Kontakte zwischen Bamler und »Tristan«?
X.: Sie finden alle vierzehn Tage an öffentlichen Orten statt, im Jardin du Luxembourg oder auch in Denfert-Rochereau, und sie sind natürlich ganz kurz.

In einem kürzlich in dem Buch »Les espions français parlent«, Edition Nouveau Monde, veröffentlichten Vermerk der D.S.T., habe ich folgende Erklärung zu der von Monsieur X erwähnten Mikrat-Technik gefunden: Das Mikrat erfordert eine komplexe Apparatur, zu der ein richtiges Mikroskop mit einer ganz empfindlichen Fototechnik gehört, das nur mit der Geschicklichkeit eines erfahrenen Spezialisten bedient werden kann.

Am anderen Ende der Kette, also zur Auswertung der mikroskopischen Aufnahme, ist es zuerst einmal schwierig, das Mikrat aufzufinden, das oft nicht mit bloßem Auge zu erkennen ist. Der Film besteht aus einem kleinen Plättchen von eineinhalb Zentimeter Durchmesser, auf dem man durch stufenweises Drehen eines Rädchens zwölf Bilder aufnehmen kann. Die Aufnahmen werden auf dem Plättchen unterteilt und auf eine Größe von einem Millimeter verkleinert, was eine ausreichende Handhabbarkeit, aber doch unbegrenzte Möglichkeiten der Tarnung zulässt. Unter einer Briefmarke, zwischen den Schichten einer Postkarte, in der Ecke eines Briefumschlags und so weiter.

P.P.: Aber trotz allen Aufwands und aller Vorsichtsmaßnahmen der ostdeutschen Spione wurden sie schließlich enttarnt.
X.: Ja, im Jahre 1966.

P. P.: Das heißt, sie konnten gerade mal etwas mehr als ein Jahr lang in Frankreich arbeiten?
X.: Wenn man den Aufwand und die langwierigen Vorbereitungen vor ihrer Einschleusung bei uns in Rechnung stellt, so ist das recht mager. Aber wenn man bedenkt, dass die D.S.T. über diese gesamte Affäre eine ganz strenge Geheimhaltung verhängt hat, kann man sich vorstellen, dass es den vier Spionen gelungen ist, für die ostdeutschen Dienste sehr wichtige Informationen zu erlangen.

P. P.: Ja, aber welchen Inhalts sie waren, weiß man nicht.
X.: Das stimmt. Darüber hinaus waren die französischen Abwehrdienste davon überzeugt, dass viele weitere ostdeutsche Spione unerkannt geblieben sind.

P. P.: Aus welchem Grunde?
X.: Wegen der von der HV A für die Verbindung mit ihren Agenten benutzten Methoden.

P. P.: Also diese sehr kurzen Funkverbindungen?
X.: Ja, jeder Agent wurde also über eine Zahlenreihe identifiziert und konnte somit feststellen, ob ein Funkspruch speziell für ihn bestimmt war. Nach der Verhaftung der vier Spione konnten die D.S.T.-Spezialisten das Geheimnis der für »Tristan« und Bamler bestimmten Ziffern lüften. Aber für wen galten die anderen Ziffern? Man konnte also annehmen, dass es ein ganzes Netz von in Frankreich tätigen Illegalen gab.

P. P.: Wie wurden die beiden Paare entdeckt?
X.: Das ist noch ein ganz großes Geheimnis. Aber sicher ist, dass die D.S.T. seit mehreren Jahren systematisch Jagd auf die Maulwürfe des Ostens machte. Seit ein sowjetischer Überläufer in den USA den westlichen Geheimdiensten

offenbart hatte, dass sie in hohem Maße unterwandert sind.

P. P. Das war der berühmte Golitsyn.
X.: Ja, darüber wurde schon oft gesprochen. Ich habe Zweifel an den wahren Beweggründen dieses Mannes geäußert, der ein regelrechtes Durcheinander bei den Geheimdiensten des Atlantischen Bündnisses provoziert hat.

P. P.: Es wurde die Vermutung geäußert, dass das vom KGB manipuliert sein könnte, um in den westlichen Diensten Verwirrung zu stiften
X.: Und ganz besonders in Frankreich, wo die Außenpolitik von General de Gaulle die Amerikaner ziemlich gereizt hat. Na, lassen wir das! Echter oder falscher Überläufer, der Golitsyn hatte zumindest ein Verdienst: Er hat die Dienste dahingehend gewarnt, dass sie unterwandert sein könnten, auch wenn das im SDECE (*Service de Documentation Extérieure et de Contre-Espionnage, auswärtiger Nachrichten- und Spionageabwehrdienst - P. B.*) zu einer bedauerlichen Hexenjagd geführt hat.

P. P.: Auf jeden Fall ist die Abwehr wachsamer geworden.
X.: Das ist sicher. Und die D.S.T. konnte eine Reihe von Erfolgen verbuchen So wurde 1962 der tschechische Spion Pierre Cardon enttarnt. Und 1964 war Georges Pâques an der Reihe.

P. P.: Pâques war ein hoher französischer Beamter, der auch bei der NATO arbeitete.
X.: Und ebenfalls mit den sowjetischen Diensten zusammenarbeitete, auch wenn ich davon überzeugt bin, dass man das Ausmaß des Schadens, den er angerichtet hat, sehr stark übertrieben hat.

P. P.: Aber die D.S.T. war auf der Hut.
X.: Was die beiden Fälle »Tristan« und Bamler betrifft, so bin ich fast sicher, dass sie einem Verrat zum Opfer gefallen sind.

Hans-Joachim Bamler, 80er Jahre

P. P.: Ein anderer Überläufer, der sie denunziert hat?
X.: Das ist sehr wahrscheinlich. Aber mehr weiß ich dazu nicht. Wie dem auch sei: Im Jahre 1966 beginnt die D.S.T., die beiden Paare scharf zu überwachen. In der Wohnung des falschen Ehepaares Wegner werden sogar Mikros angebracht.

P. P.: Das sind die Bamlers?
X.: Ja. Diese Überwachung hat mehrere Wochen gedauert. Dann schritten die Polizisten zur Tat. Gleichzeitig bei den Bamlers, bei »Tristan« und »Isolde«, die in der Pariser Vorstadt Antony wohnten.

P. P.: Und nach der Verhaftung der vier Spione wurden ihre Wohnungen durchsucht, wie ich mir denken kann?
X.: Natürlich, das war die wichtigste Aktion. Die D.S.T.-Leute mussten Beweise finden, aber auch, zumindest hofften sie das, einen der Codes, der es ihnen ermöglichen würde, all die Funksprüche zu entschlüsseln, die sie aufgefangen hatten, aber nicht lesen konnten.

P. P.: Haben sie was gefunden?
X.: Zuerst einmal haben sie in beiden Wohnungen eine ganze Sammlung von Spionage-Utensilien gefunden. Weißes Kohlepapier, Chemikalien zur Vernichtung von Papier, eine Minox-Kamera und alles, was man zur Herstellung von Mikraten braucht. Außerdem fiel ihnen eine Botschaft in die Hände, in der die Leitung der HV A dem Ehepaar »Tristan« und »Isolde« zu seiner ausgezeichneten Arbeit gratulierte. Darin stand auch, dass »Tristan« die höchste Auszeichnung der ostdeutschen Zentrale verliehen wurde.

P. P.: Das erhärtet auch, was Sie zuvor über die Bedeutung der von »Tristan« und »Isolde« übermittelten Informationen

gesagt haben. Aber auf der anderen Seite haben die Spione mit diesem Dokument eine Unvorsichtigkeit begangen.
X.: Das ist wahr. Als perfekter Spion darf man nicht eitel sein. Aber »Tristan« war sehr stolz auf diese Auszeichnung.

P. P.: Und der Code?
X.: Er war versteckt im Griff eines Schraubenziehers. Und diesen Fund haben die D.S.T.-Beamten sofort ausgewertet, wie Sie sich leicht vorstellen können.

P. P.: Mit welchem Ergebnis?
X.: Auch das hat die D.S.T. geheimgehalten. Aber es ist nicht auszuschließen, dass drei Jahre später eine weitere Affäre, die ebenfalls einen ostdeutschen Agenten betraf, dank dieses Fundes in »Tristans« Wohnung aufgeklärt werden konnte. Darüber werden wir nächste Woche sprechen, wenn Sie wollen.

P. P.: Und was ist aus den vier Spionen geworden?
X.: Sie wurden vor den Staatssicherheitsgerichtshof gestellt, eine Ausnahmetribunal, das während der Algerien-Ereignisse geschaffen wurde.

P. P.: Ja, vor allem, um die Putschisten und die OAS-Mitglieder zu verurteilen, die versucht hatten, General de Gaulle zu ermorden.
X.: Ja, unter anderem. Die vier Angeklagten haben nicht geleugnet. Das hätten sie auch schwerlich tun können. Aber sie haben behauptet, dass ihre Spionagetätigkeit in der NATO keine französischen Interessen verletzt habe und im wesentlichen ideologischer Art gewesen sei.

P. P.: Ja, Kampf gegen den amerikanischen Imperialismus, kann ich mir denken.

X.: Ja, für Frieden, gegen Faschismus! Sie haben behauptet, lediglich Idealisten zu sein. Und für manchen von ihnen, beispielsweise »Isolde« und Hans-Joachim Bamler, war das vorstellbar, das hätte für sie ein Strafmilderungsgrund sein können. Trotzdem haben die Richter des Staatssicherheits-Gerichtshofes hart geurteilt. »Tristan« wurde zu einer Gefängnisstrafe von 20 Jahren verurteilt.

P. P.: Trotz seines Dienstes in der französischen Armee!
X.: Ja, und Bamler bekam 18 Jahre.

P. P.: Und die Frauen?
X.: 14 und zwölf Jahre Haft.

P. P.: Haben sie ihre Strafen abgesessen?
X.: Nicht ganz. Wie das in solchen Fällen oft ist, gab es einen Austausch von Spionen zwischen dem Osten und dem Westen, wenn ich mich recht erinnere, im Jahre 1974. Natürlich unter größter Geheimhaltung.

P. P.: Und die Schlussfolgerung?
X.: Wie schon gesagt, bei dieser Affäre ist jetzt, einige Jahrzehnte später, immer noch vieles im Dunkeln.

Diese perfekten Spione, die von Markus Wolfs Organisation so sorgfältig ausgebildet wurden, haben ihrem Land sicher nur kleine Dienste erwiesen. Das meinten die Richter des Staatssicherheits-Gerichtshofes, die sie sehr hart verurteilt haben, ohne wirklich die wahren Gründe für solch harte Strafen darzulegen.

P. P.: Dann bis nächsten Samstag, zu einer weiteren Spionageaffäre mit ostdeutschen Agenten!

Marianne Bamler: »Fiel das unter Bigamie?«, in: »Der Botschaftsflüchtling und andere Agentengeschichten«

herausgegeben von Gotthold Schramm, edition ost, Berlin 2006

Hans-Joachim und ich waren bereits einige Jahre miteinander verheiratet, als wir zusagten, nach Frankreich zu gehen. Wir nahmen die Identität von Bundesbürgern an, die in die DDR übergesiedelt waren. Bei Hans-Joachim wurde das Foto im Pass gewechselt, bei mir war nicht einmal das erforderlich, weil die ursprüngliche Besitzerin eine gewisse Ähnlichkeit mit ihr besaß. Auch wenn ich das selbst nicht so empfand, vertraute ich auf das Urteil der Experten.

Wenn es an dem Pass überhaupt etwas auszusetzen gab, dann allenfalls seine Gültigkeit. Er lief nämlich ab und musste verlängert werden. Deshalb musste ich zunächst das BRD-Konsulat in der Schweiz aufsuchen, denn die Frau, die ich künftig sein sollte, hatte ihren letzten Wohn- und Arbeitsort in der Eidgenossenschaft. Ich habe sie nie persönlich kennengelernt. Aus Akten und Recherchen der Zentrale indes wusste ich aber ziemlich genau über sie Bescheid. Ich prägte mir alle persönlichen Daten und Angaben über Eltern, Familie und Umfeld ein. Besonders wichtig war die Kenntnis über ihren letzten Aufenthaltsort und ihre Arbeitsstelle.

Ich reiste mit der Bahn 2. Klasse bei Bebra in die Bundesrepublik ein. Es musste in der Nacht sein, weil dann die Aufmerksamkeit der Kontrolleure naturgemäß geringer als bei Tag war, und ich konnte keinen Schlafwagen nehmen, weil ich dann dem Schaffner zuvor meinen Pass hätte aushändigen müssen, was ich auf keinen Fall tun durfte.

Den BRD-Pass, den ich in der Schweiz verlängern lassen wollte, trug ich mit anderen Reiseunterlagen in einem Container in meiner Handtasche. In Basel tauschte ich dann die Papiere. Mit dem Vorortzug fuhr ich in die Nähe des ehemaligen Wohnortes dieser Frau und quartierte mich als Urlauberin in einem Hotel ein. Ich erkundete, wo und wie die Frau, die ich jetzt sein sollte, gelebt, gearbeitet und gewohnt hatte. Und wo sich das Konsultat befand, dass ihren/meinen Pass verlängern würde.

Um die in der Regel mehrtägige Bearbeitungszeit zu verkürzen, hatten wir mit Berlin verabredet, dass ich ein Telegramm meines »Verlobten« erhalten und dieses auch vorweisen sollte. Darin hieß es nur lapidar: »Dringende Reise nach Dänemark nötig.« Auf diese Weise sollte zeitlich Druck gemacht werden.

Unter Tränen, die mir vor lauter Aufregung auch kamen, überreichte ich der Beamtin meinen Pass. Den nahm sie und verschwand damit hinter einer Tür.

Was nun? Ich hatte zwei Möglichkeiten – entweder warten und ein Auffliegen riskieren, oder unauffällig verschwinden, zum Bahnhof gehen und zurückfahren. Das jedoch wusste ich schon vorher, dass ein Risiko blieb. Feige dicht vorm Ziel kapitulieren kam für mich nicht in Frage.

Minuten dehnten sich zu Stunden. Nach einer Unendlichkeit kam die Beamtin wieder und überreichte mir den Pass. Anstandslos und mit freundlichem Lächeln. Verlängert!

Mit fiel ein Stein vom Herzen.

Postwendend trat ich die Heimreise an. Im Zug wechselte ich wieder unauffällig die Papiere und meldete daheim voller Stolz: Erste Aufgabe erfüllt!

Auf getrennten Wegen, aber gemeinsam, gingen wir nun nach Frankreich. Für die Legalisierung schien es günstig, im Operationsgebiet zu heiraten. Unsere Papiere mussten wasserdicht gemacht werden. Wir ließen uns zunächst im Elsass nieder und uns im schönen historischen Rathaus von Mulhouse vom Bürgermeister feierlich und in aller Würde trauen. Die Eheringe steckte er uns, wie in Frankreich üblich, an die linke Hand. Über seinen Bauch spannte sich die traditionelle Schärpe in den Farben der Trikolore. Danach luden wir unsere Nachbarn, die als Trauzeugen der Feier beigewohnten hatten, zu einem farnözischen Festschmaus ein.

Die Heiratsurkunde mit französischem Siegel hatten wir nun. Jetzt mussten die BRD-Pässe bei den Ämtern auf den neuesten Stand gebracht werden. Da ich schon Erfahrungen bei der Verlängerung meines Passes gesammelt hatte, fielen automatisch mir die Behördenhänge zu. Ich absolvierte sie mit weichen Knien. Denn was einmal geklappt hatte, musste nicht immer klappen.

Das BRD-Konsulat in Colmar nahm die gewünschten Änderungen anstandslos vor. Dass Jochens Pass frisiert war, sahen sie nicht. Vermutlich reichte ihre Fantasie auch nicht aus, um sich vorzustellen, dass zwei bereits verheiratete DDR-Agenten im französischen Elsass mit falschen Papieren noch einmal den Bund fürs Leben schlossen.

Fiel das bereits unter Bigamie?

Jahre später, als wir enttarnt waren und vor einem französischen Richter standen, nahm der uns diese Trauung übel. Er hielt das für besonders impertinent, noch einmal zu heiraten, ohne vorher geschieden worden zu sein. Wer so etwas mache, dem seien noch ganz andere Dinge zuzutrauen, meinte er wütend …

Resident der HV A in Paris – zwanzig Jahre später

Kurt Berliner arbeitete als Offizier im besonderen Einsatz (OibE) unter diplomatischer Abdeckung von 1985 bis 1988 in der französischen Hauptstadt als Leiter der Residentur

Im November 1985 brach ich mit einer der kleineren *Interflug*-Maschinen nach Paris auf. Noch immer musste der Umweg über Dänemark und Holland genommen werden. In Amsterdam stieg ich in ein Flugzeug der *Air France* um. [...]

Mich drängte es, unverzüglich meine Tätigkeit in der Botschaft aufzunehmen. Regte mich bereits die Anfahrt wegen des ungewohnt dichten Verkehrs auf, so fand der Ärger Fortsetzung. Die Botschaft entsprach nicht meinen Erwartungen, hatte ich doch die modernen Gebäude von anderen DDR-Missionen in Erinnerung. Welche Enttäuschung! Der langgestreckte Häuserkomplex, der die Residenz des Botschafters und die großzügigen Empfangssalons Seiner Exzellenz und des Gesandten beherbergte, musste auch Raum für die Vielzahl der nachgeordneten Diplomaten, für die Konsularabteilung und den gesamten verwaltungstechnischen Bereich bieten.

Die Enge der ineinander verschachtelten alten Häuser in der schmalen Rue Marbeau war fürchterlich. Nicht zu reden von deren trister Ausgestaltung. Beim Betrachten der äußeren schmucken Fassaden mit den großen Fenstern konnte man sich davon keine Vorstellung machen.

Ich musste schon sehr aufmerksam sein, wollte ich unversehrt die zahlreichen Korridore und verwinkelten Treppen im Halbdunkel zu meinem Arbeitszimmer absolvieren. Welch verschlungene Pfade und kaum ein Schimmer Tageslicht, welches von draußen eindringen konnte. Dazu der schwer definierbare Geruch, den solch alte Gemäuer von sich geben.

Ich habe den langen Weg vom Eingang der Botschaft bis zu meinem Zimmer in guter Erinnerung – nicht aber die vielen Türen mit Sicherheitsschlössern und die Tristesse der schmucklosen Gänge, die verlorenen Minuten, die man brauchte, um ins Freie zu gelangen oder Gäste im Empfangssalon begrüßen zu können. Hier durfte man nicht in Eile geraten oder etwas vergessen haben.

Leicht vorstellbar, dass hier im Empfangssalon Raymond Poincaré am 15. Oktober 1934 verstorben war, der als französischer Ministerpräsident 1923 die Besetzung des Ruhrgebiets anordnete und auch sonst auf Einhaltung des Versailler Abkommens drängte.

Einerseits lag die Botschaft günstig. Sie befand sich im Herzen von Paris, im 16. Arrondissement, unweit der berühmten Avenue Foche, die zum noch berühmteren Arc de Triomphe führt und zu den wohl in aller Welt bekannten Champs Elysées. Noblesse oblige, die DDR hatte Glück gehabt, bereits Jahre vor der diplomatischen Anerkennung ein solches Gebäude für ihre spätere Botschaft erworben zu haben. Das 16. Arrondissement gehörte zu den von ausländischen Missionen bevorzugten Gegenden. Von hier aus konnte man bei günstigen Verkehrsbedingungen relativ schnell die wichtigsten Ämter der Stadt erreichen und von der Place de l'Etoile sternförmig ausgehende Boulevards nach allen Himmelsrichtungen befahren.

Andererseits bot diese Lage für den Aufklärer auch Nachteile, nicht nur wegen der gegenüber der Botschaft in Sichtweite abgestellten Campingwagen, die leichten Mädchen Zugang zu schnellem Geld erschlossen. Die Campingwagen genossen nicht nur die Aufmerksamkeit der umherziehenden Freier, sondern auch die der Polizeistreifen, die ohnehin wegen des nahegelegenen berühmt-berüchtigten Bois de Bologne in Aktion traten – ständig, auch des Nachts. Dieses Parkgelände wurde häufig zur

Zuflucht zwielichtiger Figuren, die ihre Streifzüge auch um die Botschaft machten.

Nachteilig auch aus der Präsenz jener, die von Berufs wegen die im Bois de Bologne tätigen Zuhälter und Prostituierten beobachteten. Denn die beobachteten auch die Mission.

Die Zugänge zum Botschaftsgelände waren zu jeder Zeit und für jedermann mühelos einsehbar. Die Begleitumstände für meine Tätigkeit waren im Vergleich zu früheren Stationen insgesamt wesentlich ungünstiger, aber letztlich nicht zu ändern.

Ein Angebot, Quartier in einem schlossähnlichen Gebäude mit vielen Erkern und Türmchen und einem großen Garten in unmittelbarer Nachbarschaft zur Botschaft zu beziehen, lehnte ich ab. Von außen war es gut anzusehen, aber im Innern war es ebenso alt und verbaut wie die Botschaft. Es war für unsere Bedürfnisse viel zu groß und zu kostspielig im Unterhalt und letztlich für die vorgesehene Nutzung ungeeignet. Nach ein paar Wochen gab ich die Suche endgültig auf. Und auch der Verwaltungsleiter, der mich wohl als Nörgler empfunden haben mag, weil er meine Beweggründe nach Veränderung nicht wissen konnte noch durfte, signalisierte bald darauf seine Kapitulation.

In meiner offiziellen Funktion als *Außerordentlicher Gesandter und Bevollmächtigter Minister der Botschaft der DDR in der Französischen Republik* bemühte ich mich vom ersten Tage an, auch offiziell in Erscheinung zu treten. Ich versuchte, schnellstens auf höchstmöglicher Ebene die Grüße meiner Regierung zu übermitteln und den Wunsch der DDR zu bekräftigen, die Beziehungen zu Frankreich allseitig vertiefen zu wollen. Möglichst viele sollten in Frankreich von meiner Ankunft erfahren. Und ich wollte herausfinden, inwieweit die französische Regierung tatsächlich willens war, die zwischenstaatlichen Beziehungen zur DDR auszubauen, wie es von Premier Laurent Fabius in Berlin erklärt worden war.

Ich hatte Glück. Bei der Eröffnung der internationalen Pariser Messe besuchte der neue Premierminister Jacques Chirac den

DDR-Stand. Der Tross mit Fotografen, Fernsehen, Rundfunk mühte sich durch das Getümmel. Ich ließ die Hand des 54-jährigen Regierungschefs erst los, als genügend Fotos geschossen worden waren. Diese brauchte ich nicht für mein Familienalbum, sondern um mich in Frankreich einzuführen. Damit konnte ich jederzeit operieren. Selbst wenn das Bild in den Medien am nächsten Tag vielleicht nicht wahrgenommen werden und in der Flut der anderen Nachrichten untergehen würde: Ich konnte bei anderen Begegnungen auf diesen Handschlag mit dem Ministerpräsidenten verweisen. Damit war ich gleichsam geadelt. […]

Meine Antrittsbesuche in Paris wollte ich damit beginnen, Ansätze für den zügigen Ausbau der Beziehungen zu eruieren. Wirtschaftliche Kontakte würden den Einstieg in politisch-diplomatische (und auch nachrichtendienstlich wichtige) Verbindungen erleichtern. Die französischen Partner hörten bereitwillig zu.

Mit unserem Botschafter verständigte ich mich rasch über meine diplomatischen Aktivitäten. Ich benötigte sie, um später auch Sondierungen für operative Vorgänge der Aufklärung vornehmen zu können. Anderenfalls hätte ich unter den gegebenen Regimebedingungen, insbesondere wegen der vorzüglichen Abwehrarbeit der französischen Sicherheitsorgane, kaum den erforderlichen Spielraum gehabt.

Der Botschafter begnügte sich damit, mich so häufig wie für ihn zweckmäßig zu Gesprächen mit Regierungsstellen zu entsenden. Eigenartig, er hielt sich bei Kontakten auf hoher Ebene zurück, obwohl er selbstredend über entsprechende Erfahrungen verfügte. Ich kannte meinen unmittelbaren Vorgesetzten bereits seit den 50er Jahren, als wir gemeinsam im Außenministerium arbeiteten, in jener Abteilung, die sich als einzige mit den überseeischen Gebieten befasste.

Während der Zeit, in der er sich als Außerordentlicher und Bevollmächtigter Botschafter auf den Einsatz in Frankreich vorbereitete, hatte ich die zuständige Länderabteilung geleitet und Gelegenheit gehabt, ihn näher kennenzulernen. Ich hielt das für unsere spätere Zusammenarbeit in Paris für sehr wichtig. Doch wirklich näher kamen wir uns nicht. Er akzeptierte mich als seinen künftigen Stellvertreter, noch ehe er davon erfuhr, dass ich nach Paris in doppelter Funktion kommen würde. In Paris wurden wir zu Partnern, die sich nicht mehr allzusehr im Rang oder in der Verantwortung unterschieden. Ich musste ihn häufig vertreten und litt wie er weder an Minderwertigkeitskomplexen noch an einem unterentwickelten Selbstwertgefühl.

So sehr wir uns dem gemeinsamem Auftrag verpflichtet fühlten – in Fragen der Umsetzung vertraten wir mitunter unterschiedliche Auffassungen. Am Ende zäher Diskussionen fanden wir jedoch zu einem gemeinsamen Nenner. Ich meinerseits akzeptierte ihn als Chef und war eigentlich sehr froh, dass er mir Bewegungsfreiheit zugestand. Ich war nun mal kein Bürovorsteher.

Wie ich hörte, war dies nicht in allen Botschaften so. In einigen betrachteten sich Botschafter und Resident als unverträgliche Rivalen und behinderten sich gegenseitig. Das war bei uns nicht der Fall. Eine gewisse Engstirnigkeit, Launenhaftigkeit, Unentschlossenheit, die gelegentlich spürbar wurden, störten mich, aber ich nahm sie in Kauf.

Der Chef jedenfalls zeigte sich zufrieden, wenn ich von interessanten Gesprächen in die Botschaft oder in die Residenz zurückkehrte. Am liebsten sah er es, wenn ich mit fertigen Depeschen für das Außenministerium aufwartete, die er nur noch abzuzeichnen brauchte.

Und ausgesprochen angenehm war es, dass der Chef keine Fragen zum zweiten Teil meiner Mission stellte.

Ich arbeitete nicht unbedingt so wie die Leiter anderer Residenturen. Markus Wolf hatte in letzter Minute vor meiner Ausreise ganz und gar überraschend befunden, dass meine offizielle

Funktion als Stellvertreter des Botschafters im Range eines Gesandten besonderer Sicherheitsvorkehrungen bedurfte. Die Geheimhaltung der Funktion als Resident wurde zum obersten Gebot erklärt. Von meiner Doppelrolle in der Botschaft erfuhren nur wenige, von den Diplomaten nur die mir direkt unterstellten Offiziere, die die einzelnen Branchen der Residentur verantworteten. Sie leiteten die ihnen zugeordneten Ressorts mit Unterstützung der jeweiligen Abteilungen der Zentrale im wesentlichen selbständig. Sie konsultierten sich bei mir in wichtigen Fragen und gelegentlich bei Entscheidungsvorbereitungen. Dazu traf ich mich mit ihnen von Zeit zu Zeit in einer abhörsicheren Kabine, die nur einem kleinen Kreis von Botschaftsangehörigen zugänglich war. Hier blieben wir von der allgemeinen Hektik verschont und unsichtbar für alle, die nicht in die nachrichtendienstliche Konspiration eingeweiht waren. Nur die mir direkt unterstellten Offiziere – die Operativen Gehilfen – kannten mich persönlich. Die ihnen angeschlossenen Mitstreiter wussten nichts von der Existenz eines Residenten.

Aus dem Studium der Regimeverhältnisse wusste ich, dass der allgegenwärtige Staat in Frankreich fähig war, zu beliebiger Zeit an jedem beliebigen Ort zuverlässige Auskünfte über Umstände und Personen einzuholen. Darin hatte man seit Napoleon Übung. Veröffentlichungen zufolge unterhielten die Dienste der *Renseignements Généraux* im Lande ein lückenloses Informationsnetz. Die CRS-Sicherheitsspezialtruppen hatten alles im Blick und alles im Griff. Im Frühjahr 1986 fanden nahezu täglich Bombenanschläge irgendwelcher terroristischer Elemente statt. Es gab flächendeckende Straßensperrungen und Taschenkontrollen der Bürger, sogar beim Besuch von Kaufhäusern. Es war wie im Bürgerkrieg. Nicht so schlimm wie 1968, meinten manche Franzosen, die solches wohl schon des öfteren erlebt hatten …

Die Staatsmacht reagierte entschlossen und versetzte ihre Instrumente in pausenlose Alarmbereitschaft. Die Medien riefen ziemlich konzertiert zu allgemeiner Wachsamkeit auf – und setzten neue Akzente. Immer häufiger berichteten sie über Aktivitäten östlicher Geheimdienste im Lande. Man zitierte sogar einige Namen sowjetischer und tschechoslowakischer Diplomaten und ihre französischen Verbindungen.

Inwieweit es sich um Zweckmeldungen handelte, um Betroffene zu verunsichern, oder um Pannen der jeweiligen Nachrichtendienste – wer konnte darüber Auskunft geben? Aus Kreisen von Politik und Wirtschaft hieß es, dass es sich um Provokationen rechter Kräfte handele.

Vor diesem Hintergrund war mein Wunsch verständlich, nicht in das Visier der gefürchteten französischen Abwehr, der *Direction de la Surveillance du Territoire* (D.S.T.) zu geraten. Bei allem Drängen der Zentrale nach baldigen soliden Ergebnissen – ich musste auf der Hut sein. Geheime nachrichtendienstliche Tätigkeit aus der diplomatischen Vertretung, wie sie vom sowjetischen KGB im Westen und von westlichen Geheimdiensten im Osten betrieben wurde, war in Paris unmöglich. Von Illusionen, die ich in dieser Hinsicht noch in Brüssel pflegte, musste ich mich hier vollends verabschieden.

Meine Mannschaft, die durchweg aus jungen, intelligenten Offizieren bestand, welche aber fast ohne politisch-diplomatische, geschweige denn nachrichtendienstlich-operative Erfahrungen waren, wäre damit überfordert gewesen. Ich musste daher erst die nachrichtendienstliche Arbeit innerhalb der Botschaft organisieren. In den Mittelpunkt stellte ich die Auswertung legal zugänglicher Regimematerialien, ihre analytische Aufbereitung unter operativen Gesichtspunkten und das Training diplomatischer Umgangsformen. Über die diplomatische Kontaktarbeit musste dann im zweiten Schritt in operativ interessante Objekte eingedrungen werden – zum Beispiel in Objekte, in denen die Strategien der westlichen Alliierten gegenüber den Staaten des Warschauer Vertrages entwickelt wurden. Dabei achtete ich strikt darauf, der französischen Abwehr keine Hinweise zu liefern. Aus der qualifizierten Ausschöpfung akkreditierter Diplomaten sollte es für die Gegenseite schwierig werden, Hinweise auf berufsfremde Aktivitäten herauszufiltern.

Unsere Gegenspieler waren nicht nur die verschiedenen Abwehr- und Aufklärungsdienste der Franzosen, sondern auch die Dienste der USA und ihrer Verbündeten, insbesondere die CIA und der Bundesnachrichtendienst. Angesichts des täglichen Trommelfeuers der Medien, die mit Fakten und Erfindungen über Umtriebe östlicher Geheimdienste diese verunsichern sollten, musste ich meinen Mitarbeitern Mut machen und ihr Selbstvertrauen stärken. Die Kampagne zeigte durchaus Wirkung.

Außerdem musste verhindert werden, daß sich das Botschaftspersonal zu sehr mit dem inneren Betrieb beschäftigte oder gar mit sich selbst. Solches hatte ich schon über manch andere Botschaften gehört, die schließlich nur Mittelmäßiges produzierten und bei Auswertungen auf Botschafterkonferenzen in Berlin Minuspunkte sammelten. In einer müden Botschaft konnte es keine muntere Residentur und keine erfolgreichen Aufklärer geben. Je besser es die Leitung der Botschaft verstand, ihre Mitarbeiter zu motivieren, sie zu intensiver Kontaktarbeit ausschwärmen und auf konventionelle und unkonventionelle Weise Informationen zusammentragen zu lassen, um so schwerer würden es die französischen Abwehrdienste haben, die Angehörigen der nachrichtendienstlichen Organisation und ihre Verbindungen unter Kontrolle zu bekommen …

Wo immer wir auftraten, die Einhaltung der vorgegebenen Regelungen und das Verschmelzen der Identitäten von Diplomat und Aufklärer sollten unser Erscheinungsbild bestimmen und unsere Anwesenheit als Angehörige eines geheimen Nachrichtendienstes verschleiern helfen. Mit dem zeitlichen Abstand glaube ich, nicht ohne Genugtuung, behaupten zu können, dass die französische Seite in den Folgejahren Mühe gehabt haben muß, uns zu identifizieren.

Wenige Minuten vor der Landung der Sondermaschine in Paris-Orly blätterte ich ein letztes Mal in dem kleinen weißen Büchlein »Nur für den Dienstgebrauch« Nr. 293. Es enthielt den Ablaufplan für den offiziellen Besuch Erich Honeckers bis in die letzte Einzelheit. Ein alter Bekannter von mir, mit dem ich manches Erlebnis aus gemeinsamer Diplomatenkarriere teilte und den ich wegen seiner Bescheidenheit und der von ihm beherrschten sieben Sprachen bewunderte, hatte darin selbst den Pfad skizziert, den der Generalsekretär entlangzuschreiten hatte, um protokollgerecht in Empfang genommen zu werden. Im Verzeichnis der Expertendelegation, die ihn begleitete, fand ich den Namen eines der mir bekannten Chefs der Zentrale.

Andere Leute tauchten plötzlich vor meinen Augen auf.

Alexander Shukow rangierte in der offiziellen Liste des französischen Außenministeriums als Rat der sowjetischen Botschaft. Die Zentrale in Berlin hatte lange Zeit aus irgendwelchen Gründen gezögert, mir den Namen des KGB-Residenten zu funken. Shukow kam Anfang März 1986 ohne jegliche Vorkehrung, ohne Kennzeichen, ohne Parole auf mich zu. Wahrscheinlich hielt sein Nachrichtendienst das für überflüssig. Ich wäre nie auf den Gedanken gekommen, in ihm den Residenten des in Paris angeschlagenen KGB zu vermuten. Er beherrschte das Französische so perfekt wie auch die sonstigen Anforderungen an einen Diplomaten. Shukow bestätigte, was sämtliche Medien berichtet hatten, dass der sowjetische Nachrichtendienst in Westeuropa, vor allem in Großbritannien und Frankreich, tatsächlich schwere Niederlagen hatte einstecken müssen. Verrat aus den eigenen Reihen sei im Spiel gewesen, und sein Vorgänger wäre auch davon betroffen.

Der kleine weißhaarige Shukow sprach ein melodisches Französisch, wie es nur ein Franzose kann, erklärte, dass man stolz sei auf die Deutschen, und dass die Zentrale in Moskau nun besonders mit ihnen rechne – auch in Paris. Er redete und redete: von hoffnungslosen Fehlentwicklungen in seinem Lande, von Stagnation und Machtkämpfen. Zum ersten Mal kam bei mir Unsicherheit auf, Zweifel an der Größe und Stärke der Sowjetunion, Sorge, dass sie den Wettlauf der Systeme verlieren könnte. Ich wurde immer empfindlicher beim Verkraften meiner Enttäuschungen, je öfter ich ihm im abhörsicheren Bunker seiner Botschaft gegenübersaß und erfuhr, was im Sowjetlande vor sich ging. Die Last der Rüstung sei unerträglich geworden, das Volk versinke in Lethargie. Die Sowjetunion sei dem Westen nicht mehr gewachsen, weder ökonomisch noch militärisch, die Leitung des Landes außer Kontrolle geraten, Gorbatschow sei mit Hilfe des KGB an die Macht gekommen, nun werde hoffentlich alles besser …

Shukow hatte wohl gemerkt, dass ich schockiert war, geradezu entsetzt.

Ansonsten war nichts Neues zu erfahren, weder über die Innen- und Außenpolitik Frankreichs noch über die Verteidigungsabsprachen des Landes mit der NATO. Obwohl er es nicht so sagte, bestätigte mir sein Verhalten, dass die sowjetische Aufklärung in Frankreich fast bei Null stand.

Hin und wieder informierte er, dass die Funk-Überwachung der näheren Umgebung gewisse Störungen vermeldete, und da die DDR-Botschaft mit erfasst wurde, empfahl er, bei operativen Vorgängen vorsichtig zu sein. Da Shukow aber nichts über Aktivitäten und Methoden seines Dienstes in Frankreich sagen wollte oder durfte, enthielt auch ich mich jeglichen Kommentars. Operative Vorgänge von der Kategorie, in der das KGB dachte, durfte unsere Residentur nicht vornehmen.

Ich vermittelte Shukow Kontakt zu den Chinesen.

Obwohl mich mit Zhang Xichiang ein fast kameradschaftliches Verhältnis verband, das sich bei manchen Gelegenheiten bewährte, blieb er mir bis zum Abschied ein Rätsel. Ich lernte ihn auf seine Initiative kennen, als er mich bei einer feierlichen Kranzniederlegung am Arc de Triomphe mit Rang und Namen ansprach. Ich hatte ihn bis dahin noch nie wahrgenommen. Er lächelte in der für Chinesen typischen Art und flüsterte mit eigenartig monotoner Stimme, dass er mir danken wolle für die Unterstützung, die ich vor einigen Tagen in Montreuil seinen Leuten gegeben hätte. Tatsächlich, dort hatte ein Festessen der Vereinigung der Freunde der Pariser Commune anlässlich des 115. Jahrestages ihrer Gründung stattgefunden. Ich war der Einladung dorthin gefolgt, um zwei Politiker verschiedener Richtungen anzutreffen, darunter den Sozialisten Pierre Joxe, der Mitglied des ehrenwerten Führungsgremiums war und später Innenminister werden sollte. In Würdigung von Verdiensten, die ich damals noch gar nicht erworben hatte, sollte ich Ehrenmitglied dieser Vereinigung werden. Es bot sich die Gelegenheit, den Franzosen auch den 1. Sekretär der Handelsabteilung der chinesischen Botschaft vorzuschlagen, den es ebenfalls hierher verschlagen hatte, sowie einen zweiten Chinesen, den niemand beachtete, weil keiner der Anwesenden sich mit Handel befasste.

Als ich ein Jahr später mit dem 1. Sekretär am gleichen Ort und aus gleichem Anlaß tatsächlich die Ehrenmitgliedskarte erhielt und wieder die Chinesen zugegen waren, glaubte ich zu wissen, dass es nicht nur um den Handel im üblichen Sinne ging. Generalsekretär Jean Braire und Freunde der Pariser Commune erhielten Einladungen nach Peking.

Wie hatte mich Zhang Xichiang überhaupt ansteuern können? Ich sah mich um, er war allein. Bis dahin hatte ich immer nur wenigstens zwei Chinesen zusammen gesehen, es war bei ihnen üblich, nur als Gruppe in feindlicher Umgebung zu agieren.

Zhang war ein Mann von zwergenhaftem Wuchs mit pechschwarzem Haar und kantigem Gesicht, das durch eine übergroße Brille mit abgedunkelten Gläsern unnatürlich groß wirkte. Er bat mich sogleich in ein sehr nobles Restaurant, das Chinesen gehörte, die er offensichtlich kannte.

Chinesen würden in aller Welt zusammenhalten, meinte Zhang, sie bildeten in Paris eine große Kolonie. Er führte mich an einen Tisch in der oberen Etage dieses Etablissements, das vermutlich besonderen Gästen für diskrete, abgeschirmte Gespräche diente.

Zhang lud in ungewöhnlicher Häufigkeit ein, niemals schriftlich oder telefonisch, er tat es stets mündlich, wenn wir uns bei diplomatischen Anlässen trafen. Und stets fanden die Treffen zur Mittagszeit im gleichen Restaurant statt. Und wählte er ein anderes, gehörte es garantiert auch einem Chinesen. Mir fiel auf, dass er nirgendwo die Rechnung beglich und überall empfangen wurde, als wäre er ein Mandarin aus alten Zeiten. Über die Vergangenheit und Biografisches sprach er nicht, nur, dass er aus Shanghai stamme und in jungen Jahren nach Peking aufgebrochen sei, um sich in der Diplomatie zu versuchen.

Zhang interessierte sich für die Innen- und Außenpolitik der Franzosen, mehr noch für militärische Fragen, die für China zweifellos von strategischer Bedeutung waren. Er gab dies auch zu, da sich sein Land vor der Sowjetunion noch immer fürchtete. Shukow wollte er darum zunächst noch aus dem Wege gehen, er schloss jedoch eine zufällige Begegnung nicht grundsätzlich aus.

Sein Vorgehen und die Art, wie er seine Fragen stellte, ließen die Vermutung aufkommen, dass auch er mit der Aufklärung zu tun hatte. Entweder war er der Resident des chinesischen Nachrichtendienstes oder einer seiner Beauftragten. Unser gegenseitiges Abtasten zog sich über viele Stunden hin.

In Brüssel hatte ich mir Literatur über chinesische »Geheimdienstarbeit seit dem Mittelalter« beschafft. Und je häufiger ich nun mit Zhang Xichiang zu tun bekam, um so sicherer war ich mir, dass er eine ähnliche Funktion hatte wie ich. Ich habe ihn nicht als Gegner gesehen.

So plötzlich und unauffällig, wie er in mein Leben getreten war, verschwand er auch wieder. Irgendwer von seiner Botschaft überreichte mir im Herbst 1988 ein kleines unscheinbares, verschlossenes Kuvert. Zhang Xichiang verabschiedete sich handschriftlich auf französisch. »Ich bestehe darauf, Ihnen für die Hilfe während meines Aufenthaltes in Frankreich zu danken, und wünsche, Sie in naher Zukunft wiederzusehen.« Sechs Jahre später sahen wir uns in China wieder.

[...]

Zu den Bekannten, die in meiner diplomatischen und Aufklärungstätigkeit in Paris eine Rolle spielten, zählten auch Leute aus Afrika und Lateinamerika, deren Lebensweg sich zu jener Zeit mit dem meinen kreuzte. Es handelte sich um Personen, deren Aufstieg in höchste Posten ihres Landes etwas mit einem Studium in der DDR zu tun hatte. [...]

Im Oktober 1988 ging meine Zeit in Paris ihrem Ende zu, viel schneller als ich das wollte, viel zu schnell. Der eigentliche Grund meiner Rückkehr war für mich nicht erkennbar, die Entscheidung war zu Jahresbeginn und in der Zentrale gefallen und mit dem Außenminister abgestimmt. [...]

Die Abberufung war mir zu mitternächtlicher Stunde offenbart worden. Honecker war zum Abschiedsgespräch bei Präsident Mitterrand gewesen, der Hofstaat zog sich mit dem Ausdruck sichtlicher Zufriedenheit in seine Appartements im Hotel de Marigny zurück. Vereinbarungsgemäß traf ich einige Minuten nach Mitternacht in meinem Arbeitszimmer in der Botschaft mit dem Stellvertreter des für mich zuständigen Bereichsleiters der HV A zusammen. Er gehörte zur Expertendelegation im Honecker-Tross. Ich kannte ihn seit den 70er Jahren. Er musste den Hiob spielen. [...] Es gehe um die Stärkung des Apparates, erfahrene Leute aus der Praxis sollten den Nachwuchs qualifizieren, die Diplomaten der 90er Jahre ... Auf höchster Ebene sei entschieden worden, unwiderruflich. Die für die Außenpolitik Zuständigen hätten keinen Geeigneteren gefunden als mich. Ich fügte mich widerspruchslos.

[...] Im Oktober 1988, kurz vor meiner Abreise, kam Horst Sindermann nach Strasbourg. Der Volkskammerpräsident hielt im Europa-Parlament eine Rede, die auf Verständigung und Entspannung zielte. Am Abend gab die Sozialisten-Fraktion des Europa-Parlaments im schönen Salon des Hotels La Cheneaudiére in Colroy La Roche für Sindermann ein Essen.

Die Deutschen blieben unter sich. Wir saßen mit den Sindermanns an einem Tisch, Dagmar und ich, neben ihr hatte der Vorsitzende der Sozialistischen Fraktion, Rudi Arndt, Platz genommen, neben mir Senator a. D. Dr. jur. Hans-Joachim Seeler …

Sozialisten aus Ost und West lachten, scherzten, sangen trotz des »Streits der Ideologien«, trotz der jahrzehntelangen Vorwürfe und Misstrauensbekundungen. Toaste wurden ausgebracht, immer freundlichere, und die französischen Weine trugen sicherlich dazu bei, dass die Anwesenden sich näherkamen.

»Wir Sozialdemokraten sind doch die besten«, rief Sindermann den Gastgebern zu, erhob sich und stieß mit den jubelnden Sozialdemokraten an. Alle applaudierten, auch ich.

War das nur der Rotwein?

Ich glaube nicht.

Sozialdemokraten engagierten sich, damit der Präsident der Volkskammer der Deutschen Demokratischen Republik europaweit gehört werden konnte. Christsoziale bemühten sich, der Führung der DDR mit Milliarden aus Zahlungsschwierigkeiten herauszuhelfen. Christdemokraten und Freie Demokraten empfingen im Vorjahr den Vorsitzenden des Staatsrates in Bonn … Offenkundig wollte man auch anderswo, dass das Experiment nicht scheiterte.

Aus: Kurt Berliner, Der Resident. Ein Diplomat im Dienst der Hauptverwaltung Aufklärung erinnert sich. edition ost, Berlin 2001